Psycholinguistik

Akademie Studienbücher

Sprachwissenschaft

Barbara Höhle (Hg.)

Psycholinguistik

2., unveränderte Auflage

Akademie Verlag

Die Herausgeberin:
Prof. Dr. Barbara Höhle, Jg. 1957, Professorin für Psycholinguistik (Spracherwerb) an der Universität Potsdam

Die Autorinnen und Autoren:
Dr. Heiner Drenhaus, Jg. 1966, Wissenschaftlicher Mitarbeiter am Psycholinguistics Department of Computational Linguistics & Phonetics, Universität des Saarlandes
Tom Fritzsche, Jg. 1976, Psychologisch-technischer Assistent für Psycholinguistik (Spracherwerb) an der Universität Potsdam
Prof. Dr. Katharina Spalek, Jg. 1976, Juniorprofessorin für Psycholinguistik an der Humboldt-Universität zu Berlin
Dr. Nicole Stadie, Jg. 1961, Wissenschaftliche Mitarbeiterin am Lehrstuhl für Patholinguistik/Kognitive Neurolinguistik an der Universität Potsdam
Prof. Dr. Isabell Wartenburger, Jg. 1973, Stiftungsjuniorprofessorin für Neurokognition der Sprache (Schwerpunkt Neurolinguistik) an der Universität Potsdam (finanziert vom Stifterverband für die Deutsche Wissenschaft, Claussen-Simon-Stiftung)

Bibliografische Information der Deutschen Nationalbibliothek
Die Deutsche Nationalbibliothek verzeichnet diese Publikation in der Deutschen Nationalbibliografie; detaillierte bibliografische Daten sind im Internet über http://dnb.d-nb.de abrufbar.

© 2012 Akademie Verlag GmbH, Berlin
Ein Wissenschaftsverlag der Oldenbourg Gruppe

www.akademie-verlag.de

Einband- und Innenlayout: milchhof : atelier, Hans Baltzer Berlin
Einbandgestaltung: Kerstin Protz, Berlin, unter Verwendung von Elektrodenpositionen nach dem 10/20-System. Eric Chudler 2010.
Satz, Druck & Bindung: Beltz Bad Langensalza GmbH, Bad Langensalza

Dieses Papier ist alterungsbeständig nach DIN/ISO 9706.

ISBN   978-3-05-005920-4
eISBN   978-3-05-006014-9

Psycholinguistik

1 Psycholinguistik: Ein Überblick

Barbara Höhle

Abbildung 1: Ernst Ludwig Kirchner: *Sich unterhaltende Mädchen*, Radierung (1922)

Die 1922 entstandene Radierung des deutschen Expressionisten und Mitbegründers der Künstlergruppe Brücke, Ernst Ludwig Kirchner, trägt den Titel „Sich unterhaltende Mädchen". Man sieht eine alltägliche Szene. Die beiden stehenden Frauen scheinen einen Schwatz zu halten. Aber was lässt uns als Betrachter diesen Schluss ziehen? Die sprachliche Unterhaltung selbst ist bildlich nicht darstellbar. Dem visuellen Kanal ist beim Gebrauch gesprochener Sprache lediglich die Mundbewegung und eventuelle redebegleitende Gestik zugänglich, beides ist jedoch als dynamischer Prozess auf einem Bild nur schwer darstellbar. Auch das Medium der gesprochenen Sprache – die Schallwelle – ist nicht sichtbar. Hinweise auf eine Gesprächssituation liefert jedoch die Körperhaltung der beiden Frauen: eine der beiden schaut die andere an, eine Frau hat die Arme vor der Brust verschränkt, die andere stemmt ihre Hände in die Hüfte. In genau derselben Körperhaltung können wir uns unschwer auch unsere Nachbarn beim Schwatz über den Gartenzaun vorstellen. Zu dieser Interpretation führt aber auch unsere soziale Kenntnis: Menschen, die zusammenstehen, sprechen meist miteinander, Schweigen wäre in der dargestellten Situation ein eher ungewöhnliches Verhalten.

Die Sprache ermöglicht es uns, mit anderen in Kontakt zu treten, unsere Gedanken, Wünsche und Vorstellungen anderen mitzuteilen und an denen anderer Personen teilzuhaben. Die Fähigkeit zur Verwendung von Sprache ist eine der wesentlichen Fähigkeiten des Menschen, die ihn von allen anderen Spezies abgrenzt. Sie ist nicht nur eine artspezifische, sondern auch eine allen Menschen gemeinsame Eigenschaft: bislang ist keine menschliche Kultur bekannt, in der keine Sprache gesprochen wird. Jedes Kind lernt in den ersten Lebensjahren nahezu automatisch genau die Sprache, die in seiner Umgebung gesprochen wird. Die Psycholinguistik als Wissenschaft untersucht die Frage, was uns als Menschen befähigt, Sprache zu lernen, zu produzieren und zu verstehen. Welche kognitiven Fähigkeiten und Prozesse liegen dieser erstaunlichen Fähigkeit zugrunde? Welche Komponenten umfasst das Wissenssystem, das dem Menschen diese beeindruckende Leistung ermöglicht?

1.1 Psycholinguistik: Was ist das?
1.2 Theoretische Grundlagen
1.3 Historische Wurzeln

1.1 Psycholinguistik: Was ist das?

Mit Sprache kommunizieren zu können, gehört im Allgemeinen zu den Selbstverständlichkeiten unseres täglichen Lebens. Erst wenn wir in einer Situation sind, in der diese Kommunikation nicht mehr mühelos gelingt, wird uns bewusst, wie wichtig diese Fähigkeit ist, beispielsweise wenn wir uns in einer Umgebung bewegen, in der eine Sprache gesprochen wird, die wir nicht beherrschen, oder wenn ein Angehöriger nach einem Schlaganfall von einer Sprachstörung betroffen ist. Die Fähigkeit, unsere Vorstellungen und Wünsche sprachlich ausdrücken zu können und andere Sprecher derselben Sprache zu verstehen, ist uns meist so selbstverständlich, dass wir uns als Sprecher und Hörer wenig Gedanken darüber machen, was es uns eigentlich ermöglicht, eine Sprache zu beherrschen. Diese Gedanken macht sich die Psycholinguistik. Sie fragt, wie das kognitive System des Menschen beschaffen sein muss, um ihm das Produzieren und Verstehen von Sprache, aber auch das Lernen von Sprache zu ermöglichen, welche Wissensbasis dafür notwendig ist, welche mentalen Prozesse dabei eine Rolle spielen und wie das sprachliche Wissen im Gehirn organisiert ist.

Um diesen Fragen nachzugehen, genügt es nicht Sprecher zu beobachten, denn die mentalen Systeme und Prozesse, die unser Verhalten – auch unser sprachliches Verhalten – steuern, entziehen sich der Beobachtung und auch der introspektiven Beobachtung durch den Sprecher bzw. Hörer selbst. Wir als Nutzer dieses Sprachsystems können keine Auskunft darüber geben, was sich in unserem Kopf abspielt – wir könnten noch nicht einmal sagen, dass es der Kopf ist, in dem die mentalen Operationen ablaufen, wenn wir beispielsweise eine Schallwelle, die an unser Ohr gerät, als den Satz *Alle Schwäne sind weiß* erkennen. Genauso wenig ist es unserer eigenen Beobachtung zugänglich, auf welche Weise wir als Kind unsere Muttersprache gelernt haben oder warum es uns meist leichter fällt, uns in unserer Muttersprache auszudrücken als in einer später gelernten Zweitsprache. Es bedarf daher besonderer Methoden, um den Prozess der Sprachproduktion, des Sprachverständnisses und des Spracherwerbs genau zu erforschen.

In der Forschungslandschaft der Psycholinguistik dominieren experimentelle Vorgehensweisen (→ KAPITEL 2). Mit speziell konzipierten Experimenten wird versucht herauszufinden, wie der Informationsfluss beim Produzieren und Verstehen von Sprache abläuft, welche Prozesse bei einer bestimmten sprachlichen Anforderung, z. B. dem

Sprache im Alltag

Notwendigkeit besonderer Methoden

Datenquellen

Verstehen oder dem Produzieren eines Wortes, beteiligt sind und wie das Verhältnis verschiedener Prozesse zueinander ist. Auch die Untersuchung sprachgestörter Patienten ist für die psycho- und neurolinguistische Modellbildung eine wichtige Informationsquelle. So lassen sich beispielsweise aus den nach einer Hirnschädigung auftretenden sprachlichen Störungsbildern Rückschlüsse über die zugrunde liegende Organisation des Sprachsystems und seiner Lokalisierung im Gehirn ziehen (→ KAPITEL 13.3). Auch sprachliche Fehlleistungen gesunder Sprecher, sogenannte Versprecher (z. B. *im Worden nolkig*, Leuninger 1993) sind nicht nur amüsant und dem Sprecher manchmal unangenehm, sondern sie sind für die Psycholinguistik eine äußerst interessante Datenquelle. Ganze Modelle der Sprachproduktion beruhen auf Versprecherdaten, denn Versprecher sind keine rein zufälligen Fehlleistungen des Systems, sondern weisen systematische Züge auf, die ihrerseits wieder Rückschlüsse auf die an der Sprachproduktion beteiligten Prozesse zulassen (→ KAPITEL 4.1). In den vergangenen Jahren haben auch neurowissenschaftliche Methoden verstärkt Einzug in die psycholinguistische Forschung gehalten. Mit Messungen der neurophysiologischen Aktivitäten und des Blutflusses beim Sprechen und Hören von Sprache versucht man quasi dem Gehirn bei der Arbeit zuzusehen, und so zu immer detaillierteren Erkenntnissen über den Zusammenhang von neuronaler Aktivität und sprachlichen Leistungen zu gelangen (→ KAPITEL 2.2, 8, 12).

Die Psycholinguistik geht davon aus, dass das menschliche Sprachvermögen auf einem komplexen System beruht, das das Zusammenwirken verschiedener Wissensstrukturen und Verarbeitungsprozesse in einer präzisen und schnellen zeitlichen Abstimmung erfordert. Ziel der Forschung ist es, Modelle der Sprachverarbeitung zu konzipieren, die ein mögliches Bild der verschiedenen beteiligten Komponenten und ihres Zusammenwirkens bei der Produktion und dem Verstehen von Sprache zeichnen. Dabei ist die Forschung auf die Zusammenarbeit mit verschiedenen Disziplinen angewiesen. Ein enger Bezug zur Linguistik ergibt sich daraus, dass linguistische Beschreibungen der Sprachstruktur sowie sprachlicher Prinzipien und Regularitäten als Modell sprachlicher Wissensstrukturen herangezogen werden. So finden sich die linguistischen Beschreibungsebenen wie beispielsweise das Lexikon, die Syntax und die Phonologie in Form von Wissensinhalten oder Prozeduren auch in psycholinguistischen Modellen wieder. Die linguistische Vorstellung geht davon aus, dass das Sprachsystem auf den unterschiedlichen Beschreibungsebenen bestimmte Elemente wie Phoneme, Morpheme oder Wörter aufweist, die durch

Kombinationen zu komplexeren Einheiten wie Silben oder Sätzen zusammengesetzt werden und so die Erzeugung einer unbegrenzten Menge sprachlicher Äußerungen mit begrenzten Mitteln ermöglicht. Diese Vorstellung bildet auch die Grundlage gängiger psycholinguistischer Modelle. Ein enger Bezug zur Psychologie ergibt sich daraus, dass sich die Psycholinguistik mit mentalen Prozessen der Informationsverarbeitung – einem Kernbereich der Kognitiven Psychologie – speziell in Bezug auf die Sprachverarbeitung beschäftigt, wobei natürlich auch das Zusammenspiel von Sprache und nicht-sprachlichen kognitiven Prozessen wie beispielsweise dem Gedächtnis eine Rolle spielt. Nicht zuletzt arbeitet die Psycholinguistik mit experimentellen Forschungsmethoden, die vielfach in der Psychologie entwickelt wurden.

... und Psychologie

Eine zentrale Komponente sprachlichen Wissens bildet das mentale Lexikon. Das mentale Lexikon umfasst nach psycholinguistischen Überlegungen das Wissen eines Sprechers über die Wörter seiner Sprache, d. h. all das Wissen, das ein Sprecher für die Verwendung von Wörtern in den verschiedenen Sprachmodalitäten benötigt. Dafür muss das mentale Lexikon Informationen über die Lautform, über die orthografische Form, über syntaktische und über semantische Eigenschaften von Wörtern bereitstellen. Doch wie ist dieses Wissen im mentalen Lexikon organisiert? Auf welche Weise sind diese Eigenschaften von Wörtern im Gedächtnis repräsentiert und wie sind diese unterschiedlichen Informationen miteinander verbunden? Eine weitere wichtige Frage ist, wie die Informationssuche im Lexikon während der Sprachproduktion oder während des Sprachverstehens vonstatten geht. In einem Lexikon im Buchformat sind wir gewohnt, dass Wörter alphabetisch geordnet sind, und können so die Suche nach einem Lexikoneintrag gezielt durchführen. Eine alphabetische Sortierung und ein entsprechender Suchvorgang sind aber auf das mentale Lexikon sicherlich nicht übertragbar, schließlich können wir auch ohne Kenntnisse einer geschriebenen Sprache unser mentales Lexikon ohne Probleme verwenden. Wie diese Suchprozesse stattfinden und wie die Information im mentalen Lexikon organisiert ist, stellt ein zentrales Feld der psycholinguistischen Forschung dar (→ KAPITEL 4, 5).

Das mentale Lexikon

Während das mentale Lexikon die Bausteine der Sprache repräsentiert, beschäftigt sich die sogenannte mentale Grammatik mit den Regeln der Zusammensetzung von Wörtern zu komplexeren Strukturen. Die Bedeutung eines Satzes ergibt sich nicht unbedingt aus der Summe der Bedeutung der enthaltenen Wörter, sondern darüber hinaus liefert uns die syntaktische Struktur wichtige Informationen,

Die mentale Grammatik

wie eine Äußerung zu interpretieren ist. So können beispielsweise zwei Sätze, in denen die gleichen Wörter in unterschiedlicher Reihenfolge verwendet werden, sehr unterschiedliche Bedeutungen aufweisen (*Der Sessel mit dem kaputten Bezug steht neben dem Stuhl* vs. *Der Sessel steht neben dem Stuhl mit dem kaputten Bezug*). Zu unserem syntaktischen Wissen gehört auf der produktiven Seite, in welcher syntaktischen Umgebung ein Wort richtig genutzt wird, d. h. wie ein Satz aufgebaut sein muss, in dem beispielsweise das Verb *geben* verwendet wird gegenüber einem Satz, in dem das Verb *schlafen* auftritt. Unser syntaktisches Wissen drückt sich auch in der Fähigkeit aus, darüber urteilen zu können, ob ein Satz grammatisch korrekt ist oder nicht. Wie dieses grammatische Wissen in unserem kognitiven System repräsentiert ist und welche Rolle es beim Produzieren und Verstehen von Sätzen spielt, ist ein weiteres zentrales Forschungsfeld der Psycholinguistik (→ KAPITEL 6, 7).

1.2 Theoretische Grundlagen

Als interdisziplinäres Fach ist die Psycholinguistik in der Kognitionswissenschaft verankert, ihre Modelle sind gespeist aus Erkenntnissen vor allem der generativen Linguistik, der kognitiven Psychologie und der Computerwissenschaft, hier insbesondere der Forschung zur Künstlichen Intelligenz.

Seit der sogenannten Kognitiven Wende (→ KAPITEL 1.3), die sich in den 1960er-Jahren vollzog, versteht sich die Linguistik ausgehend von den Arbeiten Noam Chomskys (Chomsky 1965) als kognitive Wissenschaft, die Sprache als Teilbereich des menschlichen kognitiven Systems versteht. Sprache wird gesehen als eine humanspezifische geistige Fähigkeit, die ein Teil des gesamten Kognitionssystems darstellt, also des geistigen Systems, das für alle Prozesse der Speicherung und Verarbeitung von Information zuständig ist. Eine der zentralen theoretischen Debatten innerhalb der Psycholinguistik der vergangenen Jahrzehnte kreist um die Frage, inwieweit die menschliche Sprachfähigkeit ein eigenständiges kognitives System darstellt und damit zumindest teilweise von anderen geistigen Fähigkeiten des Menschen unabhängig ist. Innerhalb dieser Debatte ist die Theorie der Modularität des menschlichen Geistes ein wichtiger Gegenstand. Das Konzept der Modularität ist eine zentrale Grundannahme der Kognitionswissenschaft, die davon ausgeht, dass unser kognitives System sich aus einer Reihe von Bausteinen (Modulen) zusammmensetzt, die jeweils für die Lösung sehr spezifischer Aufgaben innerhalb des Gesamtsystems zuständig sind.

Eine grundlegende Rolle innerhalb der Modularitätsannahme haben die Arbeiten des amerikanischen Sprachphilosophen und Kognitionswissenschaftlers Jerry Fodor gespielt. Im Jahre 1983 veröffentlichte Fodor sein einflussreiches Werk *The modularity of mind*. In diesem Buch legte er ein Modell der Architektur des Wahrnehmungs-(Perzeptions-) und des Kognitionssystems vor, in dem drei Ebenen unterschieden werden: Zunächst wird eine Ebene sogenannter perzeptueller Transduktoren angenommen, deren Aufgabe darin besteht, physikalische Reize in neuronale Signale umzuwandeln. Diese Information wird an sogenannte Input-Module weitergegeben, die für ihre Interpretation sorgen. Die Input-Module wiederum liefern ihre Analyseergebnisse weiter an das zentrale kognitive System, das für komplexere kognitive Prozesse zuständig ist und die Information aus den verschiedenen Input-Modulen integrieren kann (Fodor 1983).

Modularitäts-annahme

Abbildung 2: Müller-Lyer Illusion

Eine der zentralen Eigenschaften von Modulen ist nach Fodor ihre informationelle Enkapsulierung: jedes Modul stellt eine eigenständige Verarbeitungseinheit dar, die lediglich Zugriff auf die vom perzeptuellen System gelieferte Information hat sowie auf Information, die im Modul selbst gespeichert ist. Informationen aus anderen Modulen oder aus dem zentralen kognitiven System kann die Arbeit des Moduls nicht beeinflussen. Eine klassische Demonstration dieser Eigenschaft stellt die sogenannte Müller-Lyer Illusion dar, bei der der Betrachter zwei Linien als unterschiedlich lang wahrnimmt, die in Wirklichkeit die gleiche Länge aufweisen (→ ABBILDUNG 2). Selbst wenn man die Länge der Linien nachmisst und somit eigentlich weiss, dass sie die gleiche Länge haben (wenn also die Information dem zentralen kognitiven System dann verfügbar ist), lässt sich diese Illusion nicht unterdrücken. Aus dem Konzept der informationellen Enkapsulierung leiten sich auch Aussagen

Informationelle Enkapsulierung

über den möglichen Informationsfluss in einem kognitiven System ab. Dieser ist nur in eine Richtung möglich: vom perzeptuellen System über die Input-Module in das zentrale kognitive System, aber nicht in umgekehrter Richtung. Diese Richtung des Informationsflusses wird als bottom-up bezeichnet.

Typisch für Module ist außerdem ihre Domänenspezifik. Dies bedeutet, dass Module auf die Verarbeitung sehr spezifischer und damit sehr eingeschränkter Typen von Information beschränkt sind, z. B. auf spezifische akustisch-phonetische Information bei der Sprachwahrnehmung oder auch spezifische visuelle Merkmale bei der Erkennung von Gesichtern.

Ein weiteres wichtiges Merkmal von Modulen ist eine automatische und zwangsläufige Verarbeitung von Information, auf die das Modul spezialisiert ist: Sobald die Transduktoren physikalische Reize in neuronale Signale umgewandelt und an das Input-Modul geliefert haben, verarbeitet das Modul diese Signale und gibt seine Analyseergebnisse an das zentrale kognitive System weiter, ohne dass dies zu unterdrücken wäre. Diese Eigenschaft lässt sich besonders deutlich am Stroop-Effekt verdeutlichen (benannt nach Ridley Stroop, der diesen Effekt im Jahr 1935 entdeckte). Eine typische Stroop-Aufgabe ist es, den Versuchspersonen ein Farbwort zu präsentieren, das entweder in der entsprechenden Farbe oder in einer anderen Farbe geschrieben ist (also z. B. das Wort *rot* in roter oder in grüner Schrift). Die Aufgabe der Versuchspersonen besteht darin, anzugeben, in welcher Farbe das Wort geschrieben ist. Dabei zeigt sich, dass es den Versuchspersonen schwerer fällt, die Farbe zu benennen, wenn Farbwort und Schriftfarbe nicht übereinstimmen (d. h. wenn die Versuchspersonen beim grün geschriebenen Wort *rot* mit grün antworten sollen) als wenn Farbwort und Schriftfarbe übereinstimmen. Dieser Effekt zeigt, dass das kognitive System die Bedeutung des Wortes verarbeitet, obwohl dies zur Lösung der Aufgabe nicht notwendig ist und offensichtlich sogar eher einen störenden Effekt auf die Aufgabenbewältigung hat.

Zudem sollen Module an bestimmte neuronale Strukturen gebunden, also im Gehirn lokalisierbar sein. Daraus folgt, dass es bei Hirnschädigungen bestimmte Störungsbilder geben sollte, die selektiv die Arbeit einzelner Module beeinträchtigen können. Tatsächlich liefern Befunde aus der Neuropsychologie und der Neurolinguistik Hinweise auf solche dissoziierende Beeinträchtigungen (→ KAPITEL 11). Beispielsweise gibt es Patienten, denen nach einer Hirnschädigung die Erkennung von Gesichtern nicht mehr gelingt, obwohl andere Bereiche der visuellen Wahrnehmung wie etwa die Erkennung von Objekten keine Störung zeigen.

Der modulare Ansatz ist eng verknüpft mit Modellen einer autonomen Sprachverarbeitung, in denen angenommen wird, dass die Informationsverarbeitung während des Sprachverstehens und der Sprachproduktion durch prozedurale Module erfolgt, die nacheinander arbeiten. Dabei muss die Verarbeitung jedoch nicht strikt seriell erfolgen, sondern es ist auch möglich, eine kaskadierende Verarbeitung anzunehmen (→ KAPITEL 4.3). Kaskadierung bedeutet, dass ein Modul seine Arbeit nicht vollständig abgeschlossen haben muss, bevor ein anderes Modul, das auf den Input seines ‚Vorgänger-Moduls' angewiesen ist, seine Operationen beginnen kann. Daraus folgt, dass Information auch stückweise weitergeliefert werden kann und eine gewisse Parallelität der Prozesse möglich wird. Dies lässt sich etwa im Bereich der Satzverarbeitung nachweisen, wo sich gezeigt hat, dass die syntaktische Analyse nicht erst beginnt, wenn der Hörer den gesamten Satz bis zum Ende gehört hat, sondern bereits mit der Wahrnehmung der ersten Wörter des Satzes (→ KAPITEL 7). Jedes Modul erstellt eine spezifische Repräsentation, die lediglich vom Output vorheriger Module beeinflusst wird, nicht aber von Ergebnissen späterer Prozesse oder vom zentralen kognitiven System, sodass während der Informationsverarbeitung ausschließlich bottom-up Prozesse möglich sind. Ein Feedback von einem späteren Modul auf ein früheres findet nicht statt. Ein Beispiel für diesen Modelltyp bildet das Sprachproduktionsmodell des Psycholinguisten Willem Levelt und seinen Kollegen (Levelt u. a. 1999). Hier wird der lexikalische Zugriff als mehrstufiger Prozess verstanden: ausgehend von einem durch semantische Aspekte der Mitteilungsintention aktivierten lexikalischen Konzept werden zunächst syntaktische Wortinformation und in einem anschließenden Schritt Informationen über die Wortform abgerufen. Nach der Annahme einer reinen bottom-up und autonomen Verarbeitung können beispielsweise phonologische Aspekte der Wortform keinen Einfluss darauf haben, welches lexikalische Konzept während des Produktionsprozesses ausgewählt wird (→ KAPITEL 4.3).

Einen Gegenentwurf zu Modellen einer autonomen Sprachverarbeitung bilden Modelle einer interaktiven Verarbeitung wie sie im Bereich der lexikalischen Verarbeitung vor allem von William Marslen-Wilson vertreten werden (Marslen-Wilson / Welch 1978). Interaktive Modelle unterscheiden sich von modularen in erster Linie dadurch, dass die Richtung des Informationsflusses hier nicht so strikt festgelegt ist. Sie sehen den Sprachverarbeitungsprozess als ein Zusammenwirken sowohl von bottom-up als auch von sogenannten top-down Prozessen, wobei jede Verarbeitungskomponente zu jedem Zeitpunkt mit anderen Verarbeitungskomponenten interagiert. Top-down Prozesse erlauben ein Feedback zwischen den verschiedenen Komponenten, sodass eine gegenseitige Beeinflussung in der Informationsverarbeitung möglich ist. Insofern widerspricht dieses Modell insbesondere der Vorstellung der informationellen Enkapsulierung von Modulen und lässt auch einen Einfluss des zentralen kognitiven Systems auf die Verarbeitung zu. Interaktive Modelle sind besonders gut in der Lage, Effekte eines sprachlichen Kontextes auf Erkennungs- und Analyseprozesse auf verschiedenen sprachlichen Ebenen zu erklären. So können Hörer beispielsweise Laute in Wörtern besser erkennen als in Nichtwörtern, Wörter werden in einem passenden Satzkontext besser erkannt als in einem nicht passenden Satzkontext – Effekte die einfach zu erklären sind, wenn man annimmt, dass die lexikalische Verarbeitung ebenso ein Feedback zum Lauterkennungssystem geben kann wie die semantische Satzverarbeitung auf die lexikalische Verarbeitung.

Die Annahme interaktiver Prozesse kann in ein modulares Modell des Sprachsystems integriert werden, Interaktivität ist jedoch ein zentraler Bestandteil sogenannter konnektionistischer Modelle. In der psycholinguistischen Forschung wurde dieser Modelltyp vor allen durch die Arbeiten von David Rumelhart und James McClelland zur Buchstabenerkennung populär (McClelland/Rumelhart 1981). Generell sind konnektionistische Modelle charakterisiert durch den Versuch, die menschliche neuronale Struktur und Erkenntnisse über neurophysiologische Aspekte der Informationsverarbeitung in Modelle zu kognitiven Prozessen einzubinden. Für die menschliche Informationsverarbeitung im Gehirn sind Neuronen zentral, die durch Nervenverbindungen stark miteinander vernetzt sind (→ KAPITEL 13.2). Über dieses Netzwerk können sich Neuronen gegenseitig aktivieren aber auch hemmen. Über ähnlich strukturierte Netzwerke versuchen konnektionistische Ansätze, kognitive Prozesse zu modellieren.

Ein konnektionistisches Netzwerk besteht aus sogenannten Knoten und Verbindungen zwischen diesen Knoten. Knoten stellen Repräsentationen bestimmter sprachlicher Strukturen dar, beispielsweise von Wörtern, Phonemen oder Graphemen. Diese Repräsentationen sind jedoch nicht symbolisch, sondern ergeben sich aus den Verbindungen dieses Knotens zu anderen Knoten. So erfolgt in konnektionistischen Modellen die Informationsverarbeitung nicht anhand von Symbolen, sondern ausschließlich durch die Aktivierung von Teilen des Netzwerkes. Ein aktivierter Knoten kann an die mit ihm verbundenen Knoten Aktivierung weitergeben, deren Aktivierung aber auch hemmen. Jeder Knoten verfügt über eine Grundaktivierung, die unter anderem davon abhängt, wie häufig der Knoten bei vorherigen Verarbeitungsprozessen aktiviert war. Von der Stärke der Aktivierung eines Knotens hängt auch der Grad der Aktivierung bzw. Hemmung verbundener Knoten ab.

Zwei wesentliche Unterschiede in den Grundannahmen zu modularen Modellen bestehen darin, dass in einem Netzwerkmodell ein Informationsfluss in alle Richtungen möglicht ist, d. h. eine interaktive Informationsverarbeitung gehört zu den grundlegenden Eigenschaften dieses Modelltyps. Zudem kann mit der Ausbreitung der Aktivierung eine parallele Verarbeitung in verschiedenen Bereichen des Netzwerkes stattfinden.

In der aktuellen Forschung tendiert man dazu, zumindest ein beschränktes Maß an Interaktivität anzunehmen (Rapp/Goldrick 2000), aber auch die autonomen Modelle spielen weiterhin eine Rolle, wobei der Stellenwert der Modelle in verschiedenen Bereichen der psycholinguistischen Forschung (lexikalische Verarbeitung – Satzverarbeitung) unterschiedlich ist (→ KAPITEL 5, 7).

1.3 Historische Wurzeln

Die moderne Psycholinguistik ist eine relativ junge Wissenschaft, deren Beginn meistens in der Mitte des 20. Jahrhunderts angesetzt wird. Aber schon lange vorher hat sich die Menschheit Gedanken über die menschliche Sprachfähigkeit gemacht. So finden sich bereits in alten ägyptischen Papyrusschriften, die auf die Zeit um 1700 v. Chr. datiert werden, Berichte über Auswirkungen von Kopfverletzungen auf das Sprachvermögen (Altmann 2006). Trotzdem hielten die Ägypter das Gehirn für kein besonders wichtiges Organ, im Gegensatz zu anderen Organen wie dem Herzen wurde es vor der Mumifizierung eines Leichnams entfernt. Auch Fragen nach dem Ursprung der Sprache und dem Spracherwerb des Kindes beschäftigten die Menschheit schon lange. Vom ägyptischen Pharao Psamtik (7. Jahrhundert v. Chr.) wird berichtet, dass er Babys in einer sprachlosen Umgebung aufwachsen ließ, in der niemand in Anwesenheit der Kinder sprechen durfte. Er wollte herausfinden, welche Sprache diese Kinder sprechen würden und glaubte, dass dieses die „Ursprache" sei. Angeblich erlernten diese Kinder Phygrisch, eine Sprache, die in einem Gebiet in der heutigen Türkei bis ins 7. Jahrhundert n. Chr. gesprochen wurde. Die Durchführung einer ähnlichen Studie wird dem römischen Eroberer und deutschen König Friedrich II (1194–1250 n. Chr.) nachgesagt, aber alle Kinder dieses Versuchs starben. Heute sind solcherart Experimente glücklicherweise nicht mehr denkbar und nach unserem jetzigen Wissensstand ist das Experiment von Psamtik offenbar fehlgeschlagen. Aus neueren Quellen – etwa Berichten über sogenannte Wolfskinder – wissen wir, dass Kinder ohne Sprache zu hören keine gesprochene Sprache lernen können und dass Kinder genau die Sprache oder die Sprachen lernen, die in ihrer Umgebung verwendet wird bzw. werden (→ KAPITEL 10). Es liegt also auf der Hand, dass sich entweder die Betreuer der Kinder im Experiment von Psamtik nicht an die Anweisung ihres Pharaos hielten oder aber die überlieferten Ergebnisse nicht stimmen.

Differenziertere Annahmen zum Zusammenhang von Gehirn und Geist entwickelten sich im 19. Jahrhundert. Der Arzt Franz Josef Gall (1758–1828) entwickelte eine Theorie, nach der das Gehirn der Sitz aller geistigen Tätigkeiten ist, jedoch aus verschiedenen Organen bestehe, die wiederum der Sitz einer bestimmten Geistesgabe (oder kognitiven Fähigkeit) oder einer bestimmten Charaktereigenschaft seien. Gall war der Auffassung, dass diese Organe bei verschiedenen Menschen im Gehirn an ähnlichen Stellen angesiedelt seien, sich die Größe und Form dieser Organe zwischen den Menschen aber unterscheide, was dazu führe, dass sich Menschen hinsichtlich ihrer geistigen Fähigkeiten und Charaktereigenschaften unterscheiden. In dieser **Phrenologie** als Phrenologie bezeichneten Richtung wurden Karten des menschlichen Kopfes erstellt, auf denen die Organe mit ihren Funktionen bezeichnet wurden. Anhänger der Phrenologie glaubten zudem, dass die Kopfform eines Menschen durch die Ausprägung der im Schädel liegenden Organe bestimmt sei und daher Vorhersagen über seine Fähigkeiten und seinen Charakter zulasse. Anfang des 19. Jahrhunderts war die Phrenologie sehr populär und fand die unterschiedlichsten Anwendungsbereiche, eine wissenschaftliche Fundierung fehlt ihr jedoch vollkommen.

Trotzdem fand Galls Annahme einer funktionalen Differenzierung des Gehirns nur wenig später Bestätigung – allerdings nicht in der **Neurologische Quellen der funktionalen Differenzierung des Gehirns** Art der von Gall angenommenen Organe. So berichtete der französische Neurologe Paul Broca 1861 von einem Patienten mit schweren Störungen der Sprachproduktion bei gut erhaltenem Sprachverständnis, die offensichtlich eine Folge von Schädigungen im vorderen Bereich der linken Hirnhälfte waren (→ KAPITEL 11). Nur wenig später im Jahre 1874 berichtete der deutsche Neurologe Carl Wernicke von Patienten mit Hirnschädigungen im weiter hinten im Gehirn liegenden temporalen Areal, die bei besser erhaltenen produktiven Fähigkeiten starke Störungen des Sprachverständnisses zeigten. Die Namen von Broca und Wernicke finden sich bis heute in der Bezeichnung bestimmter Hirnareale wieder und sie gelten als die Urväter der Neurolinguistik.

Die Entstehung der modernen Psycholinguistik ist eng mit dem Namen des Linguisten Noam Chomsky verbunden. Chomsky veränderte das Selbstverständnis der Linguistik, in dem er sie als Teilgebiet in die Kognitive Psychologie einordnete. Damit verbunden war auch eine spezifische Sichtweise des wissenschaftlichen Gegenstands der Linguistik, der nach Chomsky die menschliche Sprachkompetenz darstellt, also das System der mentalen Wissensstrukturen, das dem Menschen die Verwendung von Sprache ermöglicht. Chomsky nahm mit seinen Auffassungen wesentlichen Anteil an der sogenannten Kognitiven Wende der 1960er-Jahre sowohl in der Psychologie als auch in der Linguistik. Die psychologische Forschung war bis dahin vom behavioristischen Ansatz geprägt, der das menschliche Verhalten auf Grundlage von Assoziationen zwischen Reizen und Reaktionen zu beschreiben versuchte und sich auf die Erforschung beobachtbaren Verhaltens beschränkte. Mentale Repräsentationen und Operationen wurden hier als nicht beobachtbare Phänomene aus der wissenschaftlichen Betrachtung ausgeschlossen. Im Jahr 1957 publizierte der Psychologe Burrhus F. Skinner sein Buch *Verbal Behavior*, in dem er diese behavioristischen Prinzipien auf die menschliche Sprachverwendung und den Spracherwerb anwendete. 1959 reagierte Chomsky mit einer Replik auf dieses Buch (*A review of B. F. Skinner's Verbal Behavior*), in der er darstellte, dass es nicht möglich sei, anhand behavioristischer Prinzipien die Produktivität und Systematizität menschlicher Sprache zu erklären. Eine Erklärung der menschlichen Sprachfähigkeit unter Ausschluss mentaler Repräsentationen und Operationen sei nicht möglich und daher müssten genau diese mentalen Repräsentationen und Operationen Gegenstand einer wissenschaftlichen Erforschung sein (Chomsky 1959).

Das von Chomsky 1957 publizierte Modell der Transformationsgrammatik löste eine Reihe von experimentellen Untersuchungen aus, die zum Ziel hatten, die psychologische Realität dieses Modells zu überprüfen. Dabei ging es nicht nur darum, die in dem Modell postulierten Wissenstrukturen als Komponenten des mentalen Systems zu überprüfen, vielmehr wurden auch die linguistischen Regeln (Transformationen) des Modells selbst als Beschreibungen von Verarbeitungsmechanismen verstanden, die während des Satzverstehens oder der Satzproduktion zur Anwendung kommen (Miller 1962). Zwar belegten die Ergebnisse dieser Untersuchung eine einfache Übersetzbarkeit von linguistischen Regeln in mentale Prozesse nicht, aber mit diesen Untersuchungen hielten experimentelle Paradigmen wie Reaktionszeitmessungen und Memorierungsaufgaben Einzug in die Psycholinguistik. Die Basis der Psycholinguistik als experimentelle Wissenschaft war gelegt.

Fragen und Anregungen

- Welches Verhältnis besteht zwischen Psycholinguistik und kognitiver Psychologie?

- Was sind nach Jerry Fodors Annahmen wesentliche Eigenschaften von Modulen?

- Skizzieren Sie den Unterschied zwischen bottom-up und top-down Prozessen.

- Inwiefern lassen sich die „Studien" von Psamtik und Friedrich II als erste psycholinguistische Experimente beschreiben?

- Sammeln Sie in ihrem Umfeld einige Versprecher und analysieren Sie, ob es Gemeinsamkeiten zwischen diesen Versprechern gibt.

Lektüreempfehlungen

- **Gerry Altmann: History of Psycholinguistics,** in: Keith Brown (Hg.), Encyclopedia of Language and Linguistics, Amsterdam 2006. *Komprimierter Abriss der historischen Entwicklung der Psycholinguistik.*

- **Helen Leuninger: Reden ist Schweigen und Silber ist Gold. Gesammelte Versprecher,** München 5. Auflage 2001. *Amüsante Sammlung von Versprechern mit leicht verständlicher Einführung in die psycholinguistische Versprecherforschung.*

- **Matthew Traxler / Morton Ann Gernsbacher (Hg.): Handbook of Psycholinguistics,** Amsterdam 2. Auflage 2006. *Gibt einen umfassenden Einblick in die experimentellen Befunde der psycholinguistischen Forschung.*

2 Forschungsmethoden der Psycholinguistik

Nicole Stadie, Heiner Drenhaus, Barbara Höhle, Katharina Spalek,
Isabell Wartenburger

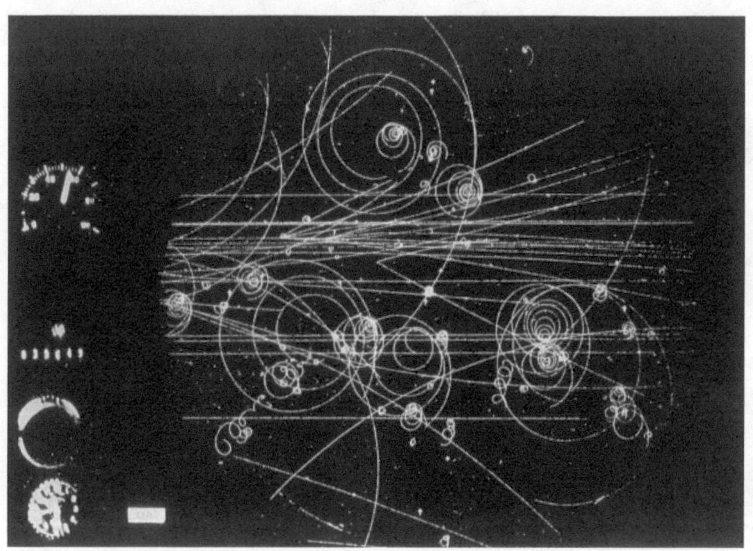

Abbildung 3: Teilchenspuren in einer Blasenkammer (1970), Europäische Organisation für
Kernforschung (CERN), Genf

Das Foto zeigt Spuren von Flugbahnen subatomarer Teilchen. Sie wurden in einem Protonen-Synchroton vom CERN, dem bedeutendsten Zentrum für die Teilchenphysikforschung in Europa, aufgenommen. Dieses Gerät ermöglicht es Physikern, in einen Atomkern ‚hinein zu sehen'. Aufgrund der Aufzeichnung der Flugbahnen mit all ihren Abweichungen konnte in der Physik auf Teilchen geschlossen werden, die kleiner als Atome sind, auf sogenannte Elementarteilchen. Trotz dieser wissenschaftlich spektakulären Fortschritte kann man jedoch immer noch nicht den sehr viel kleineren Atomkern zeigen – die eigentliche Quelle der Kernenergie.

Auch die mentalen Prozesse, die der Produktion, der Rezeption und der Entwicklung sprachlicher Strukturen zugrunde liegen, sind nicht sichtbar, sie hinterlassen jedoch Spuren in unserem Verhalten und in Aktivitäten des Gehirns. In ihrem Bemühen, Erkenntnisse über diese kognitiven Prozesse zu gewinnen, muss also auch die Psycholinguistik auf Spurensuche gehen – mithilfe klassisch behavioraler, in jüngerer Zeit auch verstärkt mit neurowissenschaftlichen Forschungsmethoden. Die mentalen Prozesse und Hirnaktivitäten, die während der Produktion und des Verstehens von Sprache ablaufen, können so besser verstanden werden. Die verschiedenen Spuren, die von mentalen Prozessen hinterlassen werden, haben eine große Bandbreite: Sie reichen von der Schnelligkeit, mit der Aufgaben gelöst werden können, und eventuellen Fehlern, die dabei auftreten, über Bewegungen der Augen bis hin zu neurophysiologischen Signalen des Gehirns und Veränderungen des Blutflusses im Gehirn. Entsprechend werden in der psycholinguistischen Forschung unterschiedliche Variablen gemessen: spezifische Zeitbeträge und Reaktionsmuster beim Lösen von Aufgaben werden aufgezeichnet, die Intensität beim Saugen an einem Schnuller bei Babys wird gemessen, die Richtung von Blickbzw. Kopfbewegungen wird erfasst. Neuronale Aktivitäten lassen sich in farblich differenzierten bildlichen Darstellungen des Gehirns und grafischen Kurven wiedergeben, die die Abläufe elektrischer Aktivität im Gehirn abbilden.

2.1 Behaviorale Methoden
2.2 Neurowissenschaftliche Methoden

2.1 Behaviorale Methoden

Die meisten in der klassischen Psycholinguistik verwendeten Untersuchungsmethoden erfordern das Lösen einer sprachlichen Aufgabe nach dem Befolgen einer Instruktion. Bei behavioralen Methoden (auch verhaltensorientierte Methoden, englisch *behavior* = Verhalten) können die Reaktionen der Probanden je nach Untersuchungsziel unter anderem die Produktion sprachlicher Äußerungen oder eine Entscheidung per Tastendruck (typischerweise mit Messung der Reaktionszeit) sein. Für die Untersuchungen mit Säuglingen und Kleinkindern wurde eine Reihe von Verfahren entwickelt, die ohne Instruktion auskommen und altersangepasste Reaktionen wie Saugstärke oder Blickzeiten erfassen.

Lexikalisches Entscheiden

Eine vielfach verwendete Aufgabe ist das lexikalische Entscheiden (Meyer / Schvaneveldt 1971). Mithilfe dieser Aufgabe werden verschiedene Aspekte untersucht, die bei der Worterkennung, beim lexikalischen Zugriff und beim Zugriff auf die Bedeutungsstruktur von Wörtern eine Rolle spielen. Beim lexikalischen Entscheiden soll ein Proband so schnell wie möglich entscheiden (Ja / Nein), ob eine ihm dargebotene Buchstabenreihe ein Wort oder ein Nichtwort (z. B. *Stunde / Stonde*) ist. Die Darbietung der Stimuli erfolgt dabei entweder visuell, z. B. auf einem Bildschirm, oder auditiv über Lautsprecher oder Kopfhörer; die Reaktion des Probanden besteht meistens aus einem Tastendruck. Um eine lexikalische Entscheidung treffen zu können, müssen wir unser mentales Lexikon – den Speicher aller uns bekannten Wörter – durchsuchen, um festzustellen, dass *Stunde* darin enthalten ist, *Stonde* aber nicht. Worterkennung beschreibt also das Finden eines Wortes im mentalen Lexikon (→ KAPITEL 5.1). In die Auswertung der lexikalischen Entscheidungsaufgabe geht vornehmlich die Reaktionszeit ein, also diejenige Zeit, die der Proband benötigt um z. B. beim Stimulus *Stunde* auf die Ja-Taste bzw. bei *Stonde* auf die Nein-Taste zu drücken, es kann aber auch die Anzahl der richtigen bzw. falschen Entscheidungen analysiert werden.

In der experimentellen Psychologie werden häufig Reaktionszeiten verwendet, um die zeitliche Dauer mentaler Operationen zu erfassen; sie stellen einen Index der Verarbeitungsgeschwindigkeit dar. Die Reaktionszeit gibt also an, wie schnell ein Mensch diejenigen mentalen Operationen ausführen kann, die für die Bearbeitung der Aufgabe notwendig sind. Beispielsweise benötigen wir wenige hun-

Aufgabenstellung

Reaktionszeiten

dert Millisekunden, um ein gehörtes oder geschriebenes Wort zu erkennen. Die Reaktionsgeschwindigkeit (und auch die Anzahl fehlerhafter Antworten) kann, je nachdem welche Wörter und Wortstrukturen dargeboten werden, stark variieren: Ein sehr geläufiger Effekt ist der Wortüberlegenheitseffekt, d. h. Wörter werden deutlich schneller wahrgenommen und erkannt als Einzelbuchstaben oder Buchstabenkombinationen, die kein Wort darstellen. Die Reaktionszeit beim lexikalischen Entscheiden wird auch durch die phonologische Nachbarschaftsdichte des Zielitems beeinflusst. Die phonologische Nachbarschaftsdichte ergibt sich aus der Anzahl der in einer Sprache existierenden Wörter, die vom Zielitem in nur einem Phonem abweichen, z. B. *Maus Haus, Laus, Maut, Mais*. Je mehr phonologische Nachbarn ein Zielitem aufweist, desto langsamer verläuft die Verarbeitung. Ein ebenfalls häufig beobachteter Effekt ist der Frequenzeffekt: Wörter, die in der gesprochenen und / oder geschriebenen Sprache sehr häufig vorkommen, werden deutlich schneller erkannt als solche, die weniger häufig vorkommen. Die Beobachtung derartiger Einflüsse führt zu theoretischen Schlussfolgerungen über die Repräsentation und Verarbeitung lexikalischer Information. Der Frequenzeffekt wird als Indikator dafür angesehen, dass hochfrequente Wörter stärkere mentale Repräsentationen haben, auf die schneller zugegriffen werden kann als auf die schwächeren mentalen Repräsentationen niedrigfrequenter Wörter. Beim Nachbarschaftseffekt wird angenommen, dass hier ein Aktivierungswettbewerb zwischen den phonologischen Nachbarn stattfindet, der sich in längeren Reaktionszeiten äußert (Dell / Gordon 2003; Vitevitch / Luce 1998).

Eine Variation der lexikalischen Entscheidungsaufgabe ist die semantische Entscheidungsaufgabe, in der ein Proband nicht über den lexikalischen Status, sondern über semantische Aspekte von Items entscheiden soll, beispielsweise ob die Wörter *Pferd* oder *Teller* Items darstellen, die belebt bzw. unbelebt sind (Pecher / Raaijmakers 2004), oder ob sie einer vorgegebenen semantischen Kategorie (z. B. *Tiere*) zugehörig sind (Halldorson / Singer 2001). Neben einem Tastendruck werden auch die Reaktionszeiten für mündliche Äußerungen, z. B. beim lauten Vorlesen (Schiller 2004) oder beim Benennen (Meyer u. a. 2003) gemessen.

Benennen

Eine vielfach genutzte Methode, um im Rahmen eines Experimentes gesprochene Sprache hervorzulocken, ist die Bildbenennung. In ihrer einfachsten Form sieht ein Proband das Bild eines Objekts und muss so schnell wie möglich den Objektnamen produzieren, z. B. das Wort *Apfel*. Die Zeit zwischen der Darbietung des Bildes und dem Artikulationsbeginn des Probanden wird gemessen. Mit einem solchen Versuchsaufbau kann man beispielsweise untersuchen, ob ein Sprecher für die Vorbereitung der Produktion eines langen Wortes länger braucht als für die eines kurzen Wortes. Man würde etwa die Reaktionszeiten für Wörter wie *Wolf* und *Luchs* mit denen für Wörter wie *Giraffe* und *Leopard* vergleichen. Die Bildbenennung kann auch geprimt (voraktiviert, s. u.) werden – entweder durch zu lesende Wörter oder durch andere Bilder. Einfache Bildbenennung

Eine Variante der Bildbenennung ist das semantische Blocking (Kroll / Stewart 1994; Damian 2003). Hierbei werden vier oder fünf Objektabbildungen in unterschiedlicher Reihenfolge mehrmals hintereinander gezeigt und sollen benannt werden. Die Bilder werden entweder in einem semantisch homogenen (z. B. *Apfel, Birne, Kirsche, Apfel, Kirsche, Birne ...*) oder in einem semantisch heterogenen Block (z. B. *Hose, Apfel, Gabel, Apfel, Hose, Gabel ...*) dargeboten. Mit diesen Experimenten kann man Einsichten in die Repräsentation semantischen Wissens gewinnen. So benennen Probanden dasselbe Bild (z. B. *Apfel*) schneller, wenn es in einem heterogenen Block vorkommt, als wenn es in einem homogenen Block vorkommt. Semantisches Blocking

Eine weitere Variante der Bildbenennung ist die Bild-Wort-Interferenz. Dabei sieht ein Proband ein Bild eines Objekts, das er benennen soll. In diesem Bild steht neben dem Objekt aber auch ein Wort, ein sogenanntes Distraktorwort (Ablenkerwort). Der Proband wird instruiert, dieses Wort zu ignorieren. Dennoch hat die Beziehung zwischen dem Bildnamen und der Wortbedeutung Einfluss auf die Benennlatenz. Wenn das Distraktorwort ein echtes Wort der Sprache ist, sind die Reaktionszeiten immer länger, als wenn es eine Reihe von *XXXX* ist. Dies deutet darauf hin, dass das Wort entgegen der Instruktion, es zu ignorieren, gelesen und verarbeitet wird. Man beobachtet auch, dass die Reaktionszeiten länger sind, wenn das Distraktorwort zur selben semantischen Kategorie gehört wie das Zielwort (z. B. das Bild eines Apfels mit Distraktor *Birne*). Ist das Distraktorwort dagegen phonologisch überlappend mit dem Bildnamen (z. B. das Bild eines Apfels mit Distraktor *Applaus*), so sind die Reaktionszeiten schneller als bei phonologisch nicht überlappenden Wörtern. Bild-Wort-Interferenz

Eine Erweiterung des klassischen Bild-Wort-Interferenz-Paradigmas besteht in der Variation der zeitlichen Darbietung von Bild und

Wort (Stimulus-Onset-Asynchronie, SOA). Werden Bild und Wort gleichzeitig dargeboten, beträgt die SOA 0. Erscheint das Wort auf dem Bildschirm bevor das Bild präsentiert wird, ist dies eine negative SOA. Die Länge des Intervalls kann variieren: Bei einer SOA von –400 war das Wort bereits 400 Millisekunden (ms) lang zu sehen, bevor das Bild hinzukam, bei einer SOA von –50 war das Wort 50 ms vor dem Bild zu sehen. Bei positiver SOA erscheint erst das Bild und nach einer gewissen Verzögerung wird zusätzlich das Wort eingeblendet. Eine wichtige Beobachtung in diesem Zusammenhang ist, dass die Verlangsamung der Reaktionszeiten bei der Benennung des Bildes durch einen Distraktor aus derselben semantischen Kategorie bei in etwa gleichzeitiger Darbietung von Bild und Wort auftritt, die Beschleunigung durch ein phonologisch überlappendes Distraktorwort dagegen bei positiver SOA (erst Bild, dann Wort) (Schriefers u. a. 1990). Der zeitliche Rahmen speziell für die phonologischen Effekte variiert jedoch sehr stark.

Durch eine Änderung der Instruktion kann man die Einzelwortproduktion bei der Bildbenennung zur Produktion einfacher Nominalphrasen erweitern. Am einfachsten gelingt die sogenannte Elizitierung (d. h. das Hervorlocken einer bestimmten Äußerungsart in experimentellen Kontexten) von Nominalphrasen, wenn ein Bild mit seinem Namen und dem dazugehörigen Artikel benannt werden soll (z. B. *der Apfel*).

Ein komplexerer Typ der Bildbenennung sind Aufgaben, in denen Probanden Zeichnungen kleiner Szenen sehen und diese mit einem Satz beschreiben sollen. In einer Studie sahen Probanden beispielsweise eine Kirche, in die ein Blitz einschlug. Hierauf kann man mit verschiedenen Antworten reagieren, aber durch das Bild ist die Anzahl der möglichen Reaktionen eingeschränkt, zum Beispiel *der Blitz schlägt in die Kirche ein* oder *die Kirche wird vom Blitz getroffen* (Bock 1986a). Bei solchen Aufgaben misst man üblicherweise keine Reaktionszeiten. Stattdessen will man wissen, wie sich bestimmte Eigenschaften der in der Szene dargestellten Aktanten auf die Wahl sprachlicher Mittel auswirken, z. B. ob Probanden im oben genannten Beispiel eher Aktiv- oder eher Passivsätze produzieren.

Priming (Voraktivierung)

Lexikalische Entscheidungsaufgaben und auch Aufgaben zum Benennen von Bildern werden häufig mit anderen experimentellen Techniken kombiniert, etwa mit dem Priming (Voraktivierung oder Bahnung). Hierbei wird dem Probanden vor der lexikalischen Entscheidungsaufgabe ein sogenannter Prime dargeboten und untersucht, ob dieser Prime die nachfolgende Entscheidung über ein Zielitem beeinflusst. Ein positiver Priming-Effekt liegt vor, wenn der Prime einen Verarbeitungsvorteil bewirkt, also die Reaktion schneller als ohne Vorgabe des Primes erfolgt. Ein negativer Priming-Effekt hingegen liegt vor, wenn der Prime zu einer Verlangsamung der Reaktionszeit, einer sogenannten Inhibition, führt. Beim direkten Priming (auch Wiederholungspriming) sind das Prime- und Zielitem identisch, beim indirekten Priming (auch assoziatives Priming) dagegen nicht. Beim assoziativen Priming können sich abhängig vom Typ der Beziehung zwischen Prime und Zielitem sowohl positive als auch negative Priming-Effekte zeigen. Beim semantischen Priming führt in lexikalischen Entscheidungsaufgaben die Darbietung eines semantisch relatierten Primes (z. B. *Minute*) zu einer deutlich schnelleren Reaktion auf das Zielitem (z. B. *Stunde*) als die Darbietung eines semantisch nicht relatierten Primes (z. B. *Kanone*). Wenn der Prime phonologisch nah zum Zielitem ist (z. B. Prime: *Runde*, Zielitem: *Stunde*), spricht man von phonologischem Priming (Mathey u. a. 2004). Neben semantischem und phonologischem Priming gibt es auch morphologisches Priming, beispielsweise zwischen dem Stamm und der flektierten Form eines Wortes, syntaktisches Priming zwischen Satzpaaren, graphemisches Priming zwischen graphematisch ähnlichen Wörtern und cross-modales Priming etwa mit Wort-Bild-Paaren. Weitere Variationsmöglichkeiten bestehen in der Komplexität des Primes (Wort, Satz oder Text), oder der gezielten Variation des Zeitintervalls zwischen der Darbietung des Primes und des Ziel-Stimulus. Priming-Aufgaben werden eingesetzt zur Untersuchung spezifischer Aspekte bei der Verarbeitung von Zweideutigkeiten (Ambiguitäten), bei der Worterkennung, in der Leseforschung und in der Sprachproduktion.

Konditionierung und Präferenzmessungen

Untersuchungen an Babys und Kleinkindern erfordern Methoden, die ohne eine explizite Instruktion spontane, messbare Verhaltensreaktionen der Probanden erzeugen. Generell lässt sich in diesem Bereich zwischen solchen Untersuchungsparadigmen unterscheiden, die auf der Konditionierung, also dem Erlernen bestimmter Reiz-Reaktionsmuster fußen, und solchen, bei denen die Stärke einer spontanen Reaktion auf präsentierte Reize gemessen wird (Verfahren mit Präferenzmessungen).

Darüber hinaus werden in jüngerer Zeit auch verstärkt elektrophysiologische Messungen (s. u.) eingesetzt.

Konditionierte Reaktionen nach der Darbietung eines visuellen und/oder akustischen Reizes werden z. B. mit dem High-Amplitude-Sucking Verfahren und dem Verfahren der visuellen Fixation hervorgerufen. Das High-Amplitude-Sucking Verfahren ist eine der ältesten Methoden der Säuglingsforschung. Es wird die Stärke gemessen, mit der ein Kind an einem Schnuller saugt, während ihm ein akustischer Reiz präsentiert wird. Das Saugverhalten des Kindes korreliert mit seinem Interesse an diesem Reiz: je interessanter der Stimulus, umso höher ist die Saugrate. Das Paradigma wurde zunächst für die Untersuchung der Verarbeitung visueller Stimuli entwickelt (Siqueland/De Lucia 1969), aber schon kurze Zeit später auch zur Untersuchung der Sprachperzeption eingesetzt (Eimas u. a. 1971). Dem Kind wird nur dann ein akustischer Reiz präsentiert, wenn seine Saugstärke ein vorher definiertes Kriterium übersteigt. Säuglinge sind sehr schnell in der Lage, den Zusammenhang zwischen ihrer Saugstärke und der Verstärkung durch die Präsentation eines akustischen Reizes zu erkennen und lernen so, die Stimuluspräsentation durch ihr Verhalten zu steuern. Allerdings lässt die Saugstärke bei einer wiederholten Verstärkung durch immer denselben Reiz nach einer Weile nach, steigt jedoch wieder an, wenn ein anderer Verstärker geboten wird. Untersuchungen bestehen daher aus einer Habituierungs- und einer Dishabituierungsphase. In der Habituierungsphase wird als Verstärker so lange derselbe Reiz geboten, bis die Saugreaktionen des Kindes unter ein bestimmtes Kriterium gesunken sind. Dann beginnt die Dishabituierungsphase, in der ein neuer akustischer Reiz als Verstärker geboten wird. Zeigt das Kind in der Dishabituierungsphase wieder eine stärkere Saugreaktion als am Ende des Habituierungsphase, so wird deutlich, dass es die auditiven Reize unterscheiden kann. Das Paradigma ist von Geburt an nutzbar, kann aber wegen des nachlassenden Saugreflexes nicht über das erste halbe Lebensjahr hinaus eingesetzt werden.

Die Methode der visuellen Fixation basiert auf der Beobachtung, dass Fixierungszeiten auf einen visuellen Reiz (z. B. ein Gesicht oder ein grafisches Muster) mit einer gleichzeitigen akustischen Stimulierung korrelieren. So werden die Fixierungszeiten der Säuglinge länger, wenn der akustische Reiz verändert wird (Horowitz 1975). Die auditiven Stimuli werden nur dann präsentiert, wenn das Kind den visuellen Reiz fixiert, sodass die Fixierungsdauer als Maß der Aufmerksamkeit gegenüber dem auditiven Reiz angesehen werden kann.

Auch in diesem Paradigma gibt es eine Habituierungs- und eine Dishabituierungsphase. In der Phase der Habituierung werden den Babys in jedem Untersuchungsdurchgang die gleichen akustischen Reize dargeboten, beispielsweise eine konstante Silbe, bis die Fixierungszeiten um ein vorher definiertes Kriterium abfallen. In der Phase der Dishabituierung wird in verschiedenen Untersuchungsdurchgängen mal der bereits dargebotene Reiz und mal ein neuer akustischer Stimulus präsentiert. Ist das Kind in der Lage den Unterschied wahrzunehmen, also bei erfolgreicher Diskrimination, werden signifikant längere Fixierungszeiten bei Präsentation des veränderten Stimulus als für den bereits in der Habituierungsphase präsentierten Reiz erwartet. Wie andere Habituierungsparadigmen wird die visuelle Fixation im Wesentlichen für die Untersuchung von Diskriminationsleistungen eingesetzt, aber auch für die Überprüfungen des Wortlernens (im sogenannten Switch-Paradigma, Stager / Werker 1997). Sie eignet sich für Kinder ab dem vierten Lebensmonat.

Experimentelle Verfahren, die auf das Messen von spontanen Reaktionen eines Kleinkindes abzielen, indem es wahlweise seinen Kopf oder seinen Blick in eine bevorzugte Richtung bewegt, sind z. B. das Headturn Preference Paradigma und das Intermodal Preferential Looking Paradigma. Beim Headturn Preference Paradigma wird die Dauer einer spontanen Kopfdrehung gemessen, die das Kind zur Fixierung eines seitlich angebrachten Lautsprechers macht, während von diesem Lautsprecher ein akustischer Reiz präsentiert wird (Fernald 1985). Untersuchungen mit diesem Paradigma werden in einer Untersuchungskabine durchgeführt, in der an den seitlichen Wänden zwei Lampen sowie zwei Lautsprecher angebracht sind. In jedem Untersuchungsdurchgang werden akustische Reize nur von einem der seitlichen Lautsprecher bei gleichzeitigem Blinken der Lampe präsentiert, was typischerweise zu einer Kopfdrehung des Kindes in Richtung der Präsentationsseite führt. Die akustische Präsentation endet, wenn das Kind seinen Kopf abwendet. Dieses Verfahren wird derzeit in Untersuchungen zum frühen Spracherwerb am häufigsten verwendet, da es eine Fülle von Anwendungsbereichen bietet und auch das Altersspektrum der zu untersuchenden Kinder sehr breit ist, bis zu 24 Monaten.

Beim Intermodal Preferential Looking wird die Fixationszeit des Kindes auf zwei simultan nebeneinander präsentierte visuelle Stimuli (z. B. zwei Videosequenzen oder zwei statische Objektabbildungen) bei gleichzeitiger Präsentation eines auditiven Reizes gemessen (Golinkoff u. a. 1987). Das Intermodal Preferential Looking Paradigma ist analog zu den üblichen Satz- oder Bild-Wort-Zuordnungsaufgaben aufgebaut, indem lediglich einer der beiden visuellen Reize zum sprachlichen Reiz passt, während der andere einen Distraktor darstellt (z. B. eine Abbildung von einem Apfel und einer Birne beim akustischen Reiz *Birne*). Anhand dieser Methode lassen sich Wort- und Satzverständnis überprüfen. Dabei können verschiedene abhängige Variablen genutzt werden: die Dauer der Gesamtfixation der visuellen Stimuli, der Ort der ersten Fixierung nach der Darbietung des auditiven Reizes oder die Latenz der ersten Fixierung auf das Zielbild nach Darbietung des auditiven Reizes. Eingesetzt wird das Verfahren ab Mitte des ersten Lebensjahres. Das Intermodal Preferential Looking wird zunehmend auch mit einer automatischen Blickbewegungsmessung durchgeführt.

Blickbewegungen

Bei der automatischen Blickbewegungsmessung (Eyetracking) wird die Bewegung der Augen eines Probanden während des Lesens oder des Betrachtens von szenischen Abbildungen gemessen. Die Messung erfolgt, indem Infrarotlicht die Augen beleuchtet. Dabei sind die Position der Lichtquelle und vor allem ihre relative Position zu einem Monitor, auf den der Proband blickt, bekannt. Eine auf die Augen gerichtete Infrarotkamera nimmt das Auge auf, und anhand der Reflektion des Infrarotstrahls sowie der Position der Pupille kann berechnet werden, auf welche Stelle des Monitors der Proband geschaut hat. Die Daten können mit zwei verschiedenen Systemen erfasst werden: Entweder ist die Kamera mit einem Kopfband direkt am Kopf (head mounted system) befestigt oder sie befindet sich auf dem Versuchstisch. Für die Untersuchung von Kindern und Patienten bieten sich externe Systeme an, da so keinerlei Beeinträchtigungen bzw. Ablenkungen durch die Kopfkamera entstehen. Die meisten Systeme arbeiten mit Abtastraten zwischen 60 und 1000 Hertz, liefern also Datenpunkte im Abstand von 17 bzw. einer Millisekunde.

Blickbewegungsmessungen werden vor allem in drei Bereichen eingesetzt: beim Lesen, bei der sprachlichen Beschreibung von Szenen und in sogenannten Visual World Paradigmen. Beim Lesen zeigt man Sätze auf dem Bildschirm und zeichnet auf, wie sich die Augen des Lesers über den Satz bewegen. Bei einer Szenenbeschreibung prüft man, ob die Reihenfolge der fixierten Objekte in der Szene systematisch mit der Wortreihenfolge im letztendlich produzierten Satz zusammenhängt. In Visual World Paradigmen hören Probanden gesprochene Sätze, während sie gleichzeitig auf einem Bildschirm verschiedene Bilder sehen. Hier wird erfasst, inwieweit die Blicke auf das Bild von den gehörten Sätzen beeinflusst werden.

Blickbewegungsaufzeichnungen versorgen Forscher mit einer Fülle von Daten. Theoretisch interessant sind z. B. die Fixationswahrscheinlichkeit, die Dauer der Erstfixation, die Gesamtfixationsdauer und die Regressionsrate. Unter der Fixationswahrscheinlichkeit versteht man die Wahrscheinlichkeit, dass – gemittelt über alle Probanden – ein Wort oder ein Objekt überhaupt betrachtet wird. Oft wird auch der zeitliche Verlauf der Fixationswahrscheinlichkeit untersucht und in einer Grafik wiedergegeben, die auf der x-Achse die Zeit und auf der y-Achse die Fixationsrate (von 0–100 %) zeigt. Die Dauer der Erstfixation gibt an, wie lange das Auge beim ersten Betrachten eines Wortes oder eines Objekts auf diesem verweilt. Die Gesamtfixationsdauer ist die Summe aller Fixationszeiten auf einem Wort oder einem Objekt. Bei der Untersuchung von Leseprozessen spielen neben den Fixationen auch die Sprünge der Augen, sogenannte Sakkaden eine besondere Rolle. Als progressive Sakkaden bezeichnet man Sprünge des Auges in Leserichtung, als regressive Sakkaden Rücksprünge in bereits gelesene Bereiche. Welche Maße in der Datenanalyse genutzt werden, hängt stark von der Fragestellung der jeweiligen Untersuchung ab.

2.2 Neurowissenschaftliche Methoden

Moderne neurowissenschaftliche Techniken erlauben es, kognitive Funktionen wie die Sprachverarbeitung im Gehirn zu lokalisieren und den zeitlichen Verlauf von Verarbeitungsprozessen darzustellen. Zu diesen Methoden zählen die funktionelle Magnetresonanz-Tomographie (fMRT), die Positronen-Emissions-Tomographie (PET), die Nahinfrarot-Spektroskopie (NIRS) sowie die Elektroenzephalographie (EEG) bzw. die ereigniskorrelierten Potenziale (EKP) und die Magnetenzephalographie (MEG). Diese werden zum Teil auch als bildgebende Verfahren bezeichnet, da sie innere Strukturen bzw. Prozesse grafisch abbilden.

Funktionelle Magnetresonanz-Tomographie (fMRT)

Die fMRT (auch funktionelle Kernspintomographie, englisch: fMRI), gehört zu den sogenannten hämodynamischen oder metabolischen

Bildgebungsmethoden, die auf Messungen der Änderung der Sauerstoffkonzentration im Blut beruhen. Die Messung findet in einem MRT-Scanner statt. Während die Probanden im MRT-Scanner liegen, bearbeiten sie verschiedene Aufgaben, dabei werden akustische Items per Kopfhörer, visuelle über einen Bildschirm oder spezielle Brillen dargeboten. Ziel ist die Untersuchung der Hirnareale, in denen es zu einer erhöhten Aktivierung kommt. Diejenigen Hirnareale, die beim Lösen der Aufgabe aktiv sind, werden farbkodiert in zwei- oder dreidimensionalen Bildern dargestellt.

Die physiologische Grundlage der fMRT ist die sogenannte neurovaskuläre Kopplung, also der Zusammenhang von Nervenzellaktivität und Blutflussänderungen im Gehirn. Bei bestimmten kognitiven Funktionen beginnen bestimmte Nervenzellpopulationen aktiv zu werden, die Nervenzellen benötigen mehr Sauerstoff und Glukose. Der erhöhte Energiebedarf führt zur Ausweitung der umgebenden kleinen Kapillargefäße, wodurch ein lokaler Anstieg des Blutflusses und ein erhöhtes Blutvolumen erreicht werden. Dieses neu zufließende Blut bringt über den Sauerstoffträger Hämoglobin einen Überschuss an Sauerstoff zu den Nervenzellen. Folglich steigt lokal die Konzentration von sauerstoffreichem Hämoglobin an, wogegen die Konzentration von sauerstoffarmem Hämoglobin abfällt. Diese Konzentrationsänderungen bilden die Grundlage für das fMRT-Signal, das auch als BOLD-Signal oder BOLD-Imaging (englisch für Blood-Oxygen-Level-Dependent) bezeichnet wird. Die Signaländerung ist – verglichen mit der Nervenzellaktivität – sehr langsam: erst ca. 2 Sekunden nach Reizdarbietung steigt das BOLD-Signal an, erreicht sein Maximum nach ca. 6 Sekunden und fällt dann wieder ab, um sein Ausgangsniveau nach ca. 12 bis 15 Sekunden zu erreichen. Die fMRT ist damit eine indirekte und zeitlich sehr verzögerte Methode zur Messung von Hirnaktivität.

Da die BOLD-Signaländerungen sehr gering sind, müssen die sprachlichen Aufgaben wiederholt dargeboten (ca. 50 bis 100 Wiederholungen von Aufgaben pro Bedingung) und meist auch mehrere Probanden als Gruppe untersucht und analysiert werden. Um die Signaländerung einer spezifischen kognitiven Funktion zuschreiben zu können, werden entweder Subtraktionsdesigns oder parametrische Designs verwendet. Bei den Subtraktionsdesigns werden die Probanden abwechselnd mit einer Experimental- und einer Kontrollaufgabe konfrontiert. Die Kontrollaufgabe unterscheidet sich nur in einem Parameter von der Experimentalaufgabe, z. B. wird die Verarbeitung von belebten Objekten (Experimentalbedingung) mit der Verarbeitung unbelebter Objekte (Kontrollbedingung) verglichen, dabei sollte die Länge der Worte, die Wortfrequenz etc. sich nicht zwischen den Bedingungen unterscheiden. Bei parametrischen Designs wird die zu untersuchende Variable in mindestens drei Abstufungen präsentiert. Beispielsweise könnte man die Verarbeitung von Wörtern mit niedriger, mittlerer und hoher Wortfrequenz untersuchen, um Hirnareale zu erkennen, die mit fallender Wortfrequenz ihre Aktivität steigern. Die zeitliche Abfolge der Darbietung der Reize kann entweder in Blöcken (Blockdesign) oder als zufällig verteilte einzelne Reize (Event-related Design, vergleichbar zu EEG-Studiendesigns, s. u.) erfolgen.

Blockdesigns und Event-related Designs

Positronen-Emissions-Tomographie (PET)

Neben den fMRT-Studien kann die Positronen-Emissions-Tomographie (PET) für die Bildgebung kognitiver Funktionen eingesetzt werden. Bei dieser Methode wird den Teilnehmern eine schwach radioaktive Substanz (genannt Tracer) appliziert und gemessen, in welchen Hirnarealen sich diese Substanz bei einer kognitiven Aufgabe anreichert. Der PET-Scanner detektiert die Gammastrahlung, die beim Aufeinanderprallen von Positronen und Elektronen entsteht. Hirnareale mit gesteigertem Stoffwechsel können dann farbkodiert dargestellt werden. Typischerweise werden Blockdesigns mit einer Experimental- und einer Kontrollaufgabe verwendet. Vorteil der Methode ist, dass die Tracer-Substanz auch so gewählt werden kann, dass sie bestimmte neurochemische Prozesse im Gehirn sichtbar machen kann (z. B. die Bildung und Speicherung des Neurotransmitters Dopamin). Nachteilig ist jedoch, dass es sich durch die notwendige Applikation eines Tracers um eine invasive (d. h. in den Körper eingreifende) Methode handelt. Daher wurde die Methode in der kognitiven Neurowissenschaft teilweise von der fMRT abgelöst.

PET

Tracer

Nahinfrarot-Spektroskopie (NIRS)

Die optische Bildgebung (auch Nahinfrarot-Spektroskopie NIRS genannt) basiert wie die fMRT auf dem Prinzip der neurovaskulären Kopplung (s. o.). Die Konzentrationsänderung sauerstoffarmen und -reichen Hämoglobins wird aber nicht anhand eines Magnetfeldes, sondern mithilfe von Licht im nahinfraroten Bereich gemessen. Hierfür wird Licht mit zwei verschiedenen Wellenlängen in den Kopf eingestrahlt. Das Licht durchdringt die Haare, Kopfhaut und Knochen

Optische Bildgebung

und erreicht die obersten Kortexschichten. Je nach Konzentration von sauerstoffarmem und -reichem Hämoglobin werden die Photonen spezifisch gestreut und absorbiert. Ein Teil der Photonen gelangt wieder an die Kopfoberfläche und wird von einem Detektor (einer hochsensitiven Kamera) aufgenommen. Die räumliche Auflösung dieser Methode ist geringer als bei der fMRT, zudem können nur Signale aus den äußeren Kortexschichten gemessen werden. Jedoch hat die Methode auch Vorteile: sie ist im Gegensatz zum MRT-Scanner geräuschlos und eignet sich daher sehr gut zur Untersuchung feiner akustischer Verarbeitungsprozesse. Die NIRS kann sehr einfach mit dem EEG (mit seiner exzellenten zeitlichen Auflösung) kombiniert werden, die gemessenen Signale beeinträchtigen sich nicht gegenseitig. Die Methode ist relativ einfach anzuwenden und eignet sich auch sehr gut für die Untersuchung von Kindern und Säuglingen, die während der Untersuchung auf dem Schoß von Mutter oder Vater sitzen können.

Elektroenzephalographie (EEG) und ereigniskorrelierte Potenziale (EKP)

Mit einer Elektroenzephalographie (EEG) kann die summierte elektrische Aktivität des Gehirns durch Aufzeichnung der Spannungsschwankungen (Potenziale) an der Kopfoberfläche gemessen werden (Berger 1929). Dafür muss eine Spannungsdifferenz hergestellt werden. Dies geschieht mithilfe von Elektroden, die nach einer standardisierten Anordnung auf der Schädeloberfläche angebracht werden (Sharbrough u. a. 1991), sowie durch eine oder mehrere Referenzelektroden. Referenzelektroden sind Elektroden, die an einem elektrisch möglichst neutralen Ort (z. B. Schläfenbein bzw. Mastoid) angebracht werden. Sie dienen als Vergleichselektroden. Die gemessenen Potenzialverschiebungen (Hirnströme) des EEGs entstehen durch die gleichzeitige Aktivierung von Nervenzellverbänden im Kortex. Diese Potenziale werden im EEG grafisch, in Form von Wellen dargestellt, welche hinsichtlich unterschiedlicher Formen (Spontan- oder Grundaktivität) sowie nach ihren Frequenzen (Schwingungen pro Sekunde, also Hertz / Hz) klassifiziert werden. Die im EEG aufgezeichneten Wellenverläufe können in Abschnitte aufgeteilt werden, die einen festen zeitlichen Bezug z. B. zu einem experimentellen Ereignis haben. Somit entsteht aus dem EEG das EKP, das sogenannte ereigniskorrelierte Potenzial (EKP, englisch: ERP, Event-Related Potential). Diese Methode ist gerade für die Erforschung von (Sprach-)Verarbeitungsprozessen interessant, da sie die Informationsverarbeitung während ihres Verlaufs (online) in Millisekunden – also mit einer sehr hohen Zeitauflösung – ‚sichtbar' macht und damit ein kontinuierliches Maß über die gesamte Dauer des zu beobachtenden Verarbeitungsprozesses liefert. (Zur EKP-Methode in Verbindung mit der Satzverarbeitung →KAPITEL 8). Eine weitere Methode ist die Magnetenzephalographie (MEG). Eine Beschreibung der Methode und ihrer Anwendung findet sich bei Hubert Preissl (Preissl 2005).

Fragen und Anregungen

- Überlegen Sie, warum es notwendig ist, spezielle Methoden der Verhaltensmessung für Babys und Kleinkindern anzuwenden.

- Welches Signal wird mit der fMRT gemessen und wofür steht diese Abkürzung?

- Erläutern Sie, wodurch sich EKP und EEG unterscheiden – was wird hier gemessen?

- In älteren Einführungen in die Psycholinguistik kann man lesen, dass sich die Sprachproduktion deutlich schlechter experimentell untersuchen lässt als die Sprachrezeption. Können Sie sich diese Diskrepanz erklären? Trifft diese Aussage Ihrer Meinung nach noch zu?

- Sie planen eine lexikalische Entscheidungsaufgabe mit phonologischem Priming. Beispiele für die Zielitems (Wort/Nichtwort) sind: *Hut/Het, Tisch/Tesch, Band/Bönd, Tür/Tar.* Welche Primes könnten verwendet werden?

Lektüreempfehlungen

- **Kathryn Bock: Language Production: Methods and Methodologies,** in: Psychonomic Bulletin and Review 3, 1996, S. 395–421. *Inzwischen nicht mehr ganz aktueller (da neuere elektrophysiologische Messmethoden noch nicht berücksichtigt werden), aber immer noch sehr ausführlicher Überblicksartikel über Methoden in der Sprachproduktionsforschung.*

- François Grosjean / Ulrich H. Frauenfelder (Hg.): **Language and Cognitive Processes 11**, London 1996. *Spezialausgabe der Zeitschrift, die vollständig dem Thema „Spoken Word Recognition Paradigms" gewidmet ist. Zu jedem Paradigma wird vorgestellt, wie es aufgebaut ist, wann und von wem es zuerst verwendet wurde, was damit üblicherweise gemessen wird und was seine Stärken und Schwächen sind.*

- Peter Jezzard / Paul M. Matthews / Stephen M. Smith: **Functional MRI: An Introduction to Methods**, Oxford 2001. *Eine umfassende Einführung in Grundlagen, Design und Datenanalyseschritte der funktionellen Magnetresonanz-Tomographie.*

- Jamie Ward: **The Student's Guide to Cognitive Neuroscience**, East Sussex 2. Auflage 2010. *Die Kapitel „The Electrophysiological Brain" und „The Imaged Brain" geben einen exzellenten Überblick über die neurowissenschaftlichen Methoden.*

3 Sprachwahrnehmung

Barbara Höhle

Abbildung 4: Edison Phonograph *Excelsior V201*, Excelsior-Werke, Köln (um 1910)

Das Bild zeigt einen sogenannten Phonographen. Mit dieser von Thomas A. Edison entwickelten und im Jahre 1877 patentierten „Sprechmaschine" war es zum ersten Mal möglich, Schall aufzuzeichnen und wiederzugeben. Der Trichter der Apparatur ist mit einer Membran versehen, die durch den einkommenden Schall in Schwingungen versetzt wird. Auf der Membran ist eine Nadel befestigt, die in Kontakt mit einer waagerecht angebrachten, drehbaren Walze steht, auf der eine Harzschicht aufgetragen ist. Die Nadel ritzt die beim Sprechen in den Trichter entstehenden Schwingungen der Membran in die Harzschicht ein. Dabei muss die Walze mit der Handkurbel gedreht werden. Zwar stehen heute ausgefeiltere Techniken zur Verfügung, aber die Möglichkeit, Sprachschall aufzunehmen, zu manipulieren und wiederzugeben, ist für die Sprachwahrnehmungsforschung weiterhin eine Grundlage ihrer Arbeit.

Die Forschung zur Sprachwahrnehmung beschäftigt sich mit den perzeptuellen und kognitiven Prozessen, die zwischen der Wahrnehmung des akustischen Signals durch den Hörer und seiner weiteren lexikalischen, syntaktischen und semantischen Verarbeitung liegen. Wie viele Wahrnehmungsprozesse läuft der Prozess der Sprachwahrnehmung weitgehend automatisch und unbewusst ab. Seine Effizienz erkennen wir daran, dass wir auch in einer lauten Umgebung meist noch gut in der Lage sind, sprachliche Äußerungen zu verstehen. Die Forschung zeigt jedoch, dass die Sprachwahrnehmung kein trivialer Prozess ist, sondern ein komplexes Verarbeitungssystem erfordert. Ein zentraler Untersuchungsgegenstand der Sprachwahrnehmungsforschung ist die Frage, auf welche Weise der Hörer in der Lage ist, in der Vielfalt und der Variabilität akustischer Informationen, die an sein Ohr dringen, diejenige phonologische Information zu erkennen, die er für weitere Sprachverarbeitungsprozesse nutzen kann. Speziellere Fragen hierbei sind: Welche akustischen Eigenschaften des Sprachsignals sind für die Erkennung von Sprachlauten wichtig? Welche Stufen der perzeptuellen Analysen werden durchlaufen? Welchen Effekt hat die Kenntnis einer bestimmten Sprache auf die Wahrnehmungsprozesse?

3.1 Das Problem der Sprachwahrnehmung
3.2 Die Wahrnehmung von Sprachlauten
3.3 Intermodale Sprachwahrnehmung
3.4 Theorien der Sprachwahrnehmung

3.1 Das Problem der Sprachwahrnehmung

Das sprachliche Signal stellt gleichzeitig das Produkt der menschlichen Artikulation und den Ausgangspunkt für den Wahrnehmungs- und Verständnisprozess gesprochener Sprache dar. Rein physikalisch betrachtet ist gesprochene Sprache ein akustisches Signal, das als Schallwelle das menschliche Ohr erreicht. Die Schallwelle ist durch bestimmte akustische Parameter wie Frequenz, Amplitude und deren Veränderungen über die Zeit gekennzeichnet. Die Frequenz des Signals hat einen Einfluss auf die wahrgenommene Tonhöhe, während die Amplitude die Wahrnehmung von Lautstärke bestimmt. Die beiden Parameter wirken dabei aber nicht unabhängig voneinander; so werden Töne mit höherer Frequenz grundsätzlich als leiser wahrgenommen als Töne derselben Amplitude mit niedrigerer Frequenz.

Um die akustischen Eigenschaften sprachlicher Signale zu verstehen, sind einige grundlegende Kenntnisse über deren Erzeugungsmechanismen während der Artikulation nötig. Nach der sogenannten Quellen-Filter-Theorie der Sprachproduktion unterscheidet man beim Sprechen das Quellensignal (ein von einer Schallquelle, z. B. den Stimmbändern erzeugtes Signal) und die Modifikation dieses Signals durch einen Filter. Bei stimmhaften Lauten stellen die Stimmbänder die Schallquelle dar, die durch den aus der Lunge kommenden Luftstrom in Schwingungen versetzt werden. Bei stimmlosen Lauten schwingen die Stimmbänder nicht, die Schallquellen sind in diesem Fall allein Verengungen im Vokaltrakt. Bei der Artikulation können gleichzeitig verschiedene Schallquellen beteiligt sein. Durch die Konstellation der Artikulatoren (im Wesentlichen Zunge, Lippen etc.) wird der in den Quellen erzeugte Schall auf unterschiedliche Weise modifiziert bzw. gefiltert. Dabei werden manche Frequenzbereiche des Schallsignals verstärkt, andere dagegen abgeschwächt. Dadurch entstehen Energiekonzentrationen in bestimmten Frequenzbereichen – die sogenannten Formanten. Die Formantenfrequenzen und deren Verhältnis zueinander sind ein wesentliches Merkmal für die Unterscheidung verschiedener Vokalqualitäten. Frikative (z. B. /f/, /s/) sind gekennzeichnet durch Turbulenzgeräusche, die durch Verengungen im Vokaltrakt (beispielsweise durch Anheben der Zunge) entstehen, sowie durch deren Frequenz, Dauer und Amplitude und ihre spektralen Übergangseigenschaften in die Umgebungsvokale. Ein typisches Merkmal von Plosiven (z. B. /p/, /d/) ist ein durch die Sprengung des Verschlusses entstehendes Geräusch (Burst). Das Frequenzspektrum

Quellen-Filter-Theorie

Artikulatoren

Formanten

dieses Bursts wird bestimmt durch den Artikulationsort des Verschlusses. In Abhängigkeit vom Artikulationsort variieren aber auch die Formantenübergänge zu den umliegenden Vokalen. Diese Formantenübergänge sind spektrale Veränderungen des Signals, die aus Bewegungen der Artikulatoren resultieren.

Spektrogramm

→ ABBILDUNG 5 zeigt das Spektrogramm für die drei Silben /pa/, /ba/ und /bi/. Ein Spektrogramm bildet die Intensität des Sprachsignals in verschiedenen Frequenzbereichen (y-Achse) über die Zeit (x-Achse) ab. Je höher der Grad der Schwärzung, desto höher ist die Intensität in diesem Frequenzbereich. Am Beginn des Signals sieht man bei allen drei Silben den Burst, der durch eine breite Verteilung über die Frequenzbereiche charakterisiert ist. Die im weiteren Verlauf des Signals erkennbaren dunklen Bänder bilden die Formanten ab, die gepunkteten Linien geben die mittleren Frequenzwerte dieser Formanten wieder. In diesem Beispiel erkennt man, dass die Formanten für die Silben /pa/ und /ba/ in den gleichen Frequenzbereichen liegen, während für die Silbe /bi/ der zweite Formant (von unten) in einem deutlich höheren Frequenzbereich liegt. Dies zeigt, dass die Formanten wesentliche akustische Eigenschaften der Vokale tragen. Vergleicht man die Silbe /pa/ mit /ba/ fällt auf, dass die klare Formantenstruktur bei der Silbe /ba/ schon früh zu Beginn des Signals erkennbar wird, während bei /pa/ eine deutliche Verzögerung im Einsatz der Formanten vor allem im unteren Frequenzbereich zu sehen ist. Diese Verzögerung wird als Stimmeinsatzzeit bezeichnet (→ KAPITEL 3.2), die bei stimmlosen Plosiven wie /p/ länger ist als bei stimmhaften wie /b/.

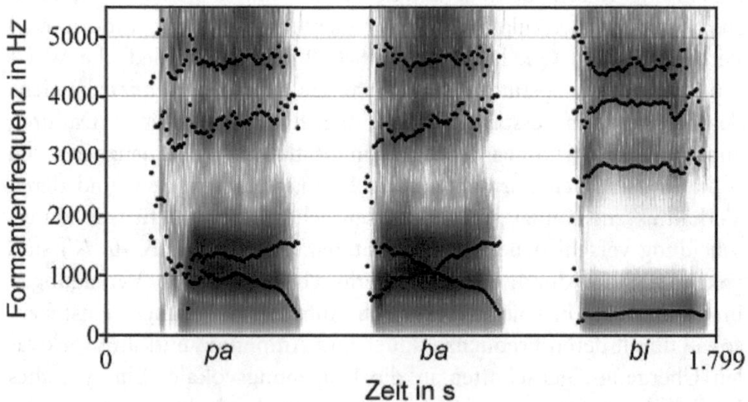

Abbildung 5: Spektrogramm für die Silben /pa/, /ba/ und /bi/

Einen der zentralen Untersuchungsgegenstände der Forschung zur Sprachwahrnehmung bildet die Frage, auf welche Weise der Hörer die Eigenschaften des Schallsignals nutzt, um das akustische Signal in sprachliche Information und somit in Bedeutung zu transformieren, d. h. anhand welcher Verarbeitungsmechanismen wird die akustische Information auf linguistische Einheiten wie Phoneme, Wörter, Phrasen und Sätze abgebildet. Mit den zunehmenden technischen Möglichkeiten, die akustischen Eigenschaften gesprochener Sprache nicht nur zu messen, sondern auch zu manipulieren, konnte die Forschung der Frage nachgehen, welche spezifischen akustischen Parameter im Signal für die Perzeption bestimmter segmentaler aber auch suprasegmentaler Eigenschaften relevant sind. Die entsprechenden Untersuchungen zeigten, dass das akustische Signal gesprochener Sprache durch zwei Eigenschaften charakterisiert ist, die dessen Dekodierung durch den Hörer zu einer komplexen Verarbeitungsaufgabe machen: mangelnde Invarianz und Nicht-Linearität.

Die mangelnde Invarianz ergibt sich daraus, dass es keine ein-eindeutige Beziehung zwischen der Wahrnehmung eines bestimmten Lautes durch den Hörer und den akustischen Merkmalen des Signals zu geben scheint. Anders gesagt: bislang ist nicht geklärt, welche speziellen akustischen Hinweise im sprachlichen Signal dem Hörer die Identifizierung von bestimmten Sprachlauten ermöglichen. Für die Varianz der akustischen Merkmale der Realisierungen eines Lautes sind unterschiedliche Gründe ausschlaggebend. Durch die sogenannte Koartikulation zeigen sich Einflüsse der akustischen Eigenschaften, die benachbarte Lautsegmente aufeinander haben. Koartikulatorische Effekte sind ein Ergebnis der motorischen Steuerung beim Sprechen. Um eine flüssige Sprechweise zu erreichen, geht die Artikulation der einzelnen Laute ineinander über, d. h. die Artikulation erfolgt im Übergang von einem Segment zu anderen. Die genaue Konstellation der Artikulatoren bei der Produktion eines Lautes ist also immer mitbestimmt vom vorherigen und folgenden Segment. Beispielsweise sind die Formantenübergänge in Silben mit initialem Verschlusslaut (z. B. /bi/ vs. /ba/ vs. /bu/) nicht nur durch den Artikulationsort des Verschlusslautes bestimmt, sondern auch durch die Qualität des folgenden Vokals. Eine weitere Quelle der Variation ist die Position eines Lautes innerhalb einer Silbe oder eines Wortes. Plosive etwa werden in vielen Sprachen im Silbenanlaut aspiriert (angehaucht), nicht aber wenn sie im Auslaut einer Silbe auftreten. Auch die Betonung einer Silbe beeinflusst ihre akustische Realisierung. So weisen betonte Silben häufig eine höhere Dauer, eine höhere Intensität und eine hö-

Mangelnde Invarianz des Signals

Koartikulation

here Grundfrequenz auf als unbetonte Silben. Nicht zuletzt tragen auch individuelle Merkmale des Sprechers zur akustischen Varianz bei. Jeder Sprecher verfügt über individuelle physiologische Merkmale, was die Größe und Konstellation des Artikulationstrakts und der Stimmbänder betrifft, die die Stimmhöhe und -qualität und auch die Realisierung einzelner Laute beeinflussen. Hierzu gehören systematische Unterschiede zwischen Männer-, Frauen- und Kinderstimmen, aber beispielsweise auch dialektale Färbungen. Auch affektive Zustände und andere Bedingungen der Sprechsituation beeinflussen die

akustische Realisierung von Sprache. Diese individuellen und situationsbedingten Eigenschaften werden als indexikalische Eigenschaften des Sprachsignals bezeichnet.

→ ABBILDUNG 6 zeigt, wie unterschiedlich verschiedene Sprecher die Vokale des Englischen realisieren. Gemessen wurde die mittlere Frequenz der unteren beiden Formanten (F1 und F2) der Vokale, die von 76 verschiedenen Sprechern produziert wurden. Die Ellipsen machen

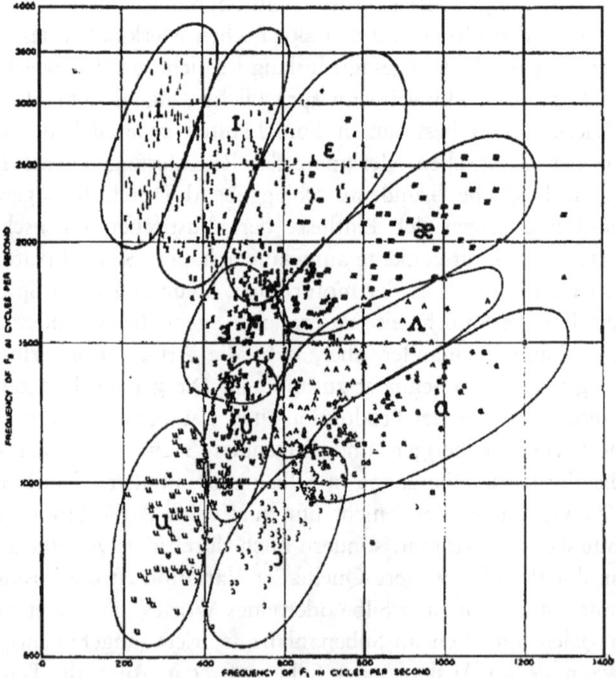

Abbildung 6: Mittlere Frequenzen des ersten Formanten (x-Achse) und des zweiten Formanten (y-Achse) verschiedener Vokale des Englischen

44

deutlich, wie Hörer diese Vokalrealisierungen kategorisieren, d. h. als welchen Laut sie die Produktion des Sprechers identifiziert haben. Neben der großen Streuung, die man innerhalb der Kategorien erkennen kann, ist zudem auffällig, dass es keine klaren Kategoriegrenzen gibt, sondern immer Mischungen der Kategorien.

Neben der mangelnden Invarianz ist die zweite wesentliche Eigenschaft des sprachlichen Signals seine Nicht-Linearität. Linearität würde erfordern, dass jedem Phonem (beispielsweise eines Wortes) genau ein Segment im akustischen Signal zugeordnet werden kann und dass die Abfolge dieser Segmente genau der Abfolge der Phoneme im Wort entspricht. Gesprochene Sprache ist jedoch kontinuierlich. Ihre Segmentierung in einzelne Laute ist meist nicht möglich, da sich im akustischen Signal die Eigenschaften benachbarter Phoneme vermengen. So sind beispielsweise die akustischen Hinweise, die eine Differenzierung zwischen verschiedenen Verschlusslauten (z. B. /b/ vs. /d/) erlauben, in den Formantenübergängen zum folgenden Vokal lokalisiert. Isoliert man das Geräusch der Sprengung des Verschlusses, so ist dieses Geräusch nicht als sprachlicher Laut erkennbar. Die Qualität des Lautes als stimmhafter Verschlusslaut mit bestimmtem Artikulationsort wird erst erkennbar, wenn der Vokal hörbar wird.

Nicht-Linearität des Sprachsignals

3.2 Die Wahrnehmung von Sprachlauten

Trotz der erheblichen akustischen Variation in der Lautrealisierung, der mangelnden Invarianz und Nicht-Linearität sprachlicher Signale sind Hörer in der Lage, Laute zu identifizieren und sie Phonemkategorien zuzuordnen. Interessanterweise ist die Wahrnehmung lautlicher Unterschiede für verschiedene akustische Merkmale eine kategoriale. Kategoriale Wahrnehmung bedeutet, dass ein Hörer denselben akustischen Unterschied zwischen zwei Lauten dann besser wahrnehmen kann, wenn die beiden Laute unterschiedlichen phonologischen Kategorien (z. B. /b/ und /p/) zugeordnet werden als wenn sie derselben phonologischen Kategorie angehören (z. B. verschiedene Realisierungen von /b/).

Kategoriale Wahrnehmung

Ein vor allem von einer Forschergruppe um den amerikanischen Phonetiker Alvin Liberman intensiv erforschtes Beispiel für die kategoriale Wahrnehmung stellt die Wahrnehmung der sogenannten Stimmeinsatzzeit (Voice-Onset-Time, VOT) dar (Liberman u. a. 1961). Als VOT bezeichnet man bei der Artikulation eines silbeninitialen Plosivs die zeitliche Relation, die zwischen dem bei der Spren-

Rolle der Voice-Onset-Time

gung des Verschlusses entstehenden Geräusch und dem Einsatz der Stimmbandschwingungen für die Artikulation des folgenden Vokals besteht. Die VOT liefert also Information über die Stimmhaftigkeit des initialen Plosivs. Laute mit kurzer VOT (z. B. /ba/) werden als stimmhaft wahrgenommen, Laute mit längerer VOT (z. B. /pa/) als stimmlos. Für das Englische beispielsweise liegt die Grenze zwischen der Wahrnehmung eines stimmhaften und eines stimmlosen Plosivs in etwa bei 30–40 Millisekunden (ms). Durch die Manipulation der VOT kann man nun ein Kontinuum von Lauten erstellen, die sich lediglich in ihren Werten für die VOT (z. B. von 0 ms bis 80 ms) unterscheiden.

In Experimenten zur kategorialen Wahrnehmung präsentiert man Versuchspersonen beispielsweise ein auf diese Weise erzeugtes Lautkontinuum, bei dem sich die einzelnen Laute jeweils um 20 ms in ihrer VOT unterscheiden. Zur Überprüfung der kategorialen Wahrnehmung werden typischerweise Diskriminations- und Kategorisierungsaufgaben verwendet. Bei der Diskrimination (Unterscheidung) wird häufig das sogenannte AB–X Paradigma verwendet: Den Versuchspersonen werden drei Laute akustisch präsentiert, A und B sind Laute mit unterschiedlichen akustischen Eigenschaften, X entspricht entweder A oder B. Die Aufgabe besteht darin zu entscheiden, ob X mit A oder B identisch ist. Untersucht man mit diesem Paradigma die Wahrnehmung der VOT, würde man also in zufälliger Reihenfolge zum Beispiel folgende Lautkombinationen präsentieren: 0–20–0; 10–30–30; 20–40–20; 40–60–60, 60–50–60 usw. Bei der Kategorisierungsaufgabe wird den Versuchspersonen jeweils nur ein Laut (z. B. mit einer VOT von 0, 10, 20, … bis 80) vorgegeben und sie sollen ihn identifizieren, indem sie den Laut benennen.

Diskrimination und Kategorisierung

Kategoriale Wahrnehmung zeigt sich in diesen Aufgaben an folgenden Mustern: In der Diskriminationsaufgabe ergeben sich unter- und oberhalb einer bestimmten VOT-Grenze Leistungen auf Rateniveau, d. h. die Versuchspersonen entscheiden bei einer gegebenen Lautfolge AB–X in 50 % der Fälle, dass X A entspricht und in 50 % der Fälle, dass X B entspricht. Bei Lautsequenzen, deren VOT über die kritische Grenze hinweggeht, zeigen sich dagegen sehr gute (im Idealfall 100 % übereinstimmende) Zuordnungen. Ein Beispiel: Bei den Lautfolgen 0–20–0 und 10–30–30 erzielen die Probanden Zufallsleistungen, bei der Lautfolge 20–40–20 lässt sich dagegen feststellen, dass mit nahezu 100 %iger Übereinstimmung X A zugeordnet wird; bei 40–60–60 und 70–50–70 zeigen die Probanden dagegen wieder Leistungen auf Zufallsniveau. Ein solches Ergebnis

Evidenz für kategoriale Wahrnehmung

deutet darauf hin, dass Laute mit einer VOT von kleiner 30 bzw. größer 40 untereinander nicht diskriminiert werden können, Laute mit einer VOT von 20 aber sehr gut von Lauten mit einer VOT von 40 diskriminiert werden können. Daraus lässt sich auf eine Kategoriegrenze zwischen der Wahrnehmung eines stimmhaften und eines stimmlosen Plosivs schließen, die zwischen einer VOT von 20 und 40 ms liegt. Bei der Kategorisierungsaufgabe würde man entsprechend erwarten, dass etwa alle Laute bis zu einer VOT von 30 ms eindeutig als /ba/ identifiziert und alle Laute mit einer VOT ab 40 ms eindeutig als /pa/ identifiziert werden.

Befunde dieser Art gaben Anlass zu der Vermutung, dass die menschliche Sprachwahrnehmung auf phonologisch relevante Eigenschaften des sprachlichen Signals eingestellt ist und akustische Information, die nicht phonemunterscheidend wirkt, ignoriert. Grundsätzlich scheint die kategoriale Wahrnehmung eine generelle Eigenschaft des akustischen Systems zu sein, sie findet sich bereits bei Neugeborenen (Eimas u. a. 1971), wurde bei einigen Tierarten nachgewiesen (Kuhl/Miller 1975) und ist beim Menschen nicht auf die Wahrnehmung von Sprache beschränkt (Pisoni 1977). Untersuchungen mit feineren Analyseinstrumenten weisen jedoch darauf hin, dass die kategoriale Wahrnehmung nicht so stark ist, wie sich in den ersten Diskriminations- und Kategorisierungsaufgaben zeigte. Eine Messung von Reaktionszeiten ergab, dass diese verlängert waren, wenn die zu beurteilenden Stimuli sich in der Nähe der Kategoriegrenzen befanden (Pisoni/Tash 1974). Zudem können Hörer Unterschiede in der Güte eines Lautes wahrnehmen. Typischerweise werden Laute, deren akustische Eigenschaften nahe an der Kategoriegrenze liegen, als weniger gute Exemplare der Kategorie beurteilt (Miller 1997). Das bedeutet, dass die nicht phonemunterscheidende Information sehr wohl wahrgenommen und keineswegs ignoriert wird.

Ein anderer Effekt wurde bei der Wahrnehmung von Vokalen beobachtet. Vokale werden weniger stark kategorial wahrgenommen als Konsonanten, Hörer verfügen hier auch über bessere innerkategoriale Unterscheidungsfähigkeiten (Fry u. a. 1962). Diese Unterscheidungsfähigkeit wird allerdings von der Prototypikalität beeinflusst, die ein Vokalexemplar für seine Kategorie besitzt. Patricia Kuhl fand heraus, dass Sprecher derselben Sprache übereinstimmend darüber urteilen, welche akustischen Exemplare einer Vokalkategorie besonders gute bzw. typische Repräsentanten (Prototypen) und welche weniger gute bzw. atypische Repräsentanten dieser Kategorie darstellen. Experimente mit als gut und als weniger gut eingestuften Exemplaren von Vokalen zeigten, dass es Sprechern der Sprache schwerer fiel, ein weniger typisches Exemplar der Vokalkategorie von einem typischen zu unterschieden, wohingegen sie zwei wenig typische Exemplare derselben Kategorie besser voneinander unterscheiden können. Dieser Effekt wird als perzeptueller Magneteffekt bezeichnet (Kuhl 1991). Diese Befunde zeigen, dass Vokalkategorien eine inhärente Struktur aufweisen, die die Wahrnehmung von Exemplaren der Kategorie beeinflusst.

Weitere Untersuchungen zeigen, dass unsere Sprachwahrnehmung von unserer linguistischen Erfahrung beeinflusst wird. Arthur Abramson und Leigh Lisker fanden in einer Diskriminationsaufgabe heraus, dass dasselbe lautliche Kontinuum von Sprechern verschiedener Sprachen unterschiedlich kategorisiert wird. Während englische und spanische Sprecher auf einem Lautkontinuum jeweils zwei Kategorien unterschieden, die aber sprachspezifisch unterschiedliche Kategoriegrenzen aufwiesen, unterschieden Sprecher des Thai auf demselben Lautkontinuum drei Kategorien. Dies wird darauf zurückgeführt, dass im Thai im Gegensatz zum Englischen und Spanischen aspirierte Plosive eine eigene phonologische Kategorie darstellen (Abramson/ Lisker 1970).

Der Einfluss des muttersprachlichen phonologischen Systems zeigt sich besonders eindrucksvoll bei der Wahrnehmung von Lautkontrasten aus einer fremden Sprache, die in der eigenen Muttersprache keinen phonologischen Status haben. Beispielsweise fanden Janet Werker und Richard Tees, dass erwachsene englische Muttersprachler den Kontrast zwischen einem dentalen und einem retroflexen Laut des Hindi nur schlecht unterscheiden konnten, während dies erwachsenen Sprechern des Hindi mühelos gelang (Werker/Tees 1984). Der Einfluss der sprachlichen Erfahrung auf die Wahrnehmung beginnt sich bereits in der frühesten Kindheit zu etablieren. In ihrer Studie zum dental-retroflex Kontrast im Hindi untersuchten Werker und Tees auch englische Kinder zwischen dem 6. und 12. Lebensmonat. Während die Säuglinge im 6. und 8. Lebensmonat diese Kontraste noch gut unterscheiden konnten, hatte die Unterscheidungsfähigkeit mit 12 Monaten bereits deutlich nachgelassen und war nicht mehr besser als bei den englischen Erwachsenen. Derselbe Verlauf zeigte sich bei der Untersuchung des im Japanischen nicht existierenden /r/–/l/ Kontrastes bei japanischen Säuglingen: 6-monatige konnten diese Laute noch gut unterscheiden, 12 Monate alte zeigten bereits die gleichen schlechten Leistungen wie Erwachsene. Bei ausreichend spezifischem Training können aber auch Erwachsene noch lernen, nicht-native Kontraste zu differenzieren (Logan u. a. 1991).

Auch das Auftreten des perzeptuellen Magneteffekts ist ein Ergebnis der sprachlichen Erfahrung. Er zeigt sich ausschließlich bei der Wahrnehmung muttersprachlicher Vokale, bei nicht-nativen Vokalen tritt er nicht auf. Diese Beobachtung spricht ebenso für eine Abhängigkeit des perzeptuellen Magneteffekts von Spracherfahrung wie die Tatsache, dass der Effekt weder bei nicht-humanen Spezies noch bei Säuglingen auftritt, die jünger als 6 Monate sind (Kuhl 1991).

3.3 Intermodale Sprachwahrnehmung

Die Forschung hat sich auch intensiv mit der Frage beschäftigt, inwiefern die Sprachwahrnehmung von anderen Wahrnehmungsquellen profitiert, vor allem von der visuellen Information, die durch die Bewegungen des Gesichts des Sprechers während der Artikulation gegeben ist.

Einfluss visueller Information auf die Sprachwahrnehmung

Eines der bekanntesten Phänomene, das den Einfluss visueller Information auf die Lauterkennung demonstriert, ist der sogenannte McGurk-Effekt. In einer vielbeachteten Studie aus dem Jahr 1976 präsentierten die Wahrnehmungsforscher Harry McGurk und John MacDonald ihren Probanden nicht-kohärente visuelle und auditive Information: sie zeigten ihnen beispielsweise ein Gesicht, das die Silbe /ga/ artikulierte, und spielten ihnen gleichzeitig auditiv die Silbe /ba/ vor. Die Aufgabe der Probanden bestand darin, die auditiv präsentierte Silbe zu identifizieren. Es zeigte sich, dass die Mehrzahl der Probanden antwortete, sie hätten die Silbe /da/ gehört – also eine Silbe mit einem initialen Konsonanten, dessen Artikulationsort *zwischen* denen der initialen Konsonanten der gehörten und der „gesehenen" Silben liegt (McGurk/MacDonald 1976).

McGurk-Effekt

Dass der auditive Kanal tatsächlich nicht die einzige Informationsquelle für die Sprachwahrnehmung darstellt, zeigt sich auch daran, dass diese erleichtert wird, wenn der Hörer während der Artikulation das Gesicht des Sprechers sehen kann (Massaro/Jesse 2007). Die gleichzeitige visuelle Information wirkt erleichternd, sowohl bei der Identifizierung einzelner Laute als auch bei der Verarbeitung von Wörtern, ganzen Sätzen und ganzen Textpassagen, sowohl bei klarer Sprache als auch in Bedingungen, in denen das Sprachsignal durch Störgeräusche überlagert wird. Offensichtlich ergänzen sich die auditive und visuelle Wahrnehmung bei der intermodalen Sprachwahrnehmung (d. h. wenn an der Wahrnehmung mehrere Sinnesmodalitäten beteiligt sind) in optimaler Weise. Die Wahrnehmung von Artikulationsart und Stimmhaftigkeit wird nur wenig von gleichzeitiger visueller Information beeinflusst, sie ist allerdings in der auditiven Wahrnehmung auch unter Störbedingungen besonders robust. Die Wahrnehmung des Artikulationsortes eines Lautes wird dagegen stärker von visueller Information beeinflusst, da dieser in einem Gesicht offenbar einfacher erkennbar ist. Auch hier findet sich ein feines Zusammenspiel zwischen akustischer und visueller Information. Während die hinteren Artikulationsorte im akustischen Signal relativ gut kodiert und daher gut auditiv erkennbar sind, gilt dies nicht für Labiale, deren vordere Bildungsstelle (an den Lippen) jedoch der visuellen Wahrnehmung besonders gut zugänglich ist. Neben der Lippenposition tragen auch die Zungenposition und die Sichtbarkeit der Zähne zu der unterstützenden Wirkung visueller Information bei der Sprachlauterkennung bei.

3.4 Theorien der Sprachwahrnehmung

Theorien der Sprachwahrnehmung haben sich der Frage gestellt, wie es dem Menschen gelingen kann, trotz der mangelnden Invarianz und der Nicht-Lineartität des akustischen Signals gesprochene Sprache zu dekodieren. Eine einflussreiche Theorie, die zur Lösung des Varianzproblems bei der Lautwahrnehmung vorgeschlagen wurde, stellt die von Alvin Liberman Mitte der 1980er-Jahre propagierte Motortheorie der Sprachwahrnehmung dar (Liberman / Mattingly 1985). Nach dieser Theorie sind die Programme für die Artikulationsgesten, die die Produktion von Lauten motorisch steuern, eine zentrale Instanz für die Wahrnehmung und Identifizierung von Lautsegmenten. Diese Programme werden als invariant verstanden, die akustische Varianz der Lautsegmente entsteht erst bei der Ausführung der Artikulationsgesten. Beim Hören gesprochener Sprache versucht der Hörer demnach, die Artikulationsgesten zu identifizieren, mit dem die gehörten Laute produziert wurden. Darüber hinaus nimmt die Motortheorie an, dass die Wahrnehmung von Sprache aufgrund der spezifischen Eigenschaften von Sprache ein sprachspezifisches phonetisches Wahrnehmungssystem erfordert, das als Ergänzung zum generellen auditiven System operiert.

Eine enge Kopplung von produktiven und perzeptuellen Mechanismen nimmt auch die Theorie des direkten Realismus an (Fowler

1986). Im Gegensatz zur Motortheorie wird hier als Gegenstand der Wahrnehmung nicht die intendierte Artikulationsgeste, sondern die Artikulationsgeste selbst betrachtet. Dieser Ansatz wird vor allem durch den erleichternden Effekt visueller Information auf die Sprachwahrnehmung unterstützt. Zudem nimmt die Theorie des direkten Realismus nicht an, dass es ein sprachspezifisches Modul der Wahrnehmung gibt, sondern geht davon aus, dass die Sprachwahrnehmung allein anhand genereller domänen-unspezifischer auditiver Mechanismen erfolgt.

Beide Theorien machen wenig konkrete Annahmen dazu, wie die Kopplung des auditiven Ereignisses an die Artikulationsmotorik erfolgt. Neuere Stützen für motorisch basierte Ansätze bietet aber die Entdeckung der sogenannten Spiegelneuronen (Rizzolatti / Craighero 2004), die neuronale Aktivität sowohl zeigen, wenn ein Organismus eine bestimmte Handlung durchführt, als auch wenn diese Handlung nur beobachtet oder ein typisches mit dieser Handlung verbundenes Geräusch gehört wird. Da der Sprecher bei der Artikulation das von ihm selbst erzeugte sprachliche Signal auch hört, könnte sich eine sehr enge Assoziation zwischen motorischen und akustischen Mustern bilden.

Spiegelneuronen

Andere Theorien gehen dagegen von einer Dominanz akustischer Information bei der Sprachwahrnehmung aus und nehmen an, dass invariante akustische Merkmale im akustischen Signal existieren, die die Identifizierung von Lauten ermöglichen. Anhand einer differenzierteren Analyseweise fanden Forscher Hinweise auf invariante akustische Merkmale für den Artikulationsort eines Lautes, wenn man die gegebene spektrale Information in sehr kleinen Zeitfenstern von 10–25 ms analysiert. Dabei zeigten sich innerhalb der ersten 25 ms einer Konsonant-Vokal-Silbe mit initialem Plosiv Energiekonzentrationen im niedrigen Frequenzbereich für Bilabiale, im mittleren Frequenzbereich für Velare und im höheren Frequenzbereich für Alveolare. Auf diesen Befunden basiert die Theorie der Merkmalsdetektoren, die genau diese invarianten spektralen Eigenschaften des Signals detektieren und somit speziell auf die Eigenschaften des Signals reagieren, die für ihre Identifikation notwendig sind (Stevens / Blumstein 1980).

Theorie der
Merkmalsdetektoren

Das Problem der Invarianz umgehen exemplar-basierte Modelle, die davon ausgehen, dass eine perzeptuelle Kategorie durch alle bislang gehörten Exemplare dieser Kategorie mit all ihren akustischen Eigenschaften repräsentiert wird. Jedes Exemplar besteht aus einer Assoziation zwischen einer Menge akustischer Eigenschaften, d. h.

Exemplar-basierte
Modelle

detaillierter spektraler Information, und einer Menge von Kategorielabeln. Jedem Exemplar sind daher auch linguistische sowie indexikalische Informationen z. B. über das Geschlecht des Sprechers zugeordnet. Bei der Identifizierung neuer sprachlicher Signale kann jegliche hier gespeicherte Information herangezogen werden. Diese Modelltypen können daher auf einen Normalisierungsprozess verzichten, der die Varianz aus dem Sprachsignal herausfiltert. Tatsächlich zeigt empirische Evidenz vor allem aus dem Bereich der Wortverarbeitung, dass indexikalische Eigenschaften des Signals gespeichert werden und bei der Worterkennung einen Einfluss haben (Goldinger 1998). Bislang ist aber unklar, ob indexikalische und linguistische Information gemeinsam repräsentiert werden oder ob sie separate Speicher- und Verarbeitungsmechanismen ansprechen.

Fragen und Anregungen

- Was bedeuten die Begriffe der Varianz (bzw. mangelnden Invarianz) und der Nicht-Linearität des sprachlichen Signals?

- Überlegen Sie, vor welches Problem die Eigenschaften der mangelnden Invarianz und der Nicht-Linearität die Sprachwahrnehmungsforschung stellen.

- Erläutern Sie, mit welchen Aufgaben die kategoriale Wahrnehmung überprüft wird.

- Diskutieren Sie, ob die sprachliche Erfahrung Einfluss auf die Sprachwahrnehmung hat. Welche Befunde sprechen dafür?

Lektüreempfehlungen

- **David B. Pisoni / Robert E. Remez (Hg.): The Handbook of Speech Perception**, Malden 2005. *Umfassender und aktueller Überblick über die zentralen Bereiche der Sprachwahrnehmungsforschung.*

- **Henning Reetz / Allard Jongman: Phonetics: Transcription, Production, Acoustics and Perception**, Malden 2009. *Sehr gut verständliche Einführung in die Teilgebiete der Phonetik mit Abschnitten zur Sprachwahrnehmung.*

4 Wortproduktion

Katharina Spalek

Abbildung 7: Lexikoneintrag „Sprache"

In einem Lexikon sind die Wörter einer Sprache aufgelistet. Oft sind sie alphabetisch angeordnet. Je nach Art des Lexikons werden unterschiedliche Eigenschaften eines Wortes genannt: die Bedeutung wird erläutert, mithilfe von Kürzeln wird verdeutlicht, zu welcher Wortart das Wort gehört und auch, welches Genus ein Nomen hat und ob ein Verb transitiv oder intransitiv ist. Häufig geben Trennstriche Aufschluss darüber, ob ein Wort morphologisch komplex ist und was sein Wortstamm ist. Daneben gehört zu einem guten Lexikoneintrag noch die Information darüber, wie ein Wort ausgesprochen wird und welche Silben- und Akzentstruktur es hat. Gedruckte Lexika sind nicht dynamisch – steht ein Wort einmal darin, so bleibt es stehen, auch wenn es selten verwendet wird und langsam in Vergessenheit gerät. Abgesehen von Neuauflagen werden einem geschriebenen Lexikon auch keine weiteren Wörter hinzugefügt.

Auch in unserem Gedächtnis sind Wörter gespeichert. Dabei handelt es sich um die Wörter, die wir im Verlauf des Spracherwerbs gelernt haben und derer wir uns nun beim alltäglichen Sprachgebrauch bedienen können. Dieser Wortspeicher wird oft auch mentales Lexikon genannt. Parallel zum Lexikoneintrag in einem geschriebenen Werk nimmt man an, dass das mentale Lexikon verschiedene Eigenschaften der Wörter, die wir kennen, enthält. Im Normalfall sind wir dazu in der Lage, während der Sprachproduktion aus der großen Anzahl gespeicherter Wörter innerhalb von Sekundenbruchteilen ein Wort auszuwählen. Wie aber geht der Abruf eines Wortes aus diesem Wissensspeicher im Detail vor sich? Um sich dieser Frage zu nähern, muss zunächst der Aufbau des mentalen Lexikons beschrieben werden.

4.1 Mentales Lexikon

4.2 Sprachproduktion

4.3 Lexikalischer Zugriff

4.4 Vom Wort zur Artikulation

4.1 Mentales Lexikon

Wir neigen dazu, ein Wort als Einheit wahrzunehmen. Die Linguistik unterscheidet jedoch zwischen der Form eines Wortes, also seiner grafischen oder lautlichen Gestalt, und seiner Bedeutung, also dessen, was das Wort bezeichnet. Diese Unterscheidung geht auf den französischen Sprachwissenschaftler Ferdinand de Saussure (1857–1913) zurück. Beobachtungen an Patienten mit Hirnschädigungen zeigen, dass die Unterscheidung von Form und Bedeutung psychologisch real ist. Die Neurologin Hanna Damasio und ihre Kollegen beschreiben Patienten, denen die Bedeutung eines Objektes bekannt ist, die jedoch nicht in der Lage sind, den Objektnamen zu produzieren (Damasio u. a. 1996). Noch auffälliger ist das Sprachverhalten des italienischen Aphasiepatienten Dante (Badecker u. a. 1995, zu Aphasien → KAPITEL 11), da es auf eine detaillierte Feingliederung des Wortwissens schließen lässt: Dante leidet an schweren Wortfindungsstörungen. Er kann Bilder einfacher Objekte nicht benennen und kann auf eine Definition hin ein gesuchtes Wort nicht produzieren. In über 95 % aller Fälle weiß er jedoch, welchen Artikel das gesuchte Wort verlangt. Dante kann also auf das grammatische Genus eines Nomens zugreifen, obwohl er unfähig ist, das Nomen selbst zu produzieren.

Bedeutung und Form

Bei gesunden Menschen lässt sich ein ähnliches Phänomen beobachten: Es passiert ab und zu, dass einem Sprecher ein Wort auf der Zunge liegt, er es aber nicht artikulieren kann. Dieses Alltagsphänomen nennt man in der Fachliteratur TOT (vom englischen *tip of the tongue*). Die amerikanischen Psychologen Roger Brown und David McNeill haben untersucht, was Sprecher über ein Wort wissen, das sie nicht artikulieren können. Genau wie Dante können gesunde Menschen in einem TOT-Zustand oft angeben, welcher Artikel zu dem gesuchten Wort gehört. Häufig wissen Sprecher auch, wie viele Silben das gesuchte Wort enthält, auf welcher Silbe es betont wird und mit welchem Laut es beginnt. Außerdem sind sie oft in der Lage, bedeutungsähnliche und formähnliche Wörter zu nennen (Brown / McNeill 1966).

TOT-Zustand

Patientenbeobachtungen und TOT-Zustände illustrieren eine wichtige Erkenntnis psycholinguistischer Forschung: Ein Wort ist nicht als Ganzes im mentalen Lexikon gespeichert, sondern als eine Menge unterschiedlicher Eigenschaften, die eng miteinander verbunden sind und im Normalfall gleichzeitig zur Verfügung stehen. Bei fehlerhaftem Zugriff auf das mentale Lexikon kann es jedoch geschehen, dass nur ein Teil dieser Informationen abgerufen wird.

Repräsentation eines Wortes

Modelle des
mentalen Lexikons

Modelle des mentalen Lexikons haben zum Ziel, die beschriebenen (und weitere) Beobachtungen zu erklären. Darum nehmen sie an, dass das Wortwissen auf mehrere Repräsentationsebenen verteilt ist. Auf einer Ebene des Lexikons wird die Bedeutung eines Wortes repräsentiert, auf einer weiteren Ebene sind sogenannte lexikalisch-syntaktische Eigenschaften kodiert. Dies sind Eigenschaften, die zu einem Wort gehören und wichtig für die Verwendung des Wortes in einem Äußerungskontext sind. Hierzu gehören z. B. die Wortart (handelt es sich um ein Nomen, Verb oder Adjektiv?), das grammatische Genus bei Nomen oder der Subkategorisierungsrahmen bei Verben. Die lautliche Struktur eines Wortes ist ebenfalls auf einer eigenen Repräsentationsebene gespeichert. Inwieweit diese Modellvorstellung auch eine neurologische Basis hat, d. h. ob man die unterschiedlichen Repräsentationsebenen an unterschiedlichen Orten im Gehirn lokalisieren kann, ist eines der Themen neurolinguistischer Forschung (→ KAPITEL 13.3). Experimente mit bildgebenden Verfahren (→ KAPITEL 2.2) zeigen, dass bei der Beurteilung, ob zwei Wörter eine ähnliche Bedeutung haben, andere Hirnareale beteiligt sind als bei der Beurteilung, ob dieselben Wörter sich reimen (Démonet u. a. 1994). Dies deutet darauf hin, dass semantische und phonologische Informationen an verschiedenen Orten im Gehirn gespeichert sind. Die Gliederung des Wortwissens in getrennte Repräsentationsebenen bietet eine einfache Erklärung dafür, warum der Abruf eines Wortes aus dem mentalen Lexikon manchmal nur teilweise erfolgt – der Zugriff auf eine der Ebenen ist gelungen, während die Repräsentation auf einer anderen Ebene blockiert ist. Da solche Blockierungen allerdings selten sind und ein Sprecher normalerweise keine Probleme damit hat, semantische, grammatische und phonologische Informationen für ein gegebenes Wort aus dem mentalen Lexikon abzurufen, müssen die einzelnen Ebenen sehr eng miteinander verbunden sein.

Ein Erwachsener kennt in seiner Muttersprache ungefähr 50 000 Wörter, wobei diese Zahl starken individuellen Schwankungen unterworfen ist. Im normalen Redefluss produzieren wir zwei bis drei Wörter pro Sekunde. Zu Fehlern kommt es dabei jedoch nur ungefähr einmal auf 1 000 Wörter. Wie ist unser Lexikon organisiert, um diese schnelle und zuverlässige Suche zu ermöglichen?

Aufbau des
mentalen Lexikons

Frequenzeffekt

Einer der robustesten und am häufigsten untersuchten Effekte in der Psycholinguistik ist der Frequenzeffekt (Oldfield / Wingfield 1965): Wir erkennen und produzieren Wörter, die wir häufig verwenden, schneller als Wörter, die wir selten verwenden. Frühe Modelle lexikalischen Zugriffs (z. B. Forster 1976) gingen daher davon aus, dass die Wörter in unserem mentalen Lexikon in einer Art Liste angeordnet sind, die nach der Worthäufigkeit geordnet ist – häufige Wörter stehen am Anfang, seltenere am Ende. Wenn ein Sprecher auf ein Wort im mentalen Lexikon zugreifen möchte, so durchsucht er die Liste von oben beginnend solange, bis er am gesuchten Wort angekommen ist. Ein Wort, das weiter oben in der Liste steht (also häufiger ist) wird nach dieser Vorstellung früher gefunden als ein Wort, das weiter unten steht (weil es seltener ist).

Listenmodelle

Neuere Lexikonmodelle (z. B. Levelt u. a. 1999) haben von der Listenvorstellung Abstand genommen. Stattdessen stellt man sich das Lexikon als ein Netzwerk untereinander verbundener Knoten vor. Diese Modelle wurden von der Informationsweiterleitung im Gehirn inspiriert, bei der untereinander verbundene Nervenzellen mithilfe elektrischer Signale miteinander kommunizieren. In einem Netzwerkmodell stellt jeder Knoten eine Repräsentation eines Wortes oder einer Worteigenschaft dar. Entlang der Verbindungen kann Aktivierungsenergie fließen. Überschreitet die Aktivierungsenergie eines Knotens einen bestimmten Schwellenwert, so wird dieser Knoten ausgewählt. Das heißt, er steht nun zur weiteren Verarbeitung im Sprachproduktions- oder Sprachverstehensprozess zur Verfügung. In einigen dieser Modelle besitzen Knoten, die häufige Wörter repräsentieren, ein höheres Ruhepotenzial als Knoten, die seltene Wörter repräsentieren. Der Frequenzeffekt wird in diesen Modellen so erklärt, dass weniger Aktivierungsenergie nötig ist, um den Schwellenwert für ein hochfrequentes Wort zu überschreiten als für ein niedrigfrequentes Wort.

Aktivationsausbreitungsmodelle

Die Versprecherforschung vor allem der 1970er- und frühen 1980er-Jahre hat für große Fortschritte bei der Entwicklung von Modellen der Sprachproduktion gesorgt. Pioniere dieser Forschung waren Victoria Fromkin und Merrill Garrett in den USA, in Deutschland Helen Leuninger. Die erste systematische Versprechersammlung im deutschsprachigen Raum datiert jedoch bereits auf 1895, als Rudolf Meringer und Carl Meyer ihre Studie *Versprechen und Verlesen – eine psychologisch-linguistische Studie* veröffentlichten. All diese Forscher haben Tausende Versprecher dokumentiert und auf Regelmäßigkeiten hin untersucht. Dabei haben sie festgestellt, dass sich Versprecher in Klassen einteilen lassen, die bestimmten Regeln gehorchen. Die Frage „wie muss ein Sprachproduktionssystem beschaffen sein, sodass bei seinem Entgleisen genau diese Arten von Versprechern vorkommen?", war sehr fruchtbar für die frühe Sprachproduktionsforschung. Für die Frage nach der Organisation des mentalen Lexikons sind besonders drei Typen von Versprechern aufschlussreich: semantisch bedingte Wortersetzungen, for-

Versprecher als Evidenz

mal bedingte Wortersetzungen (Malapropismen) und Morphemvertauschungen (Strandings).

Semantische Wortersetzungen
Eine semantisch bedingte Wortersetzung liegt vor, wenn ein Sprecher anstelle des geplanten Wortes ein Wort verwendet, das eine ähnliche Bedeutung hat, z. B. *vier der acht Filme hab' ich schon gelesen*. Diese Versprecher legen nahe, dass semantisch ähnliche Wörter nahe beieinander gespeichert sind, sodass man bei fehlerhaftem Zugriff auf das Lexikon mit großer Wahrscheinlichkeit ein Wort wählt, das, obwohl falsch, eine ähnliche Bedeutung hat wie das gesuchte Wort.

Malapropismus
Unter einem Malapropismus versteht man eine Wortersetzung bei der das produzierte Wort ähnlich klingt wie das geplante Wort, z. B. *Tu doch die Eier in die Schlüssel*. Die Erklärung für das Auftreten von Malapropismen ist analog zu derjenigen für semantische Wortersetzungen: Anstelle des gesuchten Wortes wird ein Wort gewählt, das nahe bei dem gesuchten Wort gespeichert ist. Hier wird die Nähe jedoch phonologisch / orthografisch begründet, ist also nicht semantisch bedingt, sondern formbedingt. Das Auftreten dieser beiden Fehlertypen liefert weitere Evidenz für die Annahme mehrerer Repräsentationsebenen im mentalen Lexikon: Auf einer Ebene sind Wörter anhand ihrer Bedeutung geordnet, während sie auf einer weiteren Ebene anhand ihrer Phonologie / Orthografie geordnet sind.

Versprecher der Form *Du solltest auf deine Achtung halten* gehören zu den Morphemvertauschungen. Die geplante Äußerung war *du solltest auf deine Haltung achten*. Hier wurden nicht zwei Wörter vertauscht, sondern zwei Stämme, *halt-* und *acht-*. Die Derivationsendung *-ung* und die Flexionsendung *-en* stehen dagegen an der Stelle im Satz, an der sie auch in der korrekten Äußerung stehen würden.

Stranding
Solche Fehler nennt man auch Stranding, da der Stamm eines morphologisch komplexen Wortes am falschen Affix strandet. Diese Art von Fehlern deutet darauf hin, dass es eigene Lexikoneinträge für Stämme und Affixe gibt, die einzeln abgerufen werden und erst während der Wortproduktion kombiniert werden.

Der Zugriff auf das mentale Lexikon ist ein wichtiger Teil des Sprachproduktionsprozesses (→ KAPITEL 4.3). Sprachproduktion umfasst jedoch bedeutend mehr.

4.2 Sprachproduktion

Welche Prozesse laufen während der Sprachproduktion ab? Die Aufgabe der Sprachproduktion besteht darin, die Intention, etwas zu sagen, in Muskelbewegungen unserer Artikulationsorgane zu übersetzen. In seinem einflussreichen Buch *Speaking* (1989) unterteilt der niederländische Psycholinguist Willem Levelt den gesamten Sprachproduktionsprozess in die drei Komponenten Konzeptualisierung, Formulierung und Artikulation. Spätere Modelle der Sprachproduktion übernehmen diese Gliederung. Bei Sprachproduktion denkt man spontan an zusammenhängende Sätze oder Gespräche. Es gibt jedoch eine ganze Reihe von psycholinguistischen Forschungsarbeiten, die sich ausschließlich der Produktion von Einzelwörtern widmen, da dies bereits ein hochkomplexer Prozess ist.

Während der Konzeptualisierung werden der Inhalt und das kommunikative Ziel einer Äußerung festgelegt. Da Sprache in der Zeit linear ist (d. h. verschiedene Gedanken können nicht gleichzeitig sprachlich realisiert werden, sondern müssen nacheinander ausgedrückt werden) muss in der Konzeptualisierungsphase auch bestimmt werden, welche Informationen in welcher Reihenfolge in einem Redebeitrag übermittelt werden sollen. *Konzeptualisierung*

Einzelwortproduktion ist in spontaner Sprache relativ selten (z. B. *Achtung!*). Im psycholinguistischen Labor wird Einzelwortproduktion dagegen intensiv untersucht, vor allem die Objektbenennung. In diesem Fall ist die Konzeptualisierung relativ einfach – das kommunikative Ziel der Äußerung ist die Benennung des Objektes, der Äußerungsinhalt ist der Objektname. Doch bereits bei der Einzelwortproduktion muss ein Sprecher in der Konzeptualisierungsphase die aktuelle kommunikative Situation berücksichtigen: Das gleiche Objekt lässt sich oft mit verschiedenen Namen benennen. So kann ein Pferd *Pferd, Vollblut, Rappe, Hengst, Black Beauty* oder auch einfach *es* bzw. *er* genannt werden. Die Wahl des Ausdrucks hängt davon ab, welchen Bedeutungsaspekt ein Sprecher besonders hervorheben möchte, aber auch davon, welches Vorwissen er bei seinem Gesprächspartner voraussetzen kann. Die Wahl eines bestimmten Blickwinkels heißt Perspektivierung. Wenn hier von einer Wahl die Rede ist, so ist damit nicht gemeint, dass ein Sprecher sich dieser Entscheidungen immer bewusst ist. Dennoch müssen sie getroffen sein, bevor die Suche nach dem geeigneten lexikalischen Element zur Benennung des Äußerungsinhaltes beginnen kann. Das Endprodukt *Message* des Konzeptualisierungsvorgangs ist eine vorsprachliche Repräsentation dessen, was man sagen möchte, die sogenannte Message.

Die Message ist das Endprodukt der Konzeptualisierung und gleichzeitig die Eingabe in den Formulierungsprozess. Während des *Formulierung* Formulierungsprozesses wird die vorsprachliche Repräsentation der

Message in Sprache überführt. Hierbei werden den in der Message enthaltenen Konzepten syntaktische Funktionen wie Subjekt oder Objekt zugeordnet. Das heißt, die Message wird in eine hierarchische Struktur ‚übersetzt'. Solch eine Struktur kann zum Beispiel die Form Subjekt – Prädikat – direktes Objekt – indirektes Objekt haben. Die Verarbeitungsebene, auf der dieser Schritt erfolgt, nennt man auch die funktionale Ebene (Garrett 1980). Gleichzeitig zum Strukturaufbau wird das mentale Lexikon nach den geeigneten Wörtern zur Versprachlichung der Konzepte durchsucht. Die Repräsentationen, die aus dem Lexikon abgerufen werden, geben die Bedeutung der Wörter und ihre Wortart wieder. Diese Information ist nötig, um ein Wort mit einer syntaktischen Funktion in der hierarchischen Struktur zu verknüpfen. In einem zweiten Verarbeitungsschritt werden die aus dem mentalen Lexikon abgerufenen und mit einer syntaktischen Funktion verknüpften Wortrepräsentationen in die Reihenfolge gebracht, in der sie artikuliert werden sollen. Diese Verarbeitungsebene nennt man auch die positionale Ebene (Garrett 1980). In einem dritten Schritt werden die abstrakten Wortrepräsentationen, die bisher noch keine phonologische Gestalt haben, mit den dazugehörigen Phonemen gefüllt. Am Ende des Formulierungsprozesses steht ein phonetischer Plan, der den sogenannten Artikulator speist. Der Artikulator berechnet anhand des phonetischen Plans die Bewegungen, die unser Artikulationssystem ausführen muss, um die geplante Äußerung auszusprechen.

Beim Sprechen kontrollieren wir uns selbst (englisch: Monitoring). Wir überprüfen unseren gesprochenen Redebeitrag. Das sieht man daran, dass wir uns oft selbst verbessern, wenn unsere Rede einen Fehler enthält. Manchmal korrigieren wir aber auch Fehler, die wir noch gar nicht gemacht haben. Im Redefluss tritt dann eine längere Pause auf, während derer ein Sprecher seinen Sprachplan korrigiert. Dabei kontrolliert der Sprecher (unbewusst) den phonetischen Plan. Woher weiß man, dass eine solche präartikulatorische Kontrolle tatsächlich stattfindet? Zum einen kann man dies aus Fehlerkorrekturen schließen, die so schnell und früh erfolgen, dass es unwahrscheinlich ist, dass ein Sprecher bereits an diesem Punkt den Fehler gehört und verbessert hat, zum Beispiel bei einer Selbstkorrektur der Form: *Es ist g-...rot.* Zusätzliche Evidenz für eine präartikulatorische Selbstkontrolle stammt aus Experimenten. Eine amerikanische Forschergruppe um Michael Motley hat etwa experimentell Phonemvertauschungen hervorgerufen (Motley u. a. 1981). Sprecher produzierten Fehler der Form *tote Rasse* anstelle von *rote Tasse*. Einige Testpaare waren so aufgebaut, dass bei einer Phonemvertauschung Tabuwörter entstanden wären. Ein Wortpaar war zum Beispiel *tool kits*, was bei einer Phonemvertauschung zu einem sexuell anzüglichen *cool tits* werden würde. Motley und seine Kollegen haben während des Experiments den Hautwiderstand ihrer Probanden gemessen – ein Maß für die elektrische Leitfähigkeit der Haut. Dieses Maß ist variabel und wird durch Prozesse des vegetativen Nervensystems beeinflusst. Die Probanden produzierten selten Tabuwörter, doch in den Versuchsdurchgängen, in denen sie durch die experimentelle Prozedur zur Produktion eines sexuell anzüglichen Versprechers verleitet wurden, stieg ihr Hautwiderstand deutlich an – und das, obwohl ihre Äußerung selbst frei von Anzüglichkeiten blieb. Dies deutet darauf hin, dass die Probanden die anzüglichen Wörter in ihrem Sprachplan bemerkten und daraufhin eine unwillkürliche körperliche Reaktion zeigten.

Der Korrekturmechanismus sorgt nicht nur dafür, dass der Sprachplan frei von (ungewollten) Anzüglichkeiten ist. Es wird auch kontrolliert, ob der Sprachplan lexikalisch ist. Ein aus einem Planungsfehler hervorgehendes Nichtwort der Sprache (z. B. *Tatte* in einer Phonemvertauschung der Form *rote Tatte* für *tote Ratte*) wird eher korrigiert werden als ein existierendes, aber an dieser Stelle falsches Wort. Daneben wird der Sprachplan auf seine Grammatikalität hin geprüft. Helen Leuninger bespricht Verschmelzungen zweier Redensarten, zum Beispiel *Das ist ein dickes Stück* anstelle von *Das ist ein starkes Stück* bzw. *Das ist ein dicker Hund*. Sie weist darauf hin, dass eine rein mechanische Verschmelzung beider Redensarten *Das ist ein dicker Stück* ergeben müsste. Der Korrekturmechanismus hat den Fehler zwar nicht vollständig aus der Welt geschafft, aber dafür gesorgt, dass die Genuskongruenz gewahrt bleibt (Leuninger 1993). Neben Lexikalität und Grammatikalität unterliegt auch die Bedeutung der geplanten Äußerung einer Selbstkontrolle.

4.3 Lexikalischer Zugriff

Die Versprecherforschung zeigt, dass ein Wort mindestens zweimal im Lexikon repräsentiert sein muss. Während des Formulierungsprozesses wird zunächst eine abstrakte Repräsentation von Bedeutung und grammatischem Inhalt eines Wortes im Lexikon ausgewählt. Anhand dieser wird in einem späteren Verarbeitungsschritt auf die Repräsentation der Wortform zugegriffen.

Im Sprachproduktionsmodell von Willem Levelt und Kollegen werden sogar drei Ebenen lexikalischer Repräsentation unterschieden: eine Ebene sogenannter lexikalischer Konzepte (Bedeutung), eine Lemmaebene (Grammatik) und eine Wortformebene (Form) (Levelt u. a. 1999). Die Benennung eines einzelnen Objekts läuft folgendermaßen ab: Anhand der Message wird das entsprechende lexikalische Konzept aus dem Lexikon gewählt. Dieser Knoten ist mit einem Knoten auf der Lemmaebene verbunden, der die abstrakten syntaktischen Eigenschaften des Wortes wiedergibt. Der Lemmaknoten hat Verbindungen zu einem Wortartknoten (z. B. „Nomen") und – bei Nomen – zu einem Genusknoten (z. B. „Femininum"). Alle Lemmata der gleichen Wortart sind mit demselben Wortartknoten verbunden, und alle Lemmata, die Wörter des gleichen grammatischen Genus repräsentieren, sind mit demselben Genusknoten verbunden. Wenn Aktivierungsenergie von der Konzeptebene auf die Lemmaebene fließt, wird der zum Konzept gehörende Lemmaknoten ausgewählt. Er aktiviert seinerseits die mit ihm verbundenen Wortart- und Genusknoten, sodass diese Information im weiteren Prozessablauf zur Verfügung steht. Der Genusknoten ist mit genusmarkierten Formen wie Artikeln oder Personalpronomina verbunden. Das bedeutet, dass über die Verbindung innerhalb des Netzwerks bei der Produktion eines femininen Nomens der Artikel *die* und das Pronomen *sie* leicht verfügbar sind.

Neben Eigenschaften, die wortinhärent sind (ein gegebenes Nomen hat immer dasselbe Genus), gibt es auch Eigenschaften, die veränderlich sind, wie Kasus, Numerus oder (bei Verben) Tempus und Person. Im Modell von Levelt und Kollegen verfügt die Lemmarepräsentation über sogenannte diakritische Merkmale, in denen Optionen für diese Eigenschaften kodiert sind. Welche dieser Optionen gewählt wird, wird durch den Äußerungskontext bzw. den in der Message enthaltenen Äußerungsinhalt festgelegt.

Ist das Lemma ausgewählt, so wird der dazugehörige Wortformknoten aktiviert. Hier wird die phonologische Gestalt eines Wortes kodiert: auf der Wortformebene findet man Informationen zu den phonologischen Segmenten eines Wortes und zu seiner metrischen Struktur. Außerdem werden bei diesem Verarbeitungsschritt auch die Formen von Flexionsmorphemen aktiviert. Ist auf der Lemmaebene zum Beispiel das Nomen *Bein* gewählt und für das diakritische Merkmal Numerus *Plural* aktiviert, so werden das Stammmorphem *Bein* und das Pluralmorphem *e* auf der Wortformebene bereitgestellt.

Die meisten Sprachproduktionsmodelle stimmen mit diesem Prozess in groben Zügen überein, es gibt jedoch unterschiedliche Forschungsmeinungen bezüglich wichtiger Details. Eines dieser Details ist die Reihenfolge der Verarbeitung, vor allem die Frage, ob der lexikalisch-syntaktische Lexikonzugriff zwischen dem semantischen und dem phonologischen Zugriff liegen muss. Während viele Ansätze von dieser Reihenfolge ausgehen, gibt es auch einen Vorschlag, in dem nach dem Zugriff auf die Bedeutung *gleichzeitig* ein Netzwerk syntaktischer Repräsentationen und ein Netzwerk phonologischer Repräsentationen aktiviert werden, wobei der Zugriff auf diese beiden Netzwerke zum einen zeitlich parallel und zum anderen unabhängig verläuft (Caramazza 1997).

Ein weiteres strittiges Detail ist die Frage, wie Aktivierungsenergie von einer Ebene zur nächsten weitergegeben wird – strikt seriell oder kaskadierend? Bei einem strikt seriellen Aktivationsfluss muss die Verarbeitung auf einer Ebene abgeschlossen sein, bevor sie auf der nächsten Ebene beginnen kann. Wenn im mentalen Lexikon nach dem Ausdruck gesucht wird, der der vorbereiteten Message am besten entspricht, so werden häufig auch bedeutungsverwandte Alternativen mitaktiviert. Aus diesen wird zunächst ein Kandidat ausgewählt (im Idealfall das Zielwort). Erst wenn diese Auswahl getroffen ist, wird die phonologische Form des ausgewählten Kandidaten gesucht. In einem Modell, das eine kaskadierende Aktivationsausbreitung annimmt, würden alle auf der Lemmaebene aktivierten Wörter die mit ihnen verbundenen Wortformen voraktivieren. Ist ein Sprecher also damit beschäftigt, auf das geeignete Wort zuzugreifen, um ein heimisches, im Wald lebendes Raubtier zu benennen, so wird vielleicht nicht nur die Repräsentation vom Zielwort *Luchs*, sondern auch die von *Marder*, *Fuchs* und *Iltis* aktiv. In einem kaskadierenden Aktivationsfluss würden dann auch Teile des Wortnamens der Konkurrenten aktiv, während dies bei einem strikt seriellen Aktivationsfluss nicht der Fall wäre.

Eine eng mit der Aktivationsausbreitung zusammenhängende Frage lautet, ob es eine Rückkopplung (Feedback) von einer später im Prozess liegenden Ebene zu den früheren Ebenen gibt. Diese Frage stellt sich in strikt seriellen Modellen nicht, da nachgeordnete Verarbeitungsebenen erst dann aktiv werden, wenn die Verarbeitung auf der vorausgehenden Ebene beendet ist. Ist die Aktivationsausbreitung jedoch kaskadierend, so kann theoretisch eine spätere Verarbeitungsebene Einfluss auf eine frühere haben. In der Versprecherforschung wurden sogenannte gemischte Fehler oft als Evidenz für Feedback gewertet. Gemischte Fehler sind gleichzeitig semantisch und durch

Reihenfolge der Verarbeitung

Strikt serielle Modelle

Kaskadierung

Feedback

die Wortform motiviert: Wenn ein Sprecher *Luchs* sagen möchte und stattdessen *Fuchs* produziert, so war *Fuchs* eine der möglichen semantischen Alternativen, gleichzeitig gibt es eine starke Überlappung der phonologischen Form. Die phonologische Überlappung sorgt für eine starke Aktivation von *Fuchs* auf der Wortformebene. Diese Aktivation wird zurück in die Lemmaebene gespeist und begünstigt die irrtümliche Auswahl von *Fuchs* gegenüber den anderen semantischen Alternativen. Die Frage, ob gemischte Fehler häufiger auftreten, als es der Zufall erwarten lässt, ist darum eine wichtige Frage in der psycholinguistischen Forschung. Sie ist weniger leicht zu beantworten, als man vermuten sollte, da die Festlegung des Zufallsniveaus theoretisch nicht ganz einfach ist.

4.4 Vom Wort zur Artikulation

Was geschieht, nachdem die Wortform im mentalen Lexikon gefunden wurde? Das Sprachproduktionsmodell von Levelt und Kollegen geht davon aus, dass auch die Wortform mit weiteren relevanten Informationen vernetzt ist (Levelt u. a. 1999). Zum einen sind das die phonologischen Segmente, zum anderen die metrische Form des Wortes. Diese Annahme geht auf die amerikanische Psycholinguistin Stefanie Shattuck-Hufnagel zurück. In ihrem sogenannten Scan-copier-Modell wird während des Wortproduktionsprozesses die metrische Form eines Wortes aus dem Lexikon abgerufen und mit den ebenfalls aus dem Lexikon abgerufenen Phonemen gefüllt (Shattuck-Hufnagel 1979). Auf den ersten Blick erscheint es paradox, dass metrische Form und Phoneme getrennt voneinander gespeichert sind und dann erst zusammengefügt werden. Für diese Überlegung gibt es jedoch einen guten Grund. Wir artikulieren selten ein einzelnes Wort in Isolation. Viel häufiger verwenden wir ein Wort im Redefluss. Dabei kann die Klanggestalt des Wortes verändert werden. Silben werden abgeschwächt, und mehrere Wörter verschmelzen zu einer größeren Artikulationseinheit. So ist es zum Beispiel nicht unüblich, eine Frage der Form *Hat er denn ...?* als *Hatter denn ...?* zu artikulieren – die tatsächlich artikulierten Silben sind dann andere als die Silben des Lexikoneintrags der beiden Wörter. Das /t/ ist nicht allein Silbenende (Coda) von *hat*, sondern auch Silbenanfang (Onset) von *ter*. Diese sogenannte Resilbifizierung wird auch durch morphologische Prozesse ausgelöst. So geschieht es häufig, dass die Verteilung der Phoneme auf Silbenpositionen für den Singular eines Nomens eine andere ist als für den Plural. Beim Wort *Bein* ist das /n/ beispielsweise die Coda der Silbe, während es im Plural *Bei-ne* der Onset der zweiten Silbe ist. Eine solche Resilbifizierung geschieht im Sprachfluss sehr häufig. Es wäre daher unökonomisch, Wörter bereits in Silben zerlegt aus dem Lexikon zu holen, um sie dann in vielen Fällen wieder aus dieser Silbenstruktur herauszulösen und in eine andere einzufügen. Darum gehen die Sprachproduktionsmodelle davon aus, dass während der sogenannten phonologischen Enkodierung die metrischen Rahmen mehrerer aufeinanderfolgender Wörter (oder auch eines Wortes und seiner Flexionsendungen) aus dem Lexikon abgerufen und miteinander verknüpft werden. Gleichzeitig werden die phonologischen Segmente in der korrekten Reihenfolge bereitgestellt. Die Segmente werden nacheinander in den neuen metrischen Rahmen eingesetzt. In diesem Modell werden also nicht Silben aus dem Lexikon abgerufen und eventuell resilbifiziert – die Silben entstehen erst bei der Vorbereitung der Artikulation. Diese Annahme einer späten Silbifizierung hat den Vorteil, dass der Äußerungskontext bereits miteinbezogen wird und dass der Sprachplan nicht noch einmal überarbeitet werden muss.

Der Sprachplan, der am Ende der sogenannten phonologischen Enkodierung steht, ist immer noch relativ abstrakt. Daher muss er noch einmal in eine Repräsentation umgewandelt werden, mit der man die motorische Ausführung der Artikulation direkt ansteuern kann. Ein guter Kandidat für eine Repräsentation, die ausreichend spezifisch ist, um Muskelbewegungen auszulösen, ist die artikulatorische Geste. An der Artikulation sind Lippen, Zunge und Kiefer aktiv, Zähne, Zahndamm und Gaumen passiv beteiligt. Eine artikulatorische Geste gibt die Stellung der drei aktiven Artikulatoren an, ohne bereits die Bewegungen zu kodieren, die dazu nötig sind, diese Stellung zu erreichen. Diese werden erst später vom Artikulationssystem errechnet. Eine mögliche Zwischenstufe auf dem Weg von abstrakten Phonemen zu artikulatorischen Gesten ist ein Silbenlexikon. Darunter versteht man einen Gedächtnisspeicher, in dem man die häufigsten Silben einer Sprache findet. Wenn solch ein Speicher existiert, könnte man nach der Silbifizierung des phonetischen Plans direkt auf die dort vorhandenen Silben zugreifen. Der große Vorteil eines solchen Silbenspeichers besteht in der Verarbeitungsökonomie. Es gibt Berechnungen für das Englische und das Niederländische (Schiller u. a. 1996), dass 500 Silben ausreichen, um 80 % (Englisch) bzw. 85 % (Niederländisch) aller Wörter der jeweiligen Sprache zu produzieren. Anhand dieser Zahlen wird bereits deutlich, dass es Arbeitsaufwand erspart, wenn diese 500 häufigen Silben fertig in einem Silbenspeicher zur Verfügung stehen, sodass man ihre Artikulation nicht jedes Mal neu berechnen muss. Empirische Evidenz für ein solches Silbenlexikon wäre beispielsweise ein Silbenfrequenzeffekt, nach dem einzelne Silben nach ihrer Auftretenshäufigkeit schneller oder langsamer aus dem Speicher abgerufen werden können. Diese silbischen Gesten formen dann den Input für den Artikulationsprozess.

Fragen und Anregungen

- Warum unterscheiden Sprachproduktionsmodelle zwischen der funktionalen und der positionalen Verarbeitungsstufe?

- Sammeln Sie Vor- und Nachteile kaskadierender und strikt serieller Aktivationsausbreitung.

- Überlegen Sie, welche Art von empirischer Evidenz nötig wäre, um zwischen Modellen mit und ohne Feedback entscheiden zu können.

- Es kommt in TOT-Zuständen auch manchmal vor, dass ein Sprecher die phonologische Form nur unvollständig weiß, z. B. *es ist ein dreisilbiges Wort und fängt mit /m/ an*. Wie kann man diese Beobachtung erklären?

- Glauben Sie, dass die Existenz eines Silbenlexikons sprachspezifisch ist?

Lektüreempfehlungen

- **Willem Levelt: Speaking,** Cambridge, MA 1983. *Ausführliche Betrachtung aller Bereiche der Sprachproduktion von der Konzeptualisierung bis zur Artikulation.*

- **Willem Levelt: Models of Word Production,** in: Trends in Cognitive Sciences 3, 1999, Heft 6, S. 223–232. *Kurze, aber umfassende Einführung in die wichtigsten Sprachproduktionsmodelle.*

- **Jean Aitchison: Words in the Mind,** Oxford 3. Auflage 2003. *Ausführliche und sehr gut lesbare Betrachtung des mentalen Lexikons. Es gibt eine deutsche Übersetzung der zweiten Auflage, Titel: Wörter im Kopf.*

5 Wortverarbeitung

Katharina Spalek

Abbildung 8: Optische Täuschung

Wieviele kleine dunkle Kreise sehen Sie auf den weißen Linien zwischen den schwarzen Rechtecken? Fangen Sie nicht an zu zählen – es gibt gar keine dunklen Kreise, sie sind nur das Produkt einer optischen Täuschung. Solche Gitter wie das hier gezeigte nennt man entweder Hermann-Gitter oder auch Hering-Gitter, da die beiden deutschen Physiologen und Hirnforscher Ludimar Hermann (1838–1914) und Ewald Hering (1834–1918) diese optische Täuschung bemerkt und beschrieben haben. Die Täuschung beruht auf dem folgenden Prinzip: Während der Verarbeitung des Nervenreizes werden vorhandene Kontraste je nach ihrer Position entweder verstärkt oder abgeschwächt. Dies geschieht automatisch und hängt mit der Verschaltung unserer Nervenzellen zusammen. Nervenzellen sind spezialisierte Rezeptoren, zum Beispiel für hell und dunkel. Jeder Rezeptor hemmt benachbarte Rezeptoren mit einem Bruchteil seiner eigenen Aktivation. Dadurch wird die Aktivierungsenergie eines Rezeptors (und damit letztendlich die Intensität dessen, was wir sehen) nicht nur durch das Signal beeinflusst, sondern auch durch interne Verarbeitungsprozesse unseres Wahrnehmungsapparates.

Optische Täuschungen unterstreichen eine allgemeine Tatsache der Wahrnehmung, die auch für das Hören von Wörtern zutrifft. Was wir wahrnehmen, ist niemals ein exaktes Abbild des physikalischen Signals. Unser Wahrnehmungsapparat im Allgemeinen und das Sprachverarbeitungssystem im Besonderen filtern das Signal nach bestimmten Kriterien. Dabei entsteht aus dem Signal eine abstrakte Repräsentation, die die Grundlage des lexikalischen Zugriffs bildet. Darüber hinaus wird die Verarbeitung eines Sprachsignals direkt oder indirekt durch unser sprachliches Wissen beeinflusst. Zahlreiche empirische Befunde zeigen, wie unser Sprachverstehenssystem Informationen aus dem Signal herausfiltert, die für die Worterkennung irrelevant sind, und wie es Informationen kontextabhängig ergänzt, die im Signal nicht enthalten sind. Die Herausforderung für Modelle des Worterkennens ist es, den Prozess der Wortverarbeitung unter Berücksichtigung genau dieser Beobachtungen überzeugend zu erklären.

5.1 Lexikalischer Zugriff
5.2 Segmentierung von Wörtern
5.3 Worterkennen im Kontext
5.4 Modelle des Worterkennens

5.1 Lexikalischer Zugriff

Wenn wir ein Wort erkennen, so wissen wir, dass es sich um ein Wort unserer Muttersprache handelt, welcher Wortart es angehört, was es bedeutet und mit welchen anderen Wörtern es auftreten kann. Anders ausgedrückt, bedeutet das Erkennen eines Wortes, dass wir auf die Information zugreifen können, die zu diesem Wort in unserem mentalen Lexikon enthalten ist (→ KAPITEL 4.1). In vielen Beschreibungen des Wortverstehens werden drei Prozesse unterschieden – Zugriff, Auswahl und Integration. In der englischsprachigen Fachliteratur nennt man diese drei Prozesse meist *access* oder *initial contact*, *selection* und *lexical integration*. Beim Zugriff werden Einträge des Lexikons aktiviert, die mit dem wahrgenommenen Signal übereinstimmen. Im Normalfall bleibt nach einer anfänglichen Aktivation mehrerer möglicher Kandidaten nur ein Kandidat übrig. Dieser Eintrag wird ausgewählt (Selektion). Nach erfolgreicher Selektion weiß man jedoch im Grunde nur, dass es ein Wort im Wortschatz gibt, das mit dem wahrgenommenen Signal ausreichend gut übereinstimmt. Die Aktivation der Information, die mit dem selektierten Eintrag verbunden ist, geschieht erst während der lexikalischen Integration. Während diese Integration das Herzstück des eigentlichen Verstehens darstellt, sind auch lexikalischer Zugriff und Auswahl keine trivialen Prozesse. Diese beiden Vorgänge wurden in der psycholinguistischen Forschung sogar intensiver untersucht als die Integration.

Zugriff, Auswahl, Integration

Psycholinguisten wollen zunächst verstehen, wie der initiale Kontakt mit dem Lexikon erfolgt. Wird das akustische Signal direkt auf Repräsentationen im Gedächtnis abgebildet? Die sogenannte *episodic lexicon theory* (Goldinger 1998) geht von solch einer direkten Abbildung des Signals auf einen Lexikoneintrag aus. Hierbei besteht der Lexikoneintrag eines Wortes aus Gedächtnisspuren jeder individuellen Realisation dieses Wortes. Das sprachliche Signal wird mit diesen Gedächtnisspuren verglichen (und kann seinerseits den lexikalischen Eintrag verändern). Die Mehrheit der Forscher nimmt dagegen an, dass eine zusätzliche Repräsentation zwischen dem Signal und dem Lexikon existiert, die sogenannte prälexikalische Repräsentation. Auf dieser Ebene werden abstrakte Einheiten aus dem Schallsignal extrahiert (→ KAPITEL 3.1), die dann den Input für die lexikalische Suche bilden. Der Vorteil einer solchen prälexikalischen Repräsentation besteht darin, dass die Variabilität des Sprachsignals verringert wird. Das Sprachsignal enthält viele Informationen, die für die Worterkennung nicht direkt wichtig sind. Eine akustische Realisierung eines Wortes ist niemals ab-

Episodic lexicon theory

Prälexikalische Repräsentation

solut identisch mit einer anderen akustischen Realisierung desselben Wortes. Eine Repräsentation, in der diese Vielzahl möglicher Schallsignale auf eine begrenzte Zahl von Phonemen oder Silben reduziert wird, kann daher die Effizienz der Wortverarbeitung erhöhen. Eine Alltagsbeobachtung stützt die Annahme einer solchen Zwischenrepräsentation: Wir erinnern uns zwar an gesprochene Worte, haben aber bereits nach kürzester Zeit keine Erinnerung mehr an Einzelheiten der akustischen Realisierung dieser Wörter (es sei denn, es ist dabei zu auffälligen Versprechern gekommen).

Aus welchen Einheiten setzt sich eine prälexikalische Repräsentation zusammen? Hierzu gibt es verschiedene Vorschläge in der Fachliteratur. Ein häufig genannter Kandidat ist das Phonem. Für diese Annahme gibt es sowohl theoretische als auch empirische Gründe: Das Phonem ist die kleinste linguistische Einheit, die bedeutungsunterscheidend ist: sogenannte Minimalpaare wie *Latte* und *Ratte* haben eine andere Bedeutung und unterscheiden sich formal nur durch ein Phonem. Außerdem zeigt die kategoriale Wahrnehmung (→ KAPITEL 3.2), dass unser Wahrnehmungsapparat klangliche Unterschiede, die für die Phonemunterscheidung nicht relevant sind, nivelliert. Es gibt allerdings Beobachtungen, die sich weniger gut mit der Annahme vertragen, dass das Phonem die prälexikalische Einheit ist. Die Worterkennung leidet unter der akustischen Manipulation eines Lautes, auch wenn das manipulierte Merkmal linguistisch gesehen kein distinktives Merkmal ist, wenn sich also durch diese Manipulation die Zugehörigkeit des Lautes zu einer Phonemkategorie nicht verschiebt. Ein hiermit verwandtes Argument gegen das Phonem als prälexikalische Einheit ist die Beobachtung, dass akustische Unterschiede in der Realisierung desselben Phonems zur Worterkennung beitragen. Probanden in einem englischen Experiment konnten mit großer Sicherheit vorhersagen, ob sie das Wort *cap* oder das Wort *captain* hörten, noch bevor das /t/ im Signal erschienen war – die Länge des Vokals /a/ relativ zur Länge der Konsonanten /c/ und /p/ unterscheidet sich in *cap* und *captain* systematisch (Davis u. a. 2002). Dieser Längenunterschied trägt jedoch im Englischen nicht zur Phonemidentität bei. Wenn das sprachliche Signal auf ein Phonem abgebildet wird, geht diese Information also verloren. Da solche Unterschiede aber offensichtlich zum Erfolg der Worterkennung beitragen, kann es nicht sein, dass die prälexikalische Repräsentation sie vollständig herausfiltert. Einige Theorien nehmen daher an, dass der Kontakt zum Lexikon mithilfe von spektralen Repräsentationen gelegt wird. Hierbei werden Informationen über die Lage von Formanten, die Qualität des Burst (→ KAPITEL 3.1) und ähnliches aus dem Signal extrahiert. Aditi Lahiri und

William Marslen-Wilson schlagen ebenfalls vor, dass die prälexikalische Einheit kleiner ist als ein Phonem (Lahiri/Marslen-Wilson 1991). In ihrem Modell dienen distinktive Merkmale wie Artikulationsmodus, Artikulationsstelle und Stimmbeteiligung als Input.

... oder distinktives Merkmal als prälexikalische Einheit?

Während distinktive Merkmale und spektrale Eigenschaften kleiner sind als ein Phonem, gibt es auch Ansätze, nach denen die prälexikalische Einheit größer ist als ein Phonem. Jacques Mehler und seine Kollegen haben ein Experiment durchgeführt, in dem sie die Rolle der Silbe bei der Worterkennung untersucht haben (Mehler u. a. 1981). Probanden sollten eine sogenannte Fragmententdeckungsaufgabe durchführen. Dabei sollten sie so schnell wie möglich reagieren, wenn sie in einem Wort eine vorher spezifizierte Lautkombination wahrnahmen, z. B. *pa*. Die Probanden reagierten schneller, wenn die Lautkombination mit einer Silbe übereinstimmte, z. B. in *Pa-last*, als wenn sie nur Teil einer Silbe war, z. B. in *Pal-me*. Die Reaktion auf ein zu entdeckendes Fragment *pal* wurde ebenfalls getestet. Dieses Fragment wurde in *Pal-me* schneller entdeckt als in *Pa-last*. Dieser sogenannte Silbenpräferenzeffekt tritt nicht in jeder Sprache auf. Auch in den Sprachen, in denen er ursprünglich nachgewiesen wurde, lässt er sich nur bedingt replizieren und ist darum in der Literatur inzwischen umstritten. Dennoch gibt es andere Indizien dafür, dass die Silbe beim Worterkennen eine wichtige Rolle spielt. Die Psycholinguistin Anne Cutler und ihre Kollegen nehmen an, dass die metrische Struktur des akustischen Signals eine wichtige Rolle bei seiner Zerlegung in kleinere Einheiten spielt (Cutler u. a 1986). Sie konnten zeigen, dass eine Sprache wie das Englische vor betonten Silben segmentiert wird, eine Sprache wie Französisch dagegen bei jeder Silbengrenze unabhängig von der Betonung. Diese metrischen Einheiten dienen dann zur Suche im mentalen Lexikon. Eine Segmentierung in Silben vor der lexikalischen Suche ist von Vorteil, weil die akustische Realisierung von Silben weniger variabel ist als diejenige von Phonemen.

Silbenpräferenzeffekt

Silben als prälexikalische Einheit

5.2 Segmentierung von Wörtern

Eine Herausforderung für unser Worterkennenssytem ist die Tatsache, dass Wörter meistens nicht in Isolation artikuliert werden, sondern in Kombination mit anderen Wörtern. Außerdem sind kürzere häufig in längere Wörter eingebettet, z. B. *Tee*, *Thema* und *Thematik* in *Mathematik*. Bevor es auf das Lexikon zugreifen kann, muss das System also erkennen, wo ein Wort beginnt. Dazu dienen dem erwachsenen Spre-

cher ähnliche Hinweisreize wie dem Kind im Spracherwerb (→ KAPI-
TEL 9.2). Jede Sprache hat typische metrische Muster. So werden im
Deutschen Wörter oft auf der ersten Silbe betont. Obwohl es viele Ausnahmen gibt, kann diese Regel dem System einen ersten Anhaltspunkt
hinsichtlich der Position der Wortgrenzen geben.

In jeder Sprache gibt es Kombinationen von Lauten, die innerhalb
eines Wortes oder einer Silbe nicht vorkommen können. Im Deutschen kann z. B. /tl/ nicht in einer Silbe vorkommen – weder *tla
noch *atl ist eine wohlgeformte Silbe des Deutschen. Über Silben-
grenzen hinweg sind diese Kombinationen jedoch sehr wohl möglich,
etwa in *At-las*. Andere Kombinationen sind auf bestimmte Silbenpositionen beschränkt. So kann eine deutsche Silbe zwar nicht mit
/lf/ beginnen, wohl aber enden (z. B. *Wolf*). Umgekehrt ist die Kombination /fl/ nur am Wortanfang zulässig (z. B. *Flöte*), aber nicht am
Wortende. Solche phonotaktischen Regeln können ebenfalls zur Segmentation von Sprache verwendet werden.

Wörter in Sprachen wie dem Türkischen und dem Finnischen unterliegen der sogenannten Vokalharmonie. Dabei dürfen innerhalb eines
Wortes nur bestimmte Vokalklassen (z. B. hintere oder vordere Vokale)
vorkommen. So heißt *Du bist Deutsche(r)* auf Türkisch *Alman-sın*, *Du
bist Türke/in* dagegen *Türk-sün*. Häuser sind *ev-ler*, Jahre dagegen *yıl-
lar*. Ein Wechsel der Vokalklasse kann daher eine Wortgrenze signali-
sieren, und Studien zeigen, dass Sprecher diese Information zur Segmentation von Sprache nutzen (für das Finnische: Suomi u. a. 1997).

Im Gegensatz zu Kindern verfügen erwachsene Sprecher über ein
Wortrepertoire ihrer Sprache. Viele Wörter, vor allem längere, müssen
nicht zur Gänze gehört werden, bevor man sie erkennen kann. Es gibt
einen Punkt, den sogenannten Diskriminationspunkt (*uniqueness
point*), an dem sich ein Wort von allen anderen Wörtern einer Sprache
unterscheidet. Alle Information, die diesem Punkt folgt, ist für den Prozess der Worterkennung redundant. Das lexikalische Wissen kann also
dafür genutzt werden, eine Wortgrenze zu antizipieren.

Wie geht unser Sprachsystem mit eingebetteten Wörtern um? Warum wird nicht jedes Mal, wenn wir *Mathematik* hören, auch das Wort
Thema aktiviert – oder wird es das vielleicht doch? Eine erste Hilfe leis-
ten die Unterschiede in der phonetischen Realisierung (→ KAPITEL 5.1)
von eingebetteten und freistehenden Wörtern. Außerdem spielt auch
hier metrische Information eine Rolle. Anne Cutler und Dennis Norris
(1988) haben untersucht, wie gut Probanden ein Wort erkennen, das in
ein Nichtwort eingebettet ist (Cutler / Norris 1988). Die Erkennensleis-
tung hängt davon ab, ob das eingebettete Wort in einer unbetonten Sil-

be auftritt oder in einer betonten. Unbetonte eingebettete Wörter werden häufig überhört. Der lexikalische Kontext hat ebenfalls einen Einfluss auf das Erkennen eingebetteter Wörter (McQueen u. a. 1994): Ein englisches Wort wie z. B. *mess* wurde häufiger in einem Nichtwort (→ KAPITEL 2.1) wie *nemes* wahrgenommen als in einem Nichtwort wie *domes*. Die Autoren argumentierten, dass *domes* ein möglicher Wortbeginn im Englischen ist (*domestic*) und daher das Erkennen von *mess* blockiert. Dennoch werden auch Wörter verarbeitet, die in längere Wörter eingebettet sind, wie verschiedene Autoren mit Priming-Experimenten (→ KAPITEL 2.1) gezeigt haben. *Captain* erleichtert über das eingebettete *cap* (Kappe, Mütze) das Erkennen des Wortes *hat* (Hut). Am Wortanfang eingebettete Wörter sind bessere Primes als am Wortende eingebettete Wörter. Es gibt aber auch Befunde, die zeigen, dass ein Wort wie *bone* (Knochen) in *trombone* (Posaune) durchaus ein Zielwort wie *ribs* (Rippen) primen kann.

5.3 Worterkennen im Kontext

Worterkennen ist ein kontextabhängiger Prozess. Man unterscheidet Effekte des lexikalischen Kontextes von Effekten des semantischen und syntaktischen Kontextes. Fragt man einen linguistischen Laien, wie man ein Wort erkennt, so wird er vermutlich antworten, dass man zunächst die Buchstaben identifiziert und dann aus ihnen das Wort zusammensetzt. Weist man ihn darauf hin, dass es neben der geschriebenen Sprache auch das gesprochene Wort gibt, so wird er vielleicht vermuten, dass man hier zunächst die einzelnen Laute (Phoneme) verarbeitet und daraus das Wort zusammensetzt.

Gegen diese intuitiv naheliegende Annahme sprechen jedoch einige empirische Befunde. Bereits James Cattell hat Ende des 19. Jahrhunderts beobachtet, dass kurze Wörter oft schneller benannt werden als einzelne Buchstaben (Cattell 1885). Dieser Effekt ist als Wortüberlegenheitseffekt in die Literatur eingegangen. Er widerlegt die Annahme, dass ein Wort Buchstabe für Buchstabe zusammengesetzt wird, denn dann müsste die Wortbenennungszeit mindestens der Summe der Benennungszeiten aller Buchstaben entsprechen. Gerald Reicher hat den Wortüberlegenheitseffekt systematisch untersucht (Reicher 1969). Er zeigte Probanden Buchstabenreihen, die entweder Wörter (z. B. *HAND*) oder keine Wörter ergaben (z. B. *ANHD*). Ein Buchstabe wurde nach sehr kurzer Zeit durch eine sogenannte Maske ersetzt, nämlich durch ein irrelevantes Zeichen wie das Prozentzeichen, sodass die Probanden nun *HAN%* oder *AHN%* sahen. Reicher fragte seine Probanden, welchen Buchstaben sie an der maskierten Stelle wahrgenommen hatten und ließ ihnen die Wahl aus zwei Alternativen. Diese Alternativen waren so gewählt, dass der Wortstatus gleich blieb, im Beispiel etwa D und G. Sowohl *Hand* und *Hang* sind existierende Wörter des Deutschen, *Ahnd* und *Ahng* dagegen nicht. Reicher wollte vermeiden, dass die Probanden raten. Hätte er beispielsweise *HAND / HAN%* gezeigt und dann den Probanden die Wahl zwischen D und K gelassen, so wäre es durchaus möglich gewesen, dass ein Proband darum D wählt, weil nur dies ein existierendes Wort ergibt. Dank des klug gewählten experimentellen Aufbaus war diese Strategie nicht möglich. Die Probanden wählten deutlich häufiger den korrekten Buchstaben, wenn sie ihn in einem Wortkontext gesehen hatten als wenn sie ihn in einem Nichtwortkontext gesehen hatten. Buchstaben werden also innerhalb eines Wortes schneller und zuverlässiger erkannt als in einem Nichtwort.

Ein ähnlicher Effekt tritt in der auditiven Modalität auf. Richard Warren spielte Probanden Tonaufnahmen von Wörtern vor (Warren 1970). Zuvor wurde ein Phonem aus dem Signal herausgeschnitten und durch ein Husten oder Rauschen ersetzt. Der lautliche Eindruck der Probanden war jedoch nicht der eines fehlenden Lautes. Stattdessen berichteten sie, dass während der Aufnahme gehustet wurde, dass das Wort jedoch intakt war. Dieser sogenannte Phonemrestaurationseffekt hängt sowohl von der Art des Signals als auch vom semantischen Kontext ab. Die akustische Illusion funktioniert besser für Konsonanten als für Vokale, und innerhalb der Konsonanten am besten für Frikative. Die Rolle des Kontextes hat Warren an einem Beispiel überzeugend demonstriert: Aus einem englischen Wort wurde der Beginn entfernt, sodass nur noch der Silbenreim (z. B. *eel* aus der Silbe *peel)* übrigblieb. Zu Beginn dieses Signales wurde ein Rauschen eingespielt. Der gleiche physikalische Reiz wurde nun in unterschiedlichen Kontexten dargeboten: *the %eel was on the orange, the %eel was on the shoe, the %eel was on the axle, the %eel was on the table.* Zuhörer behaupteten mit großer Sicherheit, im ersten Fall *peel* (Schale) gehört zu haben, im zweiten Fall *heel* (Absatz), im dritten Fall *wheel* (Rad) und im vierten Fall *meal* (Mahlzeit). Unser Sprachverstehenssystem ergänzt also Laute, die dem Kontext angemessen, aber nicht im Signal enthalten sind, und zwar so überzeugend, dass wir uns dieser ‚falschen' Wahrnehmung nicht verschließen können.

Ein weiterer Effekt, der zeigt, dass wir nicht erst Laute erkennen und daraus das Wort zusammenbauen, ist der sogenannte Ganong-Effekt (Ganong 1980). Es ist möglich, Laute zu erzeugen, die genau zwischen zwei Phonemen einer Sprache liegen. Bei zwei Phonemen, die sich nur hinsichtlich des Stimmeinsatzes (VOT) voneinander unterscheiden (z. B. /g/ und /k/) kann man diesen systematisch variieren, sodass man ein Kontinuum von Lauten erhält, deren Klangqualität zwischen /g/ und /k/ liegt. William Ganong führte die üblichen Aufgaben zum Testen kategorialer Wahrnehmung (→ KAPITEL 3.2) durch, ergänzte die Laute aber durch einen Kontext, der mit einem Endpunkt des Kontinuums ein Wort ergab (z. B. *Kissen*) und mit dem anderen Endpunkt ein Nichtwort (z. B. *Gissen*). Ganong beobachtete die charakteristische kategoriale Grenze in der Wahrnehmung, stellte aber fest, dass diese Grenze im Vergleich zur Wahrnehmung ohne Kontext in Richtung des Wortes verschoben war. Das heißt, Hörer nahmen länger ein /k/ wahr, bevor die Wahrnehmung zum /g/ hin umschlug. Man spricht hier von einem lexikalischen Bias – Hörer nehmen einen Laut, der vom Signal her mit zwei Phonemen gleich gut übereinstimmt, so wahr, dass sich im Kontext der anderen Laute ein Wort ergibt.

Die hier vorgestellten Effekte zeigen, dass Worterkennung nicht nur bottom-up, also signalgesteuert, geschieht, sondern dass unser lexikalisches Wissen auch top-down die Wahrnehmung beeinflusst. Modelle der Worterkennung müssen diese Beobachtungen erklären (→ KAPITEL 5.4). Generell gibt es zwei Möglichkeiten, wie mit dem Einfluss des lexikalischen Kontextes umgegangen werden kann: mit oder ohne Feedback. Fast alle Modelle des Worterkennens haben mehrere Repräsentationsebenen – mindestens eine Ebene für Phoneme und eine Ebene für Wörter. Phoneme haben bahnende Verbindungen zu den Wörtern, in denen sie vorkommen. Sobald ein Phonem erkannt ist, aktiviert es die mit ihm verbundenen Wörter. In Modellen mit Feedback aktivieren Wörter ihrerseits alle Phoneme, die in ihnen vorkommen. Daher kann ein Phonem über die Wortebene aktiviert werden, ohne dass es Aktivation aus dem Signal erhält.

Nicht alle Modelle nehmen Feedback an. Sie erklären die beschriebenen Effekte stattdessen, indem sie neben dem Lexikon ein Entscheidungsmodul ansetzen. Dieses Entscheidungsmodul integriert lexikalische und prälexikalische Information und kann so erklären, wieso die Wortebene Auswirkungen auf die Wahrnehmung von Phonemen haben kann.

Bevor der Diskriminationspunkt eines Wortes erreicht ist, ist das sprachliche Signal mehrdeutig. Die niederländische Psycholinguistin Pienie Zwitserlood untersuchte mit dem sogenannten cross-modalen Primingparadigma (→ KAPITEL 2.1), ob der Kontext von vornherein unpassende Wörter ausschließen kann, obwohl sie mit dem Signal übereinstimmen. Ihre niederländischen Probanden hörten Sätze der Form *Die Männer betrauerten den Verlust ihres Kapi-.* An dieser Stelle kann das Wort noch *Kapitän* oder *Kapital* werden. Genau zu diesem Zeitpunkt wurde den Probanden visuell ein Wort dargeboten, für das sie eine lexikalische Entscheidung durchführen mussten. In kritischen Versuchsdurchgängen war das visuelle Wort entweder mit *Kapitän* verwandt (z. B. *Schiff*) oder mit *Kapital* (z. B. *Geld*). In einigen Versuchsdurchgängen wurden Kontexte verwendet, die die Bedeutung einschränkten, z. B. *Die Männer standen um das Grab herum. Sie betrauerten den Verlust ihres Kapi-.* Dennoch beobachtete Zwitserlood, dass die lexikalische Entscheidung nicht nur für das visuell dargebotene Wort *Schiff*, sondern auch für das visuell dargebotene Wort *Geld* beschleunigt war, dass der lexikalische Zugriff also nicht durch die Kontextinformation eingeschränkt wurde (Zwitserlood 1989).

Gemeinhin versteht man unter Mehrdeutigkeit, dass ein Wort, auch wenn es vollständig gehört wurde, mehrere mögliche Bedeutungen hat. Man unterscheidet hier Homonyme und Polyseme. Die Bedeutungen eines Homonyms sind nicht miteinander verwandt. Häufig sind die Formen zweier Wörter aufgrund von Sprachwandelprozessen zu einer Form verschmolzen. Ein klassisches Beispiel von Homonymie ist *die Kiefer* vs. *der Kiefer*. Polyseme haben dagegen mehrere Bedeutungen, die sich von einer Grundbedeutung ableiten, wie *Blatt* für das Blatt einer Pflanze oder für ein Blatt Papier. In der Praxis sind Homonymie und Polysemie oft nicht ganz leicht zu trennen. Deshalb werden sie auch hier als eine Gruppe behandelt, obwohl es einige Experimente gibt, die andeuten, dass es durchaus Unterschiede in ihrer Verarbeitung gibt.

David Swinney hat sich in den 1970er- und 1980er-Jahren der Frage gewidmet, ob bei der Verarbeitung eines mehrdeutigen Wortes alle Bedeutungen aktiviert werden (z. B. Swinney 1979). Auch er verwendete dazu cross-modales Priming. Der gesprochene Kontextsatz disambiguierte ein mehrdeutiges Wort (d. h. er machte die Bedeutung eindeutig), z. B. *Er saß auf einer Bank.* Das visuell dargebotene Wort war in der kritischen Bedingung entweder mit der kontextadäquaten Bedeutung des Homonyms verwandt (*Tisch*) oder mit der kontextinadäquaten Bedeutung (*Geld*). Wurde das Wort direkt nach dem Prime dargeboten, so wurden beide Bedeutungen gleichermaßen geprimt. Wartete man jedoch ca. 250 ms mit der Darbietung des Wortes, so wurde nur noch die kontextadäquate Bedeutung geprimt. Swinney schloss daraus, dass beim lexikalischen Zugriff alle Bedeutungen eines Wortes aktiv sind, unabhängig vom Kontext, dass aber der Kontext mit Verlauf von Zeit die unpassende Bedeutung hemmt. Patrizia Tabossi und ihre Kollegen haben in den 1980er- und 1990er-Jahren in mehreren Studien gezeigt, dass der Kontext auch einen direkten Einfluss auf die Aktivation von Bedeutung haben kann (z. B. Tabossi 1988). Allerdings nur dann, wenn die beiden Bedeutungen des Homonyms nicht gleich häufig waren. In diesem Fall konnte ein Kontext, der sehr stark die dominante Bedeutung stützte, die Aktivation der untergeordneten Bedeutung völlig unterdrücken.

5.4 Modelle des Worterkennens

Drei einflussreiche Modelle des Worterkennens bei gesprochener Sprache werden kurz vorgestellt (ein Modell zum Erkennen geschriebener Wörter wird in McClelland/Rumelhart 1981 beschrieben). Das Kohortenmodell stammt vom britischen Psycholinguisten William Marslen-Wilson und seinen Kollegen und hat drei große Entwicklungsphasen durchlaufen. In seiner ersten Form aus den 1970er-Jahren beginnt die Suche im Lexikon, sobald ein ausreichend großes Stück Signal (ca. 100–150 ms, d. h. 1–2 Phoneme) verarbeitet wurde. Mit diesem Input wird bottom-up eine sogenannte Wortanfangskohorte aktiviert: Alle Wörter des Lexikons, die mit diesen Phonemen beginnen, werden bereitgestellt. Je weiter sich das Signal in der Zeit entfaltet, desto kleiner wird die Kohorte, da Kandidaten, die mit dem Signal nicht mehr übereinstimmen, durch bottom-up-Inhibition (Hemmung) aus der Kohorte entfernt werden. Ein Wort wird erkannt, wenn sein Diskriminationspunkt erreicht ist. In der ersten Version des Kohortenmodells spielten der semantische und syntaktische Kontext eine wichtige Rolle, da unwahrscheinliche Kandidaten auch mittels top-down-Inhibition ausgeschlossen wurden. So wurde die Beobachtung erklärt, dass in einem günstigen Kontext ein Wort oft bereits vor seinem Diskriminationspunkt erkannt wird. Das Kohortenmodell misst dem Wortanfang ein sehr großes Gewicht bei, da ein lexikalischer Eintrag, der nicht mit dem ersten Phonem übereinstimmt, nicht in die Wortanfangskohorte aufgenommen wird. Dies hat den Nachteil, dass ein Wort, dessen initialer Laut inkorrekt artikuliert wurde, niemals erkannt werden dürfte – was ganz klar nicht der Fall ist. Ein weiterer Nachteil des frühen Kohortenmodells ist, dass der Kontext einen Wortkandidaten ganz ausschalten kann. Dies deckt sich nicht mit der Tatsache, dass wir auch kontextuell unpassende Wörter wahrnehmen können. In einer Revision seines Modells in den 1980er-Jahren verzichtet Marslen-Wilson daher auf die top-down-Inhibition. Außerdem schloss er binäre Entscheidungen hinsichtlich der Kohortenzugehörigkeit aus. Stattdessen werden nun lexikalische Einträge mehr oder weniger stark aktiviert, je nachdem wie ähnlich sie dem Signal sind. Diese Ähnlichkeitsberechnung wird ständig aktualisiert und erlaubt auch Wörtern mit einer leichten Abweichung im Onset, zur Kandidatenmenge zu stoßen. Die neueste Version ist das distribuierte Kohortenmodell (z. B. Gaskell / Marlen-Wilson 1997), das sich radikal von seinen Vorgängern unterscheidet, da es keine Trennung zwischen semantischer und phonologischer Repräsentation annimmt, also keinen Unterschied zwischen Selektion und Integration macht. Der Input besteht aus phonetischen Merkmalen, die über eine Ebene versteckter Knoten (*hidden units*) direkt mit semantischen und phonologischen Repräsentationen verbunden sind.

TRACE wurde 1986 von den amerikanischen Kognitionswissenschaftlern James McClelland und Jeffrey Elman vorgestellt (McClelland / Elman 1986). Der Name beruht darauf, dass die Modellstruktur gleichzeitig ein Verarbeitungssystem und eine Gedächtnisrepräsentation (*memory trace*) darstellt. TRACE steht in der Tradition des Konnektionismus und besteht aus einer Vielzahl untereinander verbundener Einheiten. Jede dieser Einheiten repräsentiert eine Hypothese über ein bestimmtes perzeptuelles Objekt zu einem bestimmten Zeitpunkt. Solch eine Hypothese kann beispielsweise lauten /k/, d. h., *dem Stück Schallsignal, das ich gerade wahrgenommen habe, entspricht ein /k/*. Die Einheiten sind in drei Ebenen organisiert, einer Merkmalsebene, einer Phonemebene und einer Wortebene. Der Input in TRACE ist eine quasi-spektrale Repräsentation, die aus akustisch-phonetischen Merkmalen wie Burst oder Stimmbeteiligung, besteht. Für jedes dieser Merkmale ist kodiert, wie prominent es im Input ist. Die Merkmalsknoten senden Aktivation zu den Phonemen, mit denen sie über bahnende Verbindungen verknüpft sind. Teilweise ist die Phonemidentität erst festzustellen, wenn man beobachtet, wie sich die Merkmale über die Zeit hinweg entwickeln. TRACE berücksichtigt daher diese Entwicklung in seinen Berechungen. Auch Phoneme und Wörter sind bahnend miteinander verbunden. Das Phonem /k/ hat beispielsweise Verbindungen zu allen Einheiten auf der Wortebene, in denen ein /k/ vorkommt, wie *Katze*, *Akte*, *Macke* und *Lack*. Wird /k/ aktiviert, so leitet es einen Bruchteil seiner Aktivation über die bahnenden Verbindungen weiter zu den Wörtern, in denen es vorkommt (zu Aktivationsausbreitungsmodellen → KAPITEL 4.1). Innerhalb einer Ebene sind die Einheiten durch hemmende Verbindungen miteinander verknüpft. Dies reflektiert die Tatsache, dass ein Teil des Signales, wenn er als /k/ identifiziert wurde, kein /t/ oder /f/ sein kann. Je stärker eine Repräsentation aktiviert ist, desto mehr schwächt sie alle Konkurrenten auf derselben Ebene ab. Aktivation kann in beide Richtungen fließen. Haben zwei oder drei Phoneme mehrere Kandidaten auf der Wortebene aktiviert, so verstärken diese Wörter durch Feedback die Aktivation aller Phoneme, die in ihnen vorkommen. Durch dieses top-down Feedback können sogar Phoneme aktiviert werden, die im Signal (noch) nicht vorgekommen sind.

SHORTLIST stammt aus der Feder von Dennis Norris (Norris 1994). Es ist in vielen Punkten TRACE sehr ähnlich, hat aber auch Aspekte des Kohortenmodells übernommen. Wortkandidaten werden durch bottom-up-Aktivation ausgewählt. Diese Kandidaten werden in eine sogenannte SHORTLIST kopiert, innerhalb derer die Wörter über inhibierende Verbindungen verknüpft sind, sodass ein stark aktivierter Kandidat die anderen hemmen kann. Gleichzeitig wird immer wieder kontrolliert, wie gut die Wörter in der SHORTLIST mit dem sich stets weiter entfaltenden Signal zusammenpassen. Wörter, die nicht mehr mit dem Signal übereinstimmen, werden aus der Liste entfernt, es können aber im Gegensatz zu TRACE auch neue Kandidaten hinzugefügt werden, die z. B. aufgrund einer Abweichung in der Artikulation des Wortbeginns ursprünglich nicht berücksichtigt wurden, im weiteren Verlauf aber eine gute Übereinstimmung mit dem Signal zeigen. Ein weiterer Unterschied zu TRACE ist, dass SHORTLIST kein Feedback annimmt. Die neueste Version von SHORTLIST (Norris/McQueen 2008) könnte sich als wegweisend herausstellen. Sie bricht mit der Tradition von konnektionistischen Aktivationsausbreitungsmodellen und beruht stattdessen auf einem Theorem der Wahrscheinlichkeitstheorie, nämlich dem Bayes-Theorem. Dieses Theorem dient der Berechnung bedingter Wahrscheinlichkeiten: wie wahrscheinlich ist eine Hypothese, gegeben die Evidenz. In der Worterkennung wäre die Hypothese ein bestimmtes Wort, und die Evidenz das Sprachsignal. In der Formel zur Berechnung der bedingten Wahrscheinlichkeit ist auch die einfache Wahrscheinlichkeit der Hypothese enthalten, also die Wahrscheinlichkeit, dass die Hypothese wahr ist (bevor man die Evidenz kennt). Auf das Worterkennen übertragen kann man unter der einfachen Wahrscheinlichkeit, dass ein Wort auftritt, seine Frequenz und Kontextinformation subsumieren. Das heißt, dass hier auf rechnerische Weise top-down und bottom-up-Information elegant miteinander verbunden werden. Das Worterkennensmodell führt also ständig Wahrscheinlichkeitsberechnungen durch, an deren Ende das wahrscheinlichste Wort, gegeben Kontext und Signal, steht. In vielen Bereichen der Kognitionswissenschaft haben sich Bayes'sche Modelle in den letzten Jahren durchgesetzt, es bleibt abzuwarten, ob dies auch in der Wortverstehensforschung geschehen wird.

Neben allen Unterschieden haben die drei Modelle auch wichtige Gemeinsamkeiten: Worterkennen beginnt, sobald ein kleines Stück des Signals wahrgenommen wurde, und das Zielwort muss aus einer Menge möglicher Kandidaten ausgewählt werden.

Fragen und Anregungen

- Wieso nehmen viele Modelle des Worterkennens explizit oder implizit eine prälexikalische Repräsentationsebene an?

- Erörtern Sie die Vor- und Nachteile der Einheiten, die in der Literatur als prälexikalische Repräsentationen vorgeschlagen worden sind.

- Unser Sprachsystem verwendet sowohl sublexikalische Hinweise wie Metrik und phonotaktische Regelmäßigkeiten als auch lexikalische Hinweise zur Worterkennung. Stellen Sie sich ein Gespräch vor starkem Hintergrundgeräusch vor und überlegen Sie, ob hier die sublexikalische oder die lexikalische Information verlässlicher ist.

- Welche Unterschiede und Gemeinsamkeiten gibt es zwischen den Modellen des Worterkennens?

Lektüreempfehlungen

- **Angela Friederici (Hg.): Sprachrezeption**, Göttingen 1999. *Dieses Buch beschäftigt sich mit verschiedenen Fragestellungen der Sprachrezeption aus psycholinguistischer Sicht. Besonders relevant für die hier besprochenen Fragen sind die Kapitel 1–3.*

- **Delphine Dahan / James Magnuson: Spoken Word Recognition**, in: Gareth Gaskell (Hg.), Oxford Handbook of Psycholinguistics, Oxford 2007. *Übersichtsartikel, in dem lexikalischer Zugriff, Auswahl und Integration ausführlich behandelt werden. Außerdem wird ein Überblick über neu entstehende Forschungsfragen gegeben.*

6 Satzproduktion

Katharina Spalek

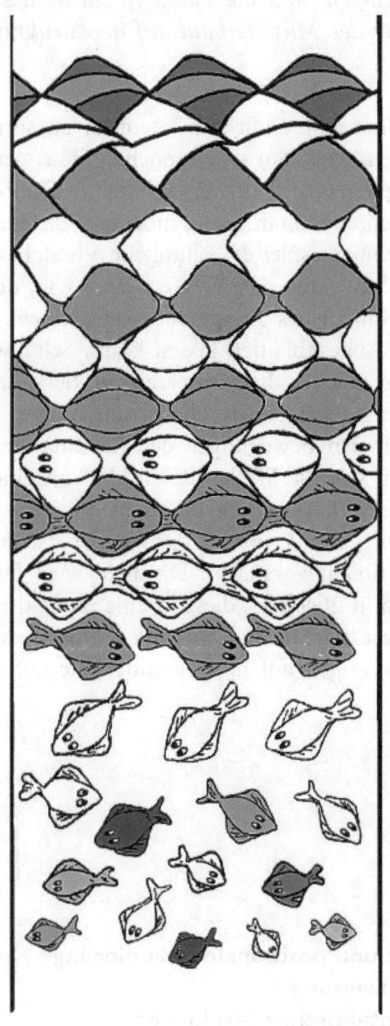

Das Bild ist ein Spiel mit Mustern. Die Wellen in der oberen Bildhälfte verändern Schritt für Schritt ihre Form, bis sie als Flundern in der unteren Bildhälfte davonschwimmen. Vergleicht man die Wellen mit den Fischkörpern, so hat das eine mit dem anderen wenig zu tun. Betrachtet man jedoch die gesamte Entwicklung, so geht eine Musterreihe organisch in die folgende über. Im ersten Schritt werden die Konturen der Wellen aufgeweicht, sie erhalten Fischschwänze, Flossen, schließlich Augen, und die Flunderform wird stets detaillierter. Jede Veränderung des Musters baut auf der Struktur des vorherigen Musters auf.

Sprachproduktion beginnt mit der Intention zu sprechen und einer Vorstellung dessen, was man sagen möchte. Sie endet mit einer Folge von Luftschwingungen, die auf das Ohr eines Zuhörers treffen. Die Vorstellung dessen, was man sagen möchte – die Idee – kann unterschiedlich sein, zum Beispiel die räumliche Vorstellung meiner Stadt, wenn ich einem Passanten den Weg erklären will, oder eine lebhafte bildliche Vorstellung eines Ereignisses, die ich wie einen Film vor meinem inneren Auge ablaufen lassen kann. Schallwellen entstehen, wenn die Lungen einen Luftstrom erzeugen, der durch die Lage der Zunge und Verengungen von Kehlkopf und Lippen moduliert wird. Eine Idee hat mit den Bewegungen der Artikulationsorgane ebensowenig gemeinsam wie die Wellen des Bildes mit einer Flunder, dennoch folgt das eine harmonisch aus dem anderen. Man kann sich Sprachproduktion gut als eine Folge von Übersetzungen in jeweils neue Repräsentationen vorstellen. Die Idee wird in eine grammatische Repräsentation übersetzt, diese in eine phonetische, diese in eine motorische und diese schließlich in Artikulation. Jede Repräsentation baut auf der vorherigen auf und verändert sie auf charakteristische Weise.

6.1 Funktionale und positionale Enkodierung

6.2 Funktionszuweisung

6.3 Trägheit syntaktischer Strukturen

6.4 Kongruenz

6.1 Funktionale und positionale Enkodierung

Sprachproduktion beginnt mit der sogenannten Konzeptualisierung (→ KAPITEL 4.2). Während dieser Verarbeitungsphase trifft ein Sprecher die Entscheidung, etwas zu sagen. Er plant das Äußerungsziel – will er informieren, überreden, befehlen? – und den Inhalt der Äußerung. Diese Planung kann je nach Situation und Art der Kommunikation sehr bewusst oder auch ganz unbewusst erfolgen. Am Ende des Konzeptualisierungsprozesses steht eine vorsprachliche Repräsentation dessen, was der Sprecher sagen will, die sogenannte Message. Einige Sprachwissenschaftler wie der amerikanische Sprachphilosoph Jerry Fodor glauben, dass es eine Sprache des Denkens (*language of thought*) gibt, die aus Symbolen und den Relationen zwischen diesen Symbolen besteht. Über die genaue Form einer solchen Sprache des Denkens wurde viel geschrieben und viel gestritten, allgemein nimmt man jedoch an, dass es tatsächlich eine Repräsentationsebene gibt, auf der unsere Gedanken auf eine Weise ausgedrückt sind, die noch nicht sprachspezifisch ist.

Vorsprachliche Repräsentation

Die Message selbst ist also noch nicht sprachlich, muss aber in Sprache übersetzt werden. Hat ein Sprecher beispielsweise ein Lawinenunglück beobachtet, bei dem ein Snowboarder zu Schaden kam, so kann dieses Ereignis wie ein kleiner Film vor seinem inneren Auge repräsentiert sein. Sobald er jedoch darüber berichten will, muss er bestimmte Entscheidungen treffen. Er kann sagen *die Lawine hat einen Snowboarder verschüttet* oder *ein Snowboarder wurde von der Lawine verschüttet* oder *einen Snowboarder hat die Lawine verschüttet* oder auch *ein Snowboarder wurde unter einer Lawine begraben*. Alle Äußerungen beschreiben in groben Zügen dasselbe Ereignis, der Sprecher kann jedoch nur eine Äußerung produzieren, und seine Entscheidung muss getroffen sein, bevor er das erste Wort artikuliert.

Für die Produktion einer Äußerung benötigt man nicht nur Wörter, sondern auch eine syntaktische Struktur. Äußerungen haben eine interne Struktur: Einige Wörter gehören enger zusammen als andere, und diese Wortgruppen (Konstituenten) stehen mit anderen Konstituenten in einer bestimmten Beziehung (zum Beispiel Subjekt, Prädikat, Objekt). Die interne Struktur eines Satzes wird durch die Wortstellung, die Morphosyntax (Kasusmarkierungen, Tempus, Person und ähnliches) und die Prosodie (vor allem Akzent und Pausen) ausgedrückt.

Syntaktische Struktur

Ein einflussreiches Modell der Satzproduktion wurde 1980 vom amerikanischen Psycholinguisten Merrill Garrett vorgestellt (Garrett

1980). Auf Garrett geht die Unterscheidung der Sprachproduktionsprozesse in die funktionale und positionale Enkodierung zurück. Die Übersetzung der Message in eine syntaktische Struktur nennt man funktionale Enkodierung. Während der funktionalen Enkodierung laufen zwei Prozesse ab: Einerseits wird im mentalen Lexikon nach den Wörtern gesucht, mit denen die in der Message repräsentierten Begriffe am besten ausgedrückt werden können, andererseits werden diesen Wörtern syntaktische Funktionen wie Subjekt und Objekt zugeordnet.

Der Eintrag eines Wortes im mentalen Lexikon ist über mehrere Repräsentationsebenen verteilt (→ KAPITEL 4), mit Informationen jeweils zur Bedeutung, zur Syntax (zum Beispiel die Wortart) und zur Wortform. Während der funktionalen Enkodierung werden die Wörter aus dem Lexikon herausgesucht, die hinsichtlich ihrer Bedeutung mit der Message korrespondieren. Dieser Lexikonzugriff erfolgt auf der konzeptuellen Ebene und der Lemmaebene. Zu diesem Zeitpunkt ist die phonologische bzw. orthografische Form der Wörter noch nicht relevant, weshalb diese Informationen dem Verarbeitungssystem auch noch nicht zur Verfügung stehen. Die Lexikoneinträge sind allerdings bereits mit Hinweisen auf ihre Wortart (Nomen, Verb) versehen. Am Ende der funktionalen Enkodierung unseres Beispielsatzes steht eine Repräsentation der Form: *SKIFAHRER*[N]-Objekt, *LAWINE*[N]-Subjekt, *VERSCHÜTTEN*[V]-Prädikat. Drei Inhaltswörter aus dem Lexikon stehen zur Weiterverarbeitung bereit, und diesen Wörtern wurden die syntaktischen Funktionen Subjekt, Prädikat, Objekt zugeordnet. Die Kapitälchen in der Notation erinnern daran, dass nur die Bedeutung der Wörter, aber noch nicht ihre lautliche Form aus dem Lexikon abgerufen wurde.

Anhand der syntaktischen Information (Wortart) der Inhaltswörter mit dem Verweis auf ihre Funktion errechnet das Sprachsystem eine Satzstruktur. Ein Nomen benötigt vermutlich einen Artikel, ein Verb mit der Funktion als Prädikat muss mit dem Subjekt in Numerus und Person übereinstimmen. Während der positionalen Enkodierung werden die grammatischen Funktionen in eine Reihenfolge gebracht, zum Beispiel Subjekt–Prädikat–Objekt. Die sogenannten Funktionswörter (Artikel, Pronomen) und die Affixe werden in diesen Planungsrahmen eingesetzt. Danach erfolgt ein zweiter Zugriff auf das Lexikon: Geleitet von den Inhaltswörtern werden die passenden Wortformen ausgewählt und in die dafür vorgesehenen Stellen eingefügt. Die Wortformen sind noch relativ abstrakt. Sie sind Repräsentationen in einem Netzwerk, die auf die metrische Struktur und die phonologischen Segmente eines Wortes verweisen (→ KAPITEL 4.3). In einem weiteren Ver-

arbeitungsschritt werden die Phoneme in den Planungsrahmen eingesetzt.

Merrill Garrett stützt sein Zwei-Ebenen-Modell mit Versprecherdaten. Vertauschungsfehler sind hierbei besonders aufschlussreich. Dabei wechseln zwei linguistische Einheiten ihren Platz. Es gibt sowohl
Wortvertauschungen (*meine Katze hat eine Schwester* für *meine
Schwester hat eine Katze*) als auch Phonemvertauschungen (*spigitale
Diegelreflexkamera* für *digitale Spiegelreflexkamera*). Garrett beobachtete, dass sich diese beiden Typen von Vertauschungsfehlern kom-
plementär verhalten: Vertauschte Wörter stehen oft weit auseinander,
während vertauschte Phoneme meist zu aufeinanderfolgenden Wörtern gehören. Wortvertauschungen berücksichtigen die Wortart, das
heißt, Nomen werden mit Nomen vertauscht, Adjektive mit Adjektiven und Verben mit Verben. Im Gegensatz dazu finden Phonemvertauschungen häufig zwischen Wörtern unterschiedlicher Wortarten statt.

Empirische Evidenz: Versprecher

Durch die Unterscheidung von funktionaler und positionaler Enkodierung sind diese Versprecher leicht zu erklären. Bei jedem Verarbeitungsschritt kann es zu Fehlern kommen: Bei der Funktionszuweisung
kann einem Inhaltswort aus dem Lexikon die falsche Funktion zugewiesen werden. Im Versprecher *meine Katze hat eine Schwester* hätte
Schwester Subjekt werden müssen und *Katze* Objekt. Stattdessen wurde
Katze mit dem Hinweis Subjekt versehen. Wenn später bei der positionalen Enkodierung das Subjekt in die Subjektposition eingesetzt wird,
landet *Katze* dort. Die Beobachtung, dass die beiden Wörter *Katze* und
Schwester ihre Position im Satz getauscht haben, ist also die Folge dessen, dass sie zuvor die falsche Funktion erhalten haben.

Erst nach der positionalen Enkodierung, wenn Funktions- und Inhaltswörter im Planungsrahmen stehen, werden die Wortrepräsentationen mit Phonemen gefüllt (→ KAPITEL 4.4). Auch hierbei können Fehler
auftreten, wie die Vertauschung zweier Phoneme. Das Sprachverarbeitungssystem bearbeitet immer nur einen kleinen Ausschnitt des Pla-
nungsrahmens (zur Inkrementalität der Verarbeitung → KAPITEL 6.2).
Vertauschte Phoneme müssen aus einem Stück Äußerung stammen, das
zum selben Zeitpunkt bearbeitet wurde, und liegen daher nahe beieinander.

Wortvertauschungen

Phonem-
vertauschungen

6.2 Funktionszuweisung

Welcher Teil der Message erhält nun während der funktionalen Enkodierung welche Funktion? Menschliche Sprachverarbeitung ge-

schieht auf verschiedenen Ebenen (semantisch, syntaktisch, phonologisch, phonetisch). Diese Ebenen arbeiten parallel und inkrementell. Das heißt, dass eine Äußerung nicht erst auf einer Ebene vollständig kodiert sein muss, bevor die folgende Ebene die Arbeit aufnehmen kann. Stattdessen beginnt eine Ebene, sobald die vorherige ein ausreichend großes Stück Information fertiggestellt hat. „Ausreichend groß" kann für die verschiedenen Verarbeitungsebenen verschiedenes bedeuten. Das Informationspaket für die grammatische Enkodierung muss mindestens Satzgliedgröße haben, die Artikulation kann dagegen beginnen, sobald die erste Silbe einer Äußerung feststeht. Aus der inkrementellen Verarbeitung folgt, dass ein Teil einer Äußerung, der auf einer Ebene besonders früh zur Verfügung steht oder besonders leicht zu verarbeiten ist, auch der folgenden Verarbeitungsebene früher zur Verfügung gestellt wird.

Es gibt eine linguistische Hierarchie syntaktischer Funktionen, die unter anderem durch den Sprachvergleich gewonnen wurde: Es gibt mehr Sprachen, die Subjekte haben, als Sprachen, die indirekte Objekte haben. Aber jede Sprache, die ein indirektes Objekt hat, hat auch ein Subjekt. Außerdem gibt es unter den Sprachen der Welt mehr Sprachen, deren kanonische Satzstellung Subjekt–Objekt ist als Sprachen mit Objekt-Subjekt-Stellung. Solche und zahlreiche weitere Beobachtungen stützen die Annahme, dass das Subjekt die syntaktisch prominentere Funktion ist. Wenn diese Hierarchie auch in unserer mentalen Grammatik verankert ist, dann sollte bei der Sprachproduktion zuerst das Subjekt bearbeitet werden, dann das Objekt usw. Daraus folgt, dass ein Teil der Message, der früh zur Verfügung steht, eher Subjektstatus erhält als ein Teil der Message, der spät zur Verfügung steht.

Welche Teile der Message stehen nun früh zur Verfügung? Belebtheit spielt hier eine wichtige Rolle. Wenn Sprecher Handlungen mit einem Handelnden (Agens) und einem Objekt, dem die Handlung geschieht (Patiens), beschreiben, so hängt die Wahl der grammatischen Struktur der Äußerung unter anderem davon ab, ob Agens und Patiens belebt sind. Ist das Agens unbelebt (z. B. *Lawine*) und das Patiens belebt (z. B. *Snowboarder*), werden besonders häufig Passivsätze verwendet. Die Konsequenz eines Passivs ist, dass das Patiens Subjekt des Satzes wird: *Der Snowboarder wird von der Lawine verschüttet.* Belebtheit wirkt sich also auf die Funktionszuweisung aus und legt nahe, dass belebte Elemente der Message konzeptuell besonders prominent sind.

Neben der Belebtheit gibt es weitere Faktoren, die Konsequenzen für die Funktionszuweisung haben. Die amerikanische Psycholinguis tin Kay Bock hat ihnen eine Reihe von Studien gewidmet. In einem Experiment, das sie gemeinsam mit Richard Warren durchgeführt hat, untersuchte sie den Einfluss von Konkretheit bei der Funktionszuweisung (Bock/Warren 1985). Bock und Warren gaben ihren Probanden Sätze zu lesen und manipulierten einerseits die Abstraktheit der verwendeten Wörter, andererseits die syntaktische Struktur der Sätze.

1. *The doctor administered the shock./The shock was administered by the doctor.*
2. *The hermit donated the property to the university./The hermit donated the university the property.*
3. *The hikers fought time and winter./The hikers fought winter and time.*

In 1. ist *doctor* konkreter als *shock*, in 2. ist *university* konkreter als *property*, und in 3. ist *winter* konkreter als *time*. Für jeden Satz gab es zwei mögliche syntaktische Strukturen, die eine Hälfte der Probanden erhielt jeweils die eine Struktur zur Lektüre, die andere Hälfte die andere Struktur. Nachdem die Probanden eine ablenkende Aufgabe durchgeführt hatten, sollten sie die Sätze wiedergeben. Hierbei verwendeten die Probanden nicht immer die ursprüngliche Struktur, und zwar interessanterweise besonders häufig dann, wenn die ursprüngliche Struktur dem konkreteren Begriff eine syntaktisch weniger prominente Position zuwies. Probanden produzierten also häufig *The doctor administered the shock* statt *The shock was administered by the doctor,* aber selten *The shock was administered by the doctor* statt *The doctor administered the shock.* Ebenso produzierten sie häufig *The hermit donated the university the property* statt *The hermit donated the property to the university,* aber selten *The hermit donated the property to the university* statt *The hermit donated the university the property.* Dass es hierbei um prominentere Funktionen geht und nicht etwa um eine frühere Position im Satz, zeigen eindrucksvoll die Sätze mit koordinierten Objekten wie *The hikers fought time and winter.* Hier gab es keinen Konkretheitseffekt bei der Wiedergabe. Bock und Warren hatten darauf geachtet, dass nur in der Hälfte der Fälle die Voranstellung des konkreteren Begriffs auch zur Verwendung einer präferierten Satzstruktur (z. B. Aktiv) führte – in der anderen Hälfte des Materials führte die Voranstellung des konkreteren Begriffs zur Verwendung der weniger bevorzugten Struktur (z. B. Passiv).

In einer anderen Studie manipulierte Bock die lexikalische Zugänglichkeit der an der Message beteiligten Begriffe aktiv durch Priming (Bock 1986b; → KAPITEL 2.1). Unter lexikalischer Zugänglichkeit versteht man, wie leicht ein Wort aus dem mentalen Lexikon abgerufen werden kann. Bock ließ die Probanden Bilder benennen, beispielsweise einen Blitzeinschlag in eine Kirche. Das Gesehene kann man entweder mit einem Satz wie *Der Blitz schlägt in die Kirche ein* oder mit einem Satz wie *Die Kirche wird vom Blitz getroffen* wiedergeben, und Bock wollte wissen, für welche Struktur ihre Probanden sich entschieden. Vor der Bildbenennung hörten die Probanden jeweils ein gesprochenes Primewort, das sie nachsprechen sollten. Dieses Wort konnte mit *Blitz* oder mit *Kirche* bedeutungsverwandt sein. Ein Versuchsdurchgang lief beispielsweise folgendermaßen ab: Ein Proband hört *Donner*, sagt *Donner*, sieht das Bild und sagt: *Der Blitz schlägt in die Kirche ein.* Oder ein Proband hört *Gottesdienst*, sagt *Gottesdienst*, sieht das Bild und sagt: *Die Kirche wird vom Blitz getroffen.* Bock beobachtete, dass Probanden die Neigung haben, das Wort, das mit dem Primewort verwandt ist, als Subjekt zu verwenden. Die lexikalische Zugänglichkeit ist nur ein Faktor von vielen, der bei der Wahl der Satzstruktur eine Rolle spielt – daneben sind unter anderem die oben genannten konzeptuellen Aspekte wichtig, sodass die Primingmanipulation im Wettstreit mit anderen Prinzipien der Funktionszuweisung steht. Dennoch hatte diese Manipulation einen deutlichen, messbaren Einfluss auf die Art der verwendeten Sätze.

Priming mit lautverwandten Wörtern hatte keinen Einfluss auf die Funktionszuweisung. Ob das Primewort im Beispiel nun *Witz* (verwandt mit *Blitz*) oder *Hirsche* (verwandt mit *Kirche*) war, phonologisch geprimte Wörter wurden nicht häufiger als Subjekt verwendet als nicht geprimte Wörter. Aus anderen Paradigmen wie Priming bei einer lexikalischen Entscheidungsaufgabe (→ KAPITEL 2.1) weiß man allerdings, dass phonologisches Priming durchaus vorkommt und sehr wirkungsvoll ist. Dass es in der beschriebenen Studie keinen Effekt hatte, stimmt gut mit Garretts Trennung von funktionaler und positionaler Verarbeitung überein (Garrett 1980): Während der Funktionszuweisung werden semantisch-syntaktische Wortrepräsentationen aus dem Lexikon abgerufen. Da auf dieser Ebene semantisch verwandte Worte eng miteinander verknüpft sind (→ KAPITEL 4.1), kann ein semantischer Prime ein Wort voraktivieren, das dann mit höherer Wahrscheinlichkeit eine syntaktisch prominentere Funktion erhält. Die Wortform spielt hier allerdings noch keine Rolle. Sie kann zwar durchaus durch phonologisches Priming voraktiviert werden, aber da das Verarbeitungssystem während dieser Verarbeitungsstufe nach aktivierten Wörtern auf der konzeptuellen Ebene und nicht auf der phonologischen Ebene sucht, bleibt diese Voraktivation wirkungslos. Ein Jahr später berichtete Bock jedoch, dass in ihrem Paradigma auch phonologische Primes einen Effekt haben, allerdings einen hemmenden, wenn sie am Wortanfang übereinstimmen, wie *Blick* und *Blitz* oder *Kirsche* und *Kirche* (Bock 1987). Diese Studie spricht dagegen, dass die syntaktische Verarbeitungsebene völlig undurchlässig für phonologische Einflüsse ist.

6.3 Trägheit syntaktischer Strukturen

Nicht immer spielen konzeptuelle oder lexikalische Zugänglichkeit eine Rolle bei der Funktionszuweisung. Manchmal verwendet ein Sprecher eine bestimmte Struktur auch deshalb, weil er sie bereits zuvor verwendet hat. Gerade im Dialog übernehmen Sprecher oft Wörter, aber auch Strukturen ihres Gesprächspartners. Auch dieses Phänomen wurde von Kay Bock experimentell untersucht (Bock 1986c): In einer als Gedächtnisexperiment getarnten Studie sahen ihre Probanden sowohl Sätze als auch Bilder. Die Sätze mussten sie laut vorlesen, die Bilder benennen. Von Zeit zu Zeit wurde ihnen ein Kontrollbild oder ein Kontrollsatz dargeboten, und sie mussten entscheiden, ob sie dieses Bild oder diesen Satz bereits gesehen hatten. Bock wollte wissen, welche Satzstrukturen ihre Probanden bei der Bildbenennung verwendeten. Ein Bild zeigte zum Beispiel einen schrillenden Wecker und einen Jungen, der aus dem Bett hochschreckt. Die kritische Frage war, ob die Probanden einen Aktivsatz (*der Wecker weckt den Jungen*) oder einen Passivsatz (*der Junge wird vom Wecker geweckt*) formulieren würden. Die Struktur der vorzulesenden Sätze, die den Bildern vorangingen, wurde systematisch manipuliert – sie waren zur Hälfte Aktivsätze und zur Hälfte Passivsätze, hatten aber inhaltlich nichts mit den Bildern zu tun. Dennoch beobachtete Bock, dass Sprecher häufiger Passivsätze für die Bildbeschreibung verwendeten, wenn sie vorher einen Passivsatz laut vorgelesen hatten. „Häufiger" bedeutet hier nicht „häufig": Sprecher verwenden in spontaner, gesprochener Sprache deutlich mehr Aktiv- als Passivsätze. Diese generelle Vorliebe kann man nicht in einem Experiment völlig umkehren. Dennoch hatte der Prime einen beobachtbaren Effekt. Diesen Effekt nennt man syntaktisches Priming.

Syntaktisches Priming tritt nicht nur bei Aktiv und Passiv auf, sondern auch bei anderen strukturellen Alternativen. Bock interpretierte diesen Effekt im Rahmen eines aktivationsbasierten syntaktischen Systems: Die grammatischen Regeln, die man zur Konstruktion einer bestimmten Satzstruktur benötigt, werden durch Gebrauch gestärkt oder aktiviert. Wenn man eine Regel vor kurzem angewendet hat, ist der Zugriff auf eben diese Regel bei einer weiteren Äußerung leichter und damit wahrscheinlicher als der Zugriff auf eine neue Regel.

Syntaktisches Priming ist erstaunlich langlebig – es überlebt bis zu zehn Füllsätze zwischen Prime und Zieläußerung. Darüber hinaus ist es nicht an eine Sprache gebunden: In einem Experiment mit englisch-deutschen Sprechern (Loebell/Bock 2003) trat syntaktisches Priming auch dann auf, wenn die Probanden Sätze auf Deutsch lasen und Bilder auf Englisch beschrieben und umgekehrt. Der Effekt ist nicht auf Laborsituationen begrenzt: Die Analyse eines Korpus von Telefongesprächen (Jäger/Snider 2007) hat ergeben, dass syntaktisches Priming auch in natürlichen Gesprächssituationen auftritt. Eine syntaktische Struktur wird umso häufiger verwendet, je häufiger sie bereits im bisherigen Gespräch vorgekommen ist. Das heißt, wenn die Gesprächspartner beispielsweise bereits viermal einen Passivsatz verwendet haben, ist die Wahrscheinlichkeit, dass ein neuer Satz als Passiv formuliert wird, höher, als wenn erst ein einziger Passivsatz im Gespräch vorgekommen ist.

Syntaktisches Priming ist auch bei anterograder Amnesie zu beobachten (Ferreira u. a. 2008). Patienten mit anterograder Amnesie können sich oft noch problemlos an Ereignisse erinnern, die vor ihrer Erkrankung stattfanden, aber es ist für sie schwer bis unmöglich, Neues zu behalten. Führt man mit solchen Patienten ein syntaktisches Priming-Experiment durch, so tritt auch hier Priming auf – obwohl die Patienten die Sätze, die sie gelesen haben, nicht mehr wiedererkennen, wenn man sie danach fragt.

Warum werden abstrakte syntaktische Strukturen in der Sprachproduktion wiederverwendet? Syntaktisches Priming beruht nicht auf einer bewussten stilistischen Entscheidung des Sprechers, und es ist nicht an spezifische Wörter gebunden. Wie gezeigt, laufen während der Sprachproduktion viele Prozesse parallel ab. Die Wiederverwendung einer syntaktischen Struktur kann den Arbeitsaufwand des Sprechers verringern – wenn eine Satzstruktur nicht neu formuliert werden muss, bleiben mehr Ressourcen dafür, ein Gespräch inhaltlich voranzubringen. Für diese Annahme spricht, dass syntaktisches Priming im Dialog besonders stark ist. Syntaktisches Priming im spontanen Gespräch tritt vor allem dann auf, wenn die Sprecher- und die Hörerrolle häufig wechseln und wenn das Thema kompliziert ist. Hat ein Sprecher (oder Autor) jedoch mehr Zeit für die Sprachplanung und mehr Kontrolle über den Sprachproduktionsprozess, so kommt es seltener zum ‚Recycling' einer syntaktischen Struktur.

6.4 Kongruenz

Innerhalb eines Satzes wird grammatische Zusammengehörigkeit mithilfe von Kongruenz (auch Konkordanz oder Agreement genannt) ausgedrückt. In Sprachen wie dem Deutschen ist ein Verb kongruent in Numerus und Person mit dem Subjekt des Satzes, ein Adjektiv ist kongruent in Numerus, Kasus und Genus mit dem Nomen, das es näher beschreibt. Ein Sprecher muss in seinen Äußerungen Kongruenz kodieren, das heißt, er muss passende Pronomen und Artikel verwenden und Wörter korrekt flektieren.

Psycholinguistische Studien zur Kongruenz in der Sprachproduktion beschäftigen sich vor allem mit der Wahl des korrekten Artikels oder mit der Verbflexion. Wie so oft sind auch hier Versprecher wieder aufschlussreich, um mehr über interne Verarbeitungsprozesse zu erfahren. Man hört (oder liest) manchmal Sätze wie *the time for fun and games are over*. In diesem Satz stimmt das Verb im Numerus nicht mit dem Subjekt überein. Stattdessen ist es mit der dichter bei ihm stehenden koordinierten Nominalphrase *fun and games* kongruent. Bock und Miller nannten dieses Phänomen *broken agreement* (Bock/Miller 1991) und diese Art von Versprechern *verb attraction errors*. Es ist ihnen gelungen, solche Fehler experimentell hervorzurufen. Für dieses Experiment haben sie Satzanfänge konstruiert, die ihre Probanden wiederholen und zu einem vollständigen Satz ergänzen sollten. Die Satzanfänge bestanden immer aus einem Subjekt und einer Modifikation des Subjekts, entweder durch eine Präpositionalphrase (z. B. *das Mädchen mit den Schwefelhölzern*) oder durch einen Relativsatz (z. B. *das Mädchen, das die großen Jungen ärgerte*). Die Nomen in der Präpositionalphrase oder dem Relativsatz heißen „lokale Nomen". Probanden verwendeten häufig ein Verb im Plural, wenn das lokale Nomen Plural war, obwohl das Subjekt selbst im Singular stand. Die grammatischen Eigenschaften eines eingeschobenen Satzes oder einer eingeschobenen Phrase können demnach die Berechnung der korrekten Verbflexion stören. Zahlreiche Folgestudien (teils aus Kay Bocks eigenem Labor, teils von anderen Forschern) haben gezeigt, dass die Rate der Kongruenzfehler in Abhängigkeit von syntaktischen und semantischen Eigenschaften der verwendeten Nomen variiert. Die semantischen Einflüsse zeigen, dass die syntaktische Verarbeitung teilweise für Informationen anderer Repräsentationsebenen durchlässig ist.

Gabriella Vigliocco und Julie Franck haben vergleichbare Untersuchungen zur Genuskongruenz durchgeführt (Vigliocco / Franck 1999). In Sprachen wie dem Italienischen muss ein Adjektiv als Prädikativ in Numerus und Genus mit seinem Bezugsnomen übereinstimmen, also

4. *il magico e rosso* (*der Zauberer ist rot*)
5. *la magica e rossa* (*die Zauberin ist rot*)

Auch Vigliocco und Franck präsentierten ihren Probanden Satzanfänge aus Subjektnomen und lokalem Nomen. Die Probanden mussten die Satzanfänge wiederholen und mit einem Prädikat der Form *ist rot* ergänzen. Wenn das lokale Nomen ein anderes Genus hatte als das Subjekt, traten auch hier Kongruenzfehler auf. Die Fehlerrate war jedoch abhängig davon, ob das Subjekt auch ein natürliches Genus besaß.

6. *il magico*(mask) *della casa*(fem) (*der Zauberer des Hauses*)
7. *lo sgabuzzino*(mask) *della casa*(fem) (*der Wandschrank des Hauses*)

Ein Satzbeginn wie 6. führte zu weniger Fehlern als ein Satzbeginn wie 7. Das heißt, bei einem Subjekt mit sowohl grammatischem als auch natürlichem Genus war die Subjekt-Prädikativ-Kongruenz weniger fehleranfällig. Auch dieses Resultat legt nahe, dass die syntaktische Verarbeitung nicht gänzlich unabhängig von der Semantik erfolgt.

Auch die Produktion eines definiten oder indefiniten Artikels hängt im Deutschen von Numerus, Genus und Kasus seines Bezugsnomens ab. Eine wegweisende Studie zur Produktion von genusmarkierten Artikeln stammt von Herbert Schriefers (Schriefers 1993). Er verwendete in einem (auf Niederländisch durchgeführten) Experiment das sogenannte Bild-Wort-Interferenz-Paradigma (→ KAPITEL 2.1). Die Bilder waren farbige Linienzeichnungen, die mit einem Artikel, der Farbe und dem Nomen benannt werden mussten, zum Beispiel *der blaue Hund*. Das visuell dargebotene Distraktorwort konnte entweder das gleiche Genus haben wie das Zielwort (z. B. *Mantel*) oder ein anderes Genus (z. B. *Jacke*). Ein Sprecher benötigte länger dafür, seine Äußerung zu initiieren, wenn Zielwort und Distraktor unterschiedliches grammatisches Genus hatten, als wenn sie das gleiche grammatische Genus hatten. Daraus folgerte Schriefers, dass der Distraktor sein grammatisches Genus im mentalen Lexikon aktiviert. Genus ist als abstrakter Knoten repräsentiert, mit dem alle Nomina eines Genus verbunden sind (→ KAPITEL 4.3). Auch das Zielwort aktiviert seinen Genusknoten. Ist nur ein Knoten aktiv (da Distraktor und Zielwort denselben Knoten aktiviert haben), ist die Wahl einfach. Stehen jedoch zwei aktivierte Knoten zur Auswahl, muss zunächst die korrekte Alternative gewählt werden. Dies kostet Zeit, die sich in den Reaktionszeiten der Sprecher niederschlägt. Dieser sogenannte Genus-Interferenz-Effekt tritt nicht auf, wenn ein Sprecher nur das Nomen ohne Artikel produziert, der Zugriff auf ein genusmarkiertes Element ist also erforderlich, um den Effekt zu beobachten (La Heij u. a. 1998). In der Literatur wird diskutiert, ob tatsächlich abstrakte Genusknoten oder vielleicht eher konkrete Artikelformen miteinander um die Selektion konkurrieren. Der ‚Lackmus-Test‘ ist hierbei das Auftreten bzw. Nichtauftreten von Genus-Interferenz bei der Produktion von flektierten Adjektiven (z. B. *blauer Hund*), hierzu gibt es allerdings widersprüchliche Befunde.

Genus-Interferenz-Effekt

Schriefers und Kollegen haben auch die Produktion von Singular- und Pluralartikeln untersucht (Schriefers u. a. 2002). Dabei nutzten sie die Tatsache, dass es im Deutschen drei unterschiedliche Singularartikel gibt (*der/die/das*), jedoch nur einen Pluralartikel (*die*), der noch dazu mit der Form des Singular Femininum identisch ist. Probanden sollten Bilder von Objekten im Singular oder im Plural benennen und dabei den korrekten Artikel mitproduzieren. Sie benötigten messbar länger dafür, den Plural von maskulinen oder neutralen Nomen mit Artikel zu produzieren als den entsprechenden Singular (z. B. dauert die Produktion von *die Hunde* und *die Lämmer* länger als die Produktion von *der Hund* und *das Lamm*). Ein solcher Unterschied trat nicht auf, wenn man Singular und Plural von femininen Nomen miteinander verglich (z. B. dauert die Produktion von *die Ziegen* und *die Ziege* in etwa gleich lang). Der Effekt trat nur dann auf, wenn Probanden die Phrasen mit Artikel produzierten. Diese Experimente legen nahe, dass bei der Produktion des Plurals der Singular automatisch mitaktiviert ist. Muss der Sprecher einen Artikel wählen, so aktivieren sowohl die Singular- als auch die Pluralform ihren entsprechenden Artikel. Konvergieren diese Artikel auf dieselbe Form, erfolgt die Selektion des Artikels schnell, stehen jedoch zwei aktivierte Formen zur Verfügung, so dauert die Selektion der korrekten Form länger.

Determinierer-Selektion

Die Studien zur Kongruenz zeigen, dass die Prozesse des Sprachproduktionssystems sehr präzise aufeinander abgestimmt sein müssen, da innerhalb kürzester Zeit eine hierarchische Satzstruktur konstruiert wird, aus dieser die lineare Wortreihenfolge abgeleitet wird und gleichzeitig sowohl Inhalts- als auch Funktionswörter aus dem mentalen Lexikon abgerufen werden, die teilweise sogar noch miteinander um die Selektion konkurrieren.

Fragen und Anregungen

- Geben Sie in Ihren eigenen Worten den Unterschied zwischen funktionaler und positionaler Enkodierung wieder.

- In → KAPITEL 4 wurde der Versprecher *Du solltest auf deine Achtung halten* (statt: *Du solltest auf deine Haltung achten*) besprochen. Wie kann man diesen Versprecher mit Merill Garretts Modell erklären?

- Informationsstrukturell gesprochen, wird gegebene Information (Thema) oft als Subjekt realisiert, neue Information (Rhema) dagegen als Teil des Prädikats. Kann man dies auch mit den Prinzipien der konzeptuellen bzw. lexikalischen Zugänglichkeit erklären?

- Begründen Sie, warum syntaktisches Priming besonders gut hervorzurufen ist, wenn man sich in einer Dialogsituation befindet.

Lektüreempfehlungen

- J. Kathryn Bock / Willem J. M. Levelt: **Language Production. Grammatical Encoding**, in: Morton A. Gernsbacher (Hg.), Handbook of Psycholinguistics, San Diego 1994, S. 945–984. *Alle Teilprozesse der grammatischen Enkodierung werden anhand einer Beispieläußerung vorgeführt.*

- Merrill F. Garrett: **Levels of Processing in Sentence Production**, in: Brian Butterworth (Hg.), Language Production. Vol. 1: Speech and Talk, London 1980, S. 177–220. *Ein Klassiker, auf dem fast alle späteren Modelle der Sprachproduktion aufbauen; allerdings schwer zu lesen.*

- Jürgen Tesak: **Einführung in die Aphasiologie**, Stuttgart 2006. *Kapitel 4 bietet eine leicht verständliche Erläuterung von Garretts Modell.*

7 Sprachverarbeitung

Heiner Drenhaus

Abbildung 10: Auf dem Holzweg

Ein Junge beim Spaziergang durch einen Wald: Er schlägt einen Pfad ein, der ihn vom eigentlichen Waldweg wegführt und schließlich im tiefen Wald enden wird. Der Junge hat einen Holzweg eingeschlagen, der ihn zu keinem Ziel führen wird. Er wird also irgendwann erkennen, dass es auf diesem Weg nicht weitergeht, und er wird umkehren. Holzwege werden temporär oder dauerhaft angelegt, um den Wald bewirtschaften zu können. Im Vergleich zu normalen Waldwegen enden sie aber mitten im Wald und können einen Spaziergänger in die Irre führen. Im Sprachgebrauch benutzen wir häufig den Ausdruck „Er ist auf dem Holzweg", wenn wir deutlich machen wollen, dass jemand im Irrtum ist – also fehlgeht. Das Fehlgehen ist nicht nur ein Phänomen des Spaziergängers, es spielt auch bei der Erforschung der Sprachverarbeitung eine zentrale Rolle.

Wenn wir Sprache hören oder einen Text lesen, machen wir uns keine Gedanken darüber, welche Prozesse nötig sind, um die Sprachinformation zu verarbeiten. Im Durchschnitt beträgt die Sprechgeschwindigkeit drei Wörter pro Sekunde, dies entspricht 180 Wörtern pro Minute. Die Verarbeitung dieser Informationsmenge muss direkt online also ohne Verzögerung erfolgen, da es sonst nicht möglich wäre z. B. eine Nachrichtensendung zu verstehen. William Marslen-Wilson (1973; 1975) konnte zeigen, dass Sprache weitgehend inkrementell verarbeitet wird – d. h. der Verarbeitungsapparat fügt jedes gehörte oder gelesene Wort direkt in eine zuvor aufgebaute syntaktische Struktur ein. Dies belegen Studien, die „Holzwegsätze" untersucht haben, also mehrdeutige Strukturen (wie *Paula besuchte ihren Onkel und ihre Tante eine Freundin*), in denen zu einem Zeitpunkt im Satz erkannt wird (hier bei *eine Freundin*), dass eine falsche Analyse verfolgt wurde und dass eine andere Struktur aufgebaut werden muss. Interaktive Sprachverarbeitungstheorien gehen davon aus, dass die gesamte relevante Information sofort genutzt werden kann, während modulare Ansätze davon ausgehen, dass zunächst nur ein Teil dieser Information verfügbar ist; in wieder anderen Ansätzen wird die Informationsspeicherung während der Sprachverarbeitung einbezogen

7.1 Modulare Ansätze

7.2 Ambiguitäten: leichte und schwere Reanalyse

7.3 Nicht-Modulare Ansätze

7.4 Informationsspeicher (Arbeitsgedächtnis) und Verarbeitung

7.1 Modulare Ansätze

Modulare Ansätze der Sprachverarbeitung gehen davon aus, dass im menschlichen Gehirn distinkte kognitive Module existieren, die ihre Arbeit weitgehend autonom ausführen (→ KAPITEL 1.2). Der Sprachverarbeitungsprozess lässt sich so in verschiedene funktionale Ebenen unterteilen, wobei der Informationsfluss zwischen den einzelnen Ebenen nur in einer Richtung verläuft. Hierbei ist der Begriff der Informationsabkapselung zentral: Eine höhere Ebene kann eine Zwischenrepräsentation einer tieferen Ebene nicht beeinflussen. Dies bedeutet für die Satzverarbeitung, dass die syntaktische Analyse nicht von anderen Analysen, z. B. der prosodischen Struktur oder der Informationsstruktur, unterstützt werden kann.

In der Forschung zur Sprachverarbeitung hat dies zu der Frage geführt, ob syntaktische Prozesse zum Beispiel von der semantischen Verarbeitung abtrennbar sind. Zur Klärung dieser Frage ist die Untersuchung der Verarbeitung von Sätzen mit strukturellen Mehrdeutigkeiten (Ambiguitäten) von besonderem Interesse. Diese Ambiguitäten können entweder global sein, d. h. sie werden innerhalb des Satzes nicht aufgelöst, oder lokal, d. h. innerhalb des Satzes findet sich zu einem späteren Zeitpunkt eine Information, die die Mehrdeutigkeit auflöst.

   1. *Marc belegt die Pizza mit der Salami.*

Der Beispielsatz 1 ist global ambig: ihm können zwei unterschiedliche syntaktische Strukturen zugewiesen werden und er lässt somit zwei Interpretationsmöglichkeiten oder Lesarten zu. Zum einen kann die Präpositionalphrase (PP) *mit der Salami* als zugehörig zum Objekt *die Pizza* analysiert werden (in diesem Fall ist die Pizza bereits mit Salami belegt und wird von Marc zusätzlich noch mit etwas anderem belegt), oder aber als zugehörig zum Verb bzw. der Verbalphrase (in diesem Fall wird die Pizza von Marc mit Salami belegt). Ohne zusätzliche Information ist es für den syntaktischen Verarbeitungsapparat – der in der Literatur als Parser bezeichnet wird – nicht möglich sich für die eine oder die andere Analyse zu entscheiden.

   2. *Die Frau sieht den Jäger mit dem Gewehr.*

Beispiel 2 zeigt einen Satz, der lokal ambig ist. Hier wird die Mehrdeutigkeit durch die Nominalphrase (NP) *dem Gewehr* aufgelöst, da deren semantische Eigenschaften in Verbindung mit der Semantik des Verbs nur eine Analyse der Präpositionalphrase als Attribut zum Objekt *den Jäger* zulassen. Es entsteht also nur eine mögliche syntak-

Syntaktische Prozesse

Globale Ambiguität

Lokale Ambiguität

tische Struktur: der Satz wird disambiguiert; d. h. der Satz erhält eine eindeutige Lesart.

Ähnlich verhält es sich in 3a und 3b, wobei hier nicht eine semantische sondern eine morphosyntaktische Eigenschaft die Sätze disambiguiert. Hier ist die Numerusinformation am Verb der Disambiguierungspunkt, denn sie liefert die nötige Information, den Relativsatz eindeutig als Subjekt- oder Objektrelativsatz zu verarbeiten.

3a. *Die Frauen, die die Sängerin bejubelte, ...*

3b. *Die Frauen, die die Sängerin bejubelten, ...*

Eines der prominentesten modularen Verarbeitungsmodelle, welches die Auflösung von syntaktischen Ambiguitäten beschreibt, ist das Garden-Path Modell (Frazier 1987). Die Grundannahme ist, dass der Verarbeitungsapparat in ambigen Sätzen zunächst nur Informationen der syntaktischen Struktur benutzt. Ein zu verarbeitendes Wort wird sofort in eine syntaktische Struktur eingefügt. Dieser initiale Strukturaufbau wird als First Pass Parsing bezeichnet. Andere nicht-strukturelle Informationen wie z. B. Semantik, Kontext oder Frequenz spielen erst in einem späteren Verarbeitungsschritt eine Rolle.

Sollte die initiale Analyse aufgrund von Informationen, die zu einem späteren Zeitpunkt zugänglich werden, zu Widersprüchen führen, muss eine Reanalyse stattfinden (→ KAPITEL 7.2). Hat der initiale Strukturaufbau also in eine Sackgasse geführt (bzw. der Parser war auf dem Holzweg, englisch: *garden path*), muss die alte Struktur zugunsten einer neuen Struktur verworfen werden. Den Aufwand, den eine Reanalyse auslöst – der sogenannte Garden-Path Effekt –, lässt sich in Experimenten nachweisen, die sich z. B. der Methode des selbstgesteuerten Lesens bedienen und am Punkt der Disambiguierung höhere Lesezeiten zeigen. So verursacht ein Satz wie 4a einen starken Garden-Path Effekt, während 4b ohne größere Probleme verarbeitet werden kann.

4a. *Paul berichtete, dass Klaus zugunsten von Petra nie etwas unternommen worden wäre.*

4b. *Paul berichtete, dass Klaus zugunsten von Petra nie etwas unternommen hat.*

Die lokale Ambiguität in 4a und 4b tritt bei *zugunsten von* auf. Es stehen zwei mögliche syntaktische Strukturen zur Auswahl. Entweder kann *zugunsten von* als Präposition (wie in 4b) oder *zugunsten* als Postposition zu *Klaus* (wie in 4a) analysiert werden. Die Analyse als Präposition erscheint intuitiv einfacher. Entsprechend zeigen Ver-

Garden-Path Modell

First Pass Parsing

suchspersonen längere Lesezeiten und damit einen starken Garden-Path Effekt auf den Disambiguierungspunkt *worden wäre* (Bader 1996).

Das Garden-Path Modell nimmt verschiedene Prinzipien an, die das Vorgehen des Parsers bei der Auflösung von lokalen Ambiguitäten erklären sollen. Lyn Frazier und Keith Rayner zeigten unter anderem mittels Lesezeitstudien, dass Probanden, die einen Satz wie in 5 lasen, eine deutliche Leseverlangsamung auf der Präpositionalphrase *by the student* zeigten, was auf erhöhte Verarbeitungsschwierigkeiten hindeutet.

> 5. *The author read by the student was very hard to understand.*

Um dieses Ergebnis erklären zu können, führten die Forscher ein Prinzip ein, dass wir indirekt schon kennen gelernt haben. Es wird als Minimal Attachment bezeichnet und besagt, dass der Parser das nächste Wort so in die Struktur einfügen muss, dass die einfachste Struktur aufgebaut wird.

> „Minimal Attachment Attach incoming material into the phrase-marker being constructed using the fewest nodes consistent with the well-formedness rules of the language." (Frazier/Rayner 1982)

Das Beispiel 5 enthält eine lokale Ambiguität auf dem Verb *read*: Entweder kann das Verb Teil eines reduzierten Relativsatzes sein – also ein Partizip Perfekt (wie in 6a) – oder aber das Verb ist Teil des Hauptsatzes und damit ein Verb im Imperfekt (wie in 6b).

> 6a. [$_S$ [$_{NP}$ [$_{NP}$ *The author*] [$_S$ *read by the student*]] [$_{VP}$ *was very hard to understand*]].

> 6b. *[$_S$ [$_{NP}$ *The author*] [$_{VP}$ *read* [$_{PP}$ *by* [$_{NP}$ *the student*]]]]

Wie zu erkennen ist, enthält die Struktur in 6b weniger Verzweigungen als die Analyse für den reduzierten Relativsatz in 6a. Der Parser wählt nun die einfachere Hauptsatzanalyse aus 6b. Es zeigt sich jedoch mit der nächsten Phrase (*by the student*), dass eine solche Analyse inkonsistent ist, da der Parser die Phrase nicht in die Struktur integrieren kann. Der Parser war also auf dem Holzweg. Er muss die zuvor gemachten Annahmen revidieren und eine Reanalyse vornehmen.

Mithilfe des Prinzips des Minimal Attachment lassen sich solche Verarbeitungsschwierigkeiten beschreiben und erklären. Was unternimmt jedoch der Parser, wenn die Analyse einer ambigen Struktur zu zwei Strukturen führt, die die gleiche Anzahl von Verzweigungen hat?

Zur Lösung dieses Problems wurde das Late Closure Prinzip vorgeschlagen. Es besagt, dass neu eingelesenes Material sofort in die

Prinzipien des
Garden-Path Modells

Minimal Attachment

Late Closure gegenwärtig verarbeitete Phrase integriert wird und nicht an eine andere Phrase angehängt wird, die bereits verarbeitet wurde. Mit anderen Worten: der Parser hält eine Phrase möglichst lange offen und schließt ihren Aufbau so spät wie möglich, um sich so die Möglichkeit zu erhalten, neues Material zu integrieren. Material, welches in einer Phrase steht, deren Verarbeitung schon abgeschlossen wurde, ist dem First Pass Parsing nicht mehr zugänglich. So macht Late Closure die Vorhersage, dass eine Präferenz besteht, den Relativsatz in 7 eher an die Nominalphrase *die Wurst* anzuhängen (Low Attachment) als an die höhere Nominalphrase *die Suppe* (High Attachment).

Präferenz

7. *Die Suppe mit der Wurst, die versalzen war, hat der Koch anbrennen lassen.*

Vertreter des Garden-Path Modells haben in verschiedenen Studien Evidenz gefunden, dass Garden-Path Effekte durch die Prinzipien Minimal Attachment und Late Closure vorhergesagt werden können.

Neben dem Garden-Path Modell sind andere Modelle vorgeschlagen worden, die ebenso davon ausgehen, dass der Parser zunächst nicht alle möglichen Information nutzt (Crocker 1995; Schütze / Gibson 1999).

7.2 Ambiguitäten: leichte und schwere Reanalyse

Mit Blick auf das klassische Garden-Path Modell stellt sich die Frage, was eigentlich geschieht, wenn der Parser feststellt, dass am Disambiguierungspunkt Verarbeitungsschwierigkeiten auftreten, dass also die initiale Analyse falsch war und eine Reanalyse erfolgen muss. Interessanterweise zeigt sich, dass nicht jede (lokale) Ambiguität zu gleichen Verarbeitungsproblemen führt.

Verarbeitungsschwierigkeiten

8a. *Paul wusste die Antwort nicht.*

8b. *Paul wusste die Antwort ist richtig.*

In 8a und 8b handelt es sich um Strukturen mit einer lokalen Ambiguität. In 8a ist die Nominalphrase *die Antwort* Satzobjekt, während *die Antwort* in 8b Subjekt des eingebetteten Satzes ist. Im Vergleich zu Sätzen wie 9 empfinden wir hier subjektiv aber so gut wie keine Verarbeitungsschwierigkeiten, obwohl auch hier in Studien erhöhte Lesezeiten am Punkt der Disambiguierung festgestellt wurden.

9. *Columbus Frau glaubt, dass der Entdecker von Amerika erst im Jahre 1829 erfahren hat.*

Es handelt sich in 8a und 8b um Sätze mit einem sehr leichten (und darum kaum wahrgenommenen) Garden-Path Effekt. In 9 hingegen fällt die Analyse schwerer, da der Leser dazu tendiert die Sequenz *der Entdecker von Amerika* gemäß den beschriebenen Prinzipien als eine Phrase und damit als komplexes Subjekt zu interpretieren (also: als Christoph Columbus). Am Disambiguierungspunkt *erfahren hat* muss eine Reanalyse stattfinden, da das Verb ein Objekt fordert; *der Entdecker* muss nun als Subjekt und *von Amerika* als Objekt reanalysiert werden.

Garden-Path Effekte in Sätzen wie 9 sprechen für eine serielle Verarbeitung. Der Parser entscheidet sich sofort für eine einzige syntaktische Struktur, auch wenn er Gefahr läuft, einer fehlerhaften Analyse zu folgen. Nun findet sich in 8 aber nur ein sehr milder Garden-Path Effekt, was zur Annahme führt, dass es neben der seriellen Verarbeitung auch noch eine parallele oder eine verzögerte Arbeitsweise des Parsers geben muss. Parallele Verarbeitung bedeutet, dass der Parser alle möglichen syntaktischen Analysen und damit Strukturen parallel berechnet, wobei die Entscheidung, welche Analyse gewählt wird, durch die hohe Rechenbelastung verzögert wird. Verzögerte Verarbeitung sagt aus, dass der Parser, solange keine eindeutige Entscheidung möglich ist, die Berechnung einer Struktur unterbricht, bis zusätzliche Informationen zur Verfügung stehen: Der Parser verfolgt zwar eine Analyse, verzögert aber die Entscheidung für eine spezifische Analyse.

Verarbeitungsarten

Sprachverarbeitungsmodelle versuchen zu erklären, warum in manchen Fällen eine Reanalyse schwerer ist, d. h. höhere Verarbeitungskosten erzeugt, als in anderen (Gorrell 1995) und wie die Kosten der Reanalyse mit unterschiedlichen Faktoren interagieren. So konnte ein Team von amerikanischen Forschern zeigen, dass im Satz 10b höhere Verarbeitungskosten für die Phrase *the famous doctor* entstehen als in 10a, obwohl die Forscher ihr Testmaterial auf Faktoren wie z. B. Worthäufigkeit (Frequenz) kontrolliert hatten (Sturt u. a. 1999).

Schwere der
Reanalyse

10a. *The Australian woman saw the famous doctor had been drinking quite a lot.*

10b. *Before the woman visited the famous doctor had been drinking quite a lot.*

Der Parser muss die hierarchischen Beziehungen der Struktur in 10b verändern, nicht aber in 10a, da das Verb *visited* in 10b als intransitiv reanalysiert werden muss. In anderen Studien konnte gezeigt werden, dass auch die Länge einer ambigen Phrase bzw. der Abstand zwischen der ambigen Region und dem Disambiguierungspunkt einen Einfluss auf die Reanalysekosten hat (Ferreira/Henderson 1991). So entsteht bei beiden Sätzen 11a und 11b beim Auxiliar *was* ein Garden-Path Effekt, da die Nominalphrase *the town* zunächst präferiert als Objekt des Verbs *invaded* analysiert wird – eine Analyse, die sich mit dem Hilfsverb als falsch erweist. Die Reanalyse von 11b zeigt gegenüber der von 11a jedoch einen erhöhten Kostenaufwand, weil die beiden kritischen Regionen im Satz weiter voneinander entfernt sind.

11a. *After the Martians invaded the town was evacuated.*

11b. *After the Martians invaded the town that the city bordered was evacuated.*

7.3 Nicht-Modulare Ansätze

Das Gegenstück zu modularen Ansätzen bilden interaktive Ansätze der Sprachverarbeitung. Es kann hier nur ein grober Überblick über einige der Grundannahmen gegeben werden, da die einzelnen Ansätze, die in der Klasse der interaktiven Modelle zusammengefasst werden, stark variieren. Interaktive Modelle, die auch als Constraint-Based Theories bezeichnet werden, nehmen im Unterschied zu modularen Ansätzen an, dass der Parser sofort Informationsquellen wie Semantik, Kontext oder die Frequenz einer syntaktischen Struktur in die Verarbeitung mit einbezieht (Trueswell u. a. 1994). Im Gegensatz zu modularen Ansätzen nehmen die meisten interaktiven Ansätze außerdem an, dass zunächst nicht nur eine einzige syntaktische Struktur verfolgt wird. Das bedeutet, dass alle syntaktischen Analysealternativen parallel aktiviert sind, wobei die Analyse, die am meisten durch Zusatzinformationen (beispielsweise Semantik, Kontext, Frequenz) unterstützt wird, am stärksten aktiviert ist. Konsequenterweise wird die Analyse mit der höchsten Aktivierung geringe Verarbeitungskosten verursachen. Sollten jedoch zwei Alternativen existieren, die die gleiche oder eine ähnliche Aktivierungsstärke besitzen, entsteht ein Wettbewerb zwischen den Alternativen, welcher sich in höheren Verarbeitungskosten niederschlägt. Aus der Annahme einer parallelen Aktivierung aller Analysemöglichkeiten folgt, dass es in interaktiven Ansätzen keine Reanalyse gibt. Alternativen werden aktiviert, sobald eine Ambiguität auftritt, die Disambiguierung verlangt nicht die Berechnung einer neuen Struktur.

Die meisten interaktiven Modelle sind lexikalistisch, d. h. sie gehen davon aus, dass lexikalische Informationen, die mit den Phrasenköpfen verknüpft sind, die entscheidende Rolle beim Parsing spielen. Der Lexikoneintrag eines Verbs enthält demnach Informationen, mit welcher Häufigkeit es mit bestimmten Ergänzungen auftritt. Diese Informationen werden während der Verarbeitung genutzt, um syntaktische Ambiguitäten aufzulösen bzw. Verarbeitungspräferenzen zu erklären. Mittels einer Fragebogenstudie konnte etwa gezeigt werden, dass Probanden eine Präpositionalphrase wie *for Susan* in Satz 12a häufiger als Argument des Verbs analysierten, als sie an die Nominalphrase *the book* anzuhängen (Ford u. a. 1982).

12a. *Joe bought the book for Susan.*

12b. *Joe included the book for Susan.*

Die Anbindungspräferenz kehrte sich jedoch um, wenn das Verb *bought* durch *include* ausgetauscht wurde (12b). Die Präferenz für die eine oder andere Lesart wurde auf die Valenz der individuellen Verben zurückgeführt (eine dreistellige Lesart bei dem Verb *to buy*: jemand kauft etwas für jemanden, und eine zweistellige Lesart bei dem Verb *to include*: jemand bezieht etwas mit ein). Es wurde daraus geschlossen, dass wortspezifische Eigenschaften (hier des Verbs) Anbindungspräferenz kontrollieren.

Eine wichtige Rolle bei der Überprüfung von interaktiven Modellen spielt der Einfluss semantischer Information auf die syntaktische Analyse. Der Grundannahme folgend, dass alle möglichen Informationsquellen bei der Satzverarbeitung sofort zu Verfügung stehen, sollten semantische Informationen die syntaktische Analyse direkt beeinflussen. Wie in vielen Studien gezeigt wurde, bevorzugen Versuchspersonen eine Hauptsatzanalyse gegenüber einer reduzierten Relativsatzanalyse (→ KAPITEL 7.1, Beispiel 6b vs. 6a). Wie verhält sich aber der Parser, wenn semantische Informationen wie Belebtheit die Hauptsatzanalyse ausschließen?

13a. *The author read by the student was very hard to understand.*

13b. *The book read by the student was very hard to understand.*

Das Verb *read* kann sowohl mit einem belebten als auch mit einem unbelebten Patiens auftreten, es ist jedoch sehr unwahrscheinlich, dass es mit einem unbelebten Agens gebraucht wird. So sollte, wenn die Annahmen interaktiver Modelle zutreffen, die Belebtheitsinformation ausreichend sein, um die Hauptsatzanalyse in 13b auszuschließen. Mit anderen Worten, 13b sollte einfacher zu verarbeiten sein als 13a. Blickbewegungsstudien zeigten jedoch keinen Unterschied in den Lesezeiten zwischen den beiden Sätzen, was darauf hindeutet, dass die zusätzliche semantische Information keinen Einfluss hatte (Ferreira / Clifton 1986). In einer späteren Studie, die mehr Untersuchungsmaterial und eine differenziertere Analyse der Blickbewe-

Verarbeitungs-
präferenzen

Semantische
Information

Belebtheit

gungsdaten einbezog, konnte im Gegensatz dazu jedoch durchaus ein Einfluss der Belebtheitsinformation festgestellt werden (Clifton u. a. 2003). Andere Studien zeigten, dass semantische Information nur einen schwachen Effekt auf die initiale Satzverarbeitung hat. In einer Studie, die mittels ereigniskorrelierter Potenziale (EKPs → KAPITEL 2.2) den Einfluss von semantischer Information auf syntaktische Prozesse untersuchte, wurde gezeigt, dass die syntaktische Verarbeitung die semantische Interpretation beeinflusst, wohingegen die semantische Interpretation keinen Einfluss auf die syntaktische Verarbeitung hat (→ KAPITEL 8.3). Dieses Ergebnis passt zu der Annahme, dass die semantische Verarbeitung der syntaktischen Verarbeitung folgt und spricht eher für ein modulares Modell der Satzverarbeitung.

Neben wortspezifischen Eigenschaften hat nach den Annahmen interaktiver Modelle auch die Frequenz einer syntaktischen Struktur einen Einfluss auf die initiale Verarbeitung (z. B. Mitchell u. a. 1995). Ein viel diskutiertes Beispiel hierfür sind unterschiedliche Anbindungspräferenzen von Relativsätzen in verschiedenen Sprachen.

14a. *The journalist interviewed the father of the colonel who had the accident.*

14b. *El periodista entrevisto al padre del coronel que tuvo el accident.*

14c. *Der Journalist interviewte den Vater des Oberst, der den Unfall hatte.*

In allen drei Beispielsätzen ist es möglich, den Relativsatz entweder mit dem Vater (High Attachment) oder mit dem Oberst (Low Attachment) zu verbinden. Ältere Studien haben gezeigt, dass englische Probanden den Relativsatz in 14a entsprechend des Low Attachment anbinden, während Sprecher des Spanischen oder Deutschen in 14b bzw. 14c eine Präferenz für High Attachment zeigten. Der Unterschied wurde dadurch erklärt, dass im Spanischen und im Deutschen das hohe Anbinden von Relativsätzen häufiger ist, während im Englischen eine tiefe Anbindung vorherrscht. Solche Unterschiede zwischen Sprachen stellen ein Problem für das Garden-Path Modell dar, da das Prinzip Late Closure die Vorhersage macht, dass Low Attachment über alle Sprachen hinweg präferiert werden müsste. Diese Diskrepanz hat zu der Annahme geführt, dass nicht-strukturelle – also über die Syntax hinausgehende – Information lediglich bei der Verarbeitung von bestimmten (vor allem Nicht-Argument-)Phrasen zugänglich ist (Frazier / Clifton 1996).

Auch der sprachliche Kontext ist ein Faktor, der nach interaktiven Modellen die Verarbeitung beeinflusst. Es hat sich gezeigt, dass einige Verarbeitungseffekte nur beobachtet werden können, wenn man Sätze ohne Kontext präsentiert, dass sie sich aber verschieben, wenn der Kontext sich ändert. Das belegen etwa Blickbewegungs-Experimente mit den folgenden Sätzen:

Isolierte Sätze

   15a. *The burglar blew open the safe with the dynamite and made off with the loot.*

   15b. *The burglar blew open the safe with the new lock and made off with the loot.*

Die Probanden zeigen eine starke Präferenz, die Präpositionalphrase *with the dynamite* (in 15a) / *with the new lock* (in 15b) an die Verbalphrase (VP) *blew open* anzubinden, wenn ihnen die Sätze isoliert präsentiert wurden. Diese Ergebnisse änderten sich jedoch, wenn die Sätze von einem Kontext wie A oder B eingeleitet wurden:

Sätze mit Kontext

Kontext A:

A burglar broke into a bank carrying some dynamite. He planned to blow open a safe. Once inside he saw that there was a safe which had a new lock and a strongbox which had an old lock.

Kontext B:

A burglar broke into a bank carrying some dynamite. He planned to blow open a safe. Once inside he saw that there was a safe which had a new lock and a safe which had an old lock.

Nach dem einleitenden Kontext A, in dem nur auf einen Geldschrank referiert wird, benötigten die Versuchspersonen mehr Zeit, um die Präpositionalphrase *with the new lock* in 15b zu lesen, als nach Kontext B, in dem auf zwei Geldschränke referiert wird. Nach Kontext B erhöhte sich dagegen im Vergleich zu Kontext A die Lesezeit auf der Präpositionalphrase *with the dynamite* in 15a. In Kontext A ist die Nominalphrase *the safe with the new lock* unnötig spezifisch, da nur ein Geldschrank vorerwähnt ist. Es wird daher in 15b keine zusätzliche Information benötigt, um den Referenten der Nominalphrase zu identifizieren, was zu einer Anbindung der Präpositionalphrase an die Verbalphrase führt. In Kontext B entsteht dagegen ein Problem, weil zwei mögliche Referenten für die Nominalphrase *the safe* zur Verfügung stehen *(safe with new lock / safe with old lock)*, sodass eine nähere Spezifizierung erwartet wird, die in 15a allerdings ausbleibt; die Erwartung führt dennoch zunächst zu einer präferierten Anbindung der Präpositionalphrase an die Nominalphrase, die im weiteren Satzverlauf reanalysiert werden muss (Altmann / Steedman 1988).

In vielen Studien konnte der Einfluss von Kontext auf die initiale Satzverarbeitung nachgewiesen werden. Allerdings wurde dabei auch beobachtet, dass Verarbeitungspräferenzen, die ohne Kontext gefunden wurden, nicht immer völlig unterdrückt bzw. überschrieben werden können. Für modulare Ansätze stellt der Einfluss von Kontext ein Problem dar. Sollte die Kontextinformation erst nach der initialen Verarbeitung zur Geltung kommen, müsste dies zu einem Zeitpunkt geschehen, der eine extrem geringe Verzögerung aufweist und deshalb mit Lesezeiten oder anderen Untersuchungsmethoden nicht detektierbar ist.

→ KAPITEL 8 zeigt den Einfluss von Kontext auf die Satzverarbeitung mit der Messung ereigniskorrelierter Hirnpotenziale als Versuchsverfahren (→ KAPITEL 2).

7.4 Informationsspeicher (Arbeitsgedächtnis) und Verarbeitung

Eine andere Richtung als Ansätze, die die Sprachverarbeitung entweder als einen modularen oder als einen interaktiven Prozess beschreiben, beschreiten Ansätze, die die Rolle des Arbeitsgedächtnisses – also die Informationsspeicherung während der Sprachverarbeitung – einbeziehen. Hierbei sind folgende Fragen zentral: Welche Rolle spielt die Kapazität des Arbeitsgedächtnisses, wenn ein Satz verarbeitet wird? Stellt das Arbeitsgedächtnis eher ein unspezifisches Speichersystem dar, besteht es also nur aus einer domänenübergreifenden Komponente, oder lassen sich spezialisierte Subkomponenten nachweisen?

Marcel Just und Patricia Carpenter schlugen vor, dass alle linguistischen Prozesse auf die gleichen Speicherressourcen zugreifen (Just/Carpenter 1992). Die Forscher argumentierten, dass sobald die Speicherkapazität überschritten wird eine Verlangsamung der Verarbeitung eintritt bzw. Sprachinformation nicht mehr im Speicher gehalten werden kann, was Fehler und/oder Schwierigkeiten bei der Sprachverarbeitung erklären würde. Evidenzen für die Abhängigkeit des Sprachverständnisses von der Kapazität des Arbeitsgedächtnisses haben sie in einer Lesezeitstudie mit Sätzen wie in 16a und 16b gefunden.

16a. *The children told about the incident were a great source of concern.*

16b. *The stories told about the incident were a great source of concern.*

Ferreira und Clifton hatten gezeigt, dass Probanden Belebtheitsinformationen nicht zur Disambiguierung ambiger Satzkonstruktionen nutzen (Ferreira/Clifton 1986; →KAPITEL 7.3). Just und Carpenter führten nun einen Reading Span Test durch, der ermittelt, wie viele unrelatierte Wörter eine Versuchsperson behalten kann, während sie Sätze liest (Daneman/Carpenter 1980). Sie unterteilten ihre Versuchsgruppe in Probanden mit einer hohen Arbeitsgedächtniskapazität (High-Span Leser) und Probanden mit einer geringen Arbeitsgedächtniskapazität (Low-Span Leser). Die High-Span Gruppe zeigte im Vergleich zur Low-Span Gruppe in Strukturen wie 16b kürzere Lesezeiten auf der disambiguierenden Präpositionalphrase *about the incident*. High-Span Leser können demnach aufgrund einer größeren Arbeitsgedächtniskapazität während des First-Pass Parsing auch andere Informationsquellen nutzen (hier Belebtheit: Geschichten erzählen nicht, sie werden erzählt).

Ein anderer Bereich der neueren Forschung beschäftigt sich damit, welche Strukturen zu einer hohen Belastung des Arbeitsgedächtnisses führen bzw. welchen Einfluss die Komplexität einer Struktur auf die Verarbeitung hat. Zwei Faktoren sind für die Arbeitsgedächtnisbelastung verantwortlich: Speicherung und Integration. So machen einige dieser Ansätze die Vorhersage, dass Speicherkosten entstehen, wenn ein Element im Arbeitsspeicher gehalten werden muss, bevor es mit einem anderen Element, mit welchem es in Verbindung steht, integriert werden kann.

Untersuchungen zeigten, dass sich unterschiedliche Speicher- bzw. Integrationskosten in Strukturen wie 17 nachweisen ließen.

17a. *The detective suspected that the knowledge that the guard protected the jewels came from an insider.*

17b. *The detective suspected that the thief knew that the guard protected the jewels and so he reported immediately to the museum curator.*

In 17a muss die Nominalphrase *the knowledge* lange im Arbeitsspeicher gehalten werden, da das im Satz erst spät auftretende Verb des Komplementsatzes *came* noch integriert werden muss. In 17b ist eine derart lange Speicherung nicht notwendig, da das Verb *reported* der Nominalphrase direkt folgt. Die Lesezeit auf der Region *that the guard protected the jewels* waren für 17a länger als für 17b, was als Indiz für höhere Speicherungs- und Integrationskosten interpretiert werden kann (Chen u. a. 2005).

Ähnliche Ergebnisse fanden sich in einer EKP Studie zur Integration von Argumentinformation (Drenhaus u. a. 2007):

18a. *Der Pfleger, der bei der Visite auf der Station stolperte, verschüttete den Tee.*

18b. *Der Pfleger, der bei der Visite des Arztes auf der Station stolperte, verschüttete den Tee.*

18c. *Der Pfleger, der bei der Visite des Arztes des Klinikums auf der Station stolperte, verschüttete den Tee.*

18d. *Der Pfleger, der bei der Visite des Arztes des Klinikums für Neurologie auf der Station stolperte, verschüttete den Tee.*

Es zeigte sich ein Anstieg der Integrationsskosten auf der kritischen Verbregion *stolperte*. Die Integrationskosten spiegelten sich in einer abgestuften, sich verstärkenden Negativierung von 18a nach 18d wider (zu EKP Effekten → KAPITEL 8.2).

Häufig sind in Bezug auf Speicherung und Integration Subjekt und Objektrelativsätze untersucht worden.

19a. *The reporter who attacked the senator admitted the error publicly after the meeting.*

19b. *The reporter who the senator attacked admitted the error publicly after the meeting.*

Die Belastung des Arbeitsgedächtnisses bzw. die Integrationskosten sind bei der Verarbeitung von Objektrelativsätzen höher als in Subjektrelativsätzen. In 19b muss das Relativpronomen *who* bis zur Verarbeitung des Verbs des Relativsatzes im Speicher gehalten werden. Zusätzlich wird ein neuer Referent (*the senator*) eingeführt und erst danach kann das Relativpronomen in die Struktur integriert werden, was zu höheren Speicherkosten (höhere Anzahl der Elemente) und zusätzlichen Integrationskosten (auf dem Verb *attacked*) in Objektrelativsätzen im Vergleich zu Subjektrelativsätzen führt (King / Just 1991).

Interferenzmodelle Einen weiteren alternativen Beschreibungsansatz bieten Interferenzmodelle. Hier wird weniger die Dauer der Speicherung als Quelle einer Verarbeitungsschwierigkeit angenommen, sondern vielmehr die gleichzeitige Speicherung zweier Elemente des gleichen Typs (im Beispiel 19 die Nominalphrasen *the reporter* und *the senator*), die während der Verarbeitung zu Interferenzeffekten und damit zu einer höheren Belastung des Arbeitsspeichers führen kann. Somit würde für 19b die Erklärung der höheren Arbeitsgedächtnisbelastung darin bestehen, dass beide Nominalphrasen miteinander im Konflikt stehen und sich so überlagern können.

Zusammenfassung In diesem Kapitel wurden drei prominente Schulen vorgestellt, die die Sprachverarbeitung zu beschreiben versuchen. Wie sich gezeigt hat, ist das klassische Garden-Path Modell in seiner stärksten Form nicht haltbar, da der Parser von Begin an auch andere Informationsquellen als nur syntaktische Information zur Verarbeitung nutzt. Ansätze, die die Kapazität des Arbeitsgedächtnisses für die Sprachverarbeitung berücksichtigen, gehen sowohl über die klassischen modularen Ansätze als auch über die nicht-modularen Ansätze hinaus, da sie allgemeinere Prinzipien der menschlichen Kognition in ihre Betrachtung und Beschreibung der Sprachverarbeitung mit einbeziehen.

Fragen und Anregungen

- Wie unterscheiden sich modulare Ansätze von interaktiven Ansätzen in der Sprachverarbeitung?

- Versuchen Sie, die Garden-Path Effekte in den folgenden Sätzen zu erklären:
  a. *..., weil Maria die Lehrerinnen helfen.*
  b. *Der Mann küsste die Frau mit dem Hammer.*
  c. *Paula besuchte ihren Onkel und ihre Tante eine Freundin.*

- Versuchen Sie Evidenzen zu finden, um zwischen modularen Ansätzen und interaktiven Ansätzen der Sprachverarbeitungstheorie unterscheiden zu können.

Lektüreempfehlungen

- **Gerry Altmann: The Ascent of Babel: An Exploration of Language, Mind, and Understanding,** Oxford 1999. *Sehr schöne und einfach gehaltene Einführung in die Psycholinguistik, wobei die Kapitel über Sprach-/Satzverarbeitung zahlreiche Studien darstellt und Forschungsfragen eingängig erläutert.*

- **Martin J. Pickering/Rodger G.P. van Gompel: Syntactic Parsing,** in: Matthew Traxler/Morton Ann Gernsbacher (Hg.), The Handbook of Psycholinguistics, San Diego 2006, Kapitel 12.

- **Martin J. van Gompel/Martin J. Pickering: Syntactic Parsing,** in: Gareth Gaskell (Hg.), The Oxford Handbook of Psycholinguistics, Oxford 2007, Kapitel 17. *Zwei sehr gute Übersichtsartikel, die sich gegenseitig ergänzen, da sie unterschiedliche Problemfälle der Sprachverarbeitung in den Mittelpunkt ihrer Diskussion stellen.*

8 Neurowissenschaftliche Komponenten der Sprachverarbeitung

Heiner Drenhaus

Abbildung 11: Konrad Zuses Relaisrechner Z3 im Deutschen Museum in München

Die Z3 war der erste ‚Computer' – ein Relaisrechner, den Konrad Zuse 1941 in Zusammenarbeit mit Helmut Schreyer entwickelt hatte. Relais sind Schalter, die durch elektrischen Strom betrieben werden. Die Z3 war fähig, mittels 600 Relais im Rechenwerk und 1400 Relais im Speicherwerk Informationen zu speichern und Berechnungen auszuführen. Wenn der Vergleich auch etwas weit hergeholt ist: unser Gehirn benutzt eine ähnliche Technik, um die Unmenge an Informationen, die auf uns eindringen, zu verarbeiten und darauf reagieren zu können. Das Spannende daran ist, dass man die bei diesem Prozess entstehenden Potenzialverschiebungen sichtbar machen kann und so die Reaktionen des Gehirns – den Verarbeitungsprozess – indirekt beobachten kann.

Die neurowissenschaftliche Methode der Elektroenzephalographie (EEG) bzw. der ereigniskorrelierten Hirnpotenziale (EKPs) (→ KAPITEL 2.2) stellt im Gegensatz zu vielen anderen Methoden zur Untersuchung der Sprachverarbeitung relativ hohe technische Anforderungen an den Experimentator und die Laborausstattung. Der Vorteil dieses experimentellen Verfahrens wiegt den höheren Aufwand aber wieder auf, da es nur mit dieser Methode möglich ist, den Verlauf eines Verarbeitungsprozesses in Echtzeit (Millisekunde für Millisekunde) zu beobachten. Wie funktioniert dieses Versuchsverfahren genau? Und wie lassen sich EKPs nach unterschiedlichen Kriterien klassifizieren? Bestimmte EKP Komponenten sind für die Sprachverarbeitung von zentraler Bedeutung. Was geschieht, wenn der Parser zum Beispiel mit semantischen oder syntaktischen Verarbeitungsproblemen konfrontiert wird und wir ihn bei der Sprachverarbeitung indirekt beobachten können, und wie können wir diese EKP Effekte einordnen? Auch der Einfluss der Kontextes auf die EKPs ist sehr aufschlussreich für die Sprachverarbeitungstheorie.

8.1 Elektrische Signale des Gehirns: vom EEG zum EKP

8.2 Die Klassifikation von EKP Komponenten

8.3 Sprachverarbeitung und EKP

8.4 EKP und Verarbeitung von Kontextinformation

8.1 Elektrische Signale des Gehirns: vom EEG zum EKP

Bei der Elektroenzephalographie (EEG-Messung) werden die elektrischen Signale des Gehirns auf der Schädeloberfläche mittels über den Kopf verteilter Elektroden abgeleitet. Diese Signale bzw. Signalschwankungen (Spannungsdifferenzen) spiegeln die Aktivität einer größeren Anzahl von Neuronen bzw. Neuronenverbände der Großhirnrinde wider. Der hohe technische Aufwand der EEG / EKP Methodik liegt darin begründet, dass die Spannungsdifferenzen sehr gering sind (zwischen 50 bis 150 Mikrovolt (μV); ein μV entspricht 10^{-6} Volt), sodass das Signal während der Aufnahme verstärkt werden muss. Die kontinuierliche EEG-Ableitung wird dann digitalisiert, d. h. die fortlaufende elektrische Hirnaktivität wird in Zahlenwerte übersetzt, wobei die Anzahl der Datenpunkte pro Sekunde in Hertz gemessen wird (dies entspricht der sogenannten Abtast- bzw. Sampling-Rate pro Sekunde). Elektrische Hirnaktivität

In die Auswertung eines EKP Experimentes bzw. des EEG-Signals gehen nicht alle an den Kopfelektroden gemessenen Aktivitäten ein, da nicht alle neuronalen Prozesse auf eine (experimentelle) Manipulation zurückzuführen sind. So können z. B. Augenbewegungen das EEG-Signal stark beeinflussen und stellen eine mögliche Quelle sogenannter Artefakte dar. Für die weitere Aufbereitung der Daten bedeutet dies, dass diese Artefakte aus den aufgezeichneten Daten ausgeschlossen werden müssen. In die weitere Auswertung gehen dann nur artefaktfreie Messabschnitte (Untersuchungstrials) ein. Artefakte

Ereigniskorrelierte Hirnpotenziale sind im Gegensatz zur Spontanaktivität des Gehirns zeitlich an exakt festlegbare Ereignisse gekoppelt. Sie treten also in ähnlicher Ausprägung und in ähnlichen zeitlichen Abständen zu einem bestimmten Ereignis bzw. Reiz auf (z. B. x Millisekunden nach der Präsentation eines Wortes, Bildes oder Tons). Die Schwierigkeit, das EKP aus dem EEG herauszulösen, liegt darin, dass die Spontanaktivität des Gehirns (Rauschen) das ereignisgebundene Signal um ein Vielfaches überlagert. Um nun das systematische, ereignisinduzierte Signal (EKP) aus der unsystematischen Spontanaktivität herauszuschälen, wird die Mittelungstechnik verwendet, es werden also Mittelwerte errechnet. Die Idee hierbei ist, dass bei der Mittelung das Rauschen zufällig verteilt ist und über viele Trials hinweg minimiert werden kann. Im Gegensatz hierzu sollte das systematische Signal bei der Mittelung über mehrere relevante Zeitabschnitte erhalten bleiben bzw. sich aus dem Rauschen Ereigniskorrelierte Hirnpotenziale herauskristallisieren. Die Abhängigkeit von systematischem und unsystematischem Signal wird als Signal-Rausch-Verhältnis bezeichnet. Für ein EKP Experiment bedeutet dies, dass die Anzahl eingehender (ereigniskorrelierter) Zeitbereiche relativ hoch sein muss, um ein gutes Signal-Rausch-Verhältnis zu erhalten. Im Allgemeinen werden für Sprachexperimente ca. 30 bis 40 Trials pro experimenteller Manipulation bei einer Stichprobe von 16 bis 20 Versuchspersonen benötigt.

Das aufgezeichnete EEG wird in Abschnitte aufgeteilt, die in einem festen zeitlichen Bezug zu einem experimentellen Ereignis stehen (→ ABBILDUNG 12). Aus dem EEG entsteht so das EKP, also das ereigniskorrelierte Hirnpotenzial. Die Mittelungen eines EKPs finden immer relativ zu einem festgelegten Zeitbereich vor der experimentellen Manipulation statt (Baseline). So soll sichergestellt werden, dass es keine systematischen Unterschiede zwischen experimentellen Bedingungen gibt, die sich dann auf den Zeitbereich der experimentellen Manipulation auswirken – die Daten werden in gewisser Weise normalisiert.

Durch die Digitalisierung des analogen Kurvenverlaufs in numerische Amplitudenwerte wird das Mittelungsverfahren ermöglicht. Die so erhaltenen Messwerte lassen sich weiterverarbeiten und grafisch darstellen. Hierfür werden die Daten zunächst für jede Versuchsperson pro Bedingung pro Elektrode gemittelt. In dem darauffolgenden Auswertungsschritt findet eine Mittelung über alle Versuchspersonen pro

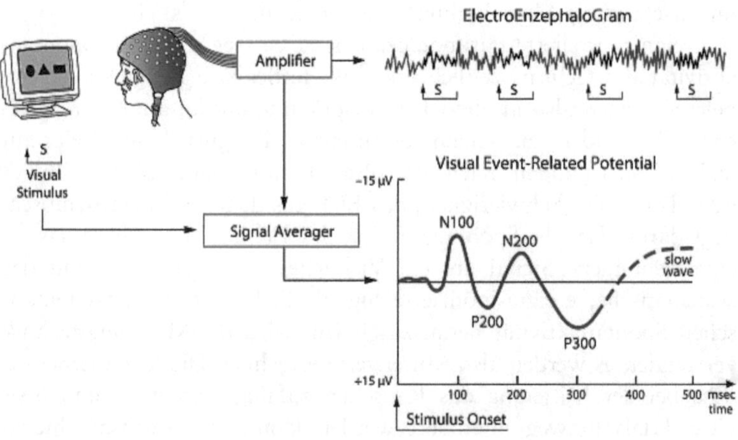

Abbildung 12: Schematische Darstellung der Messung und Mittelung im EEG und EKP (englisch: ERP)

Bedingung pro Elektrode statt, was den sogenannten Grand Average ergibt. So können z. B. Amplitudenmittelwerte pro relevantem Zeitabschnitt für eine statistische Auswertung genutzt werden. Des Weiteren lassen sich auch topografische Faktoren in die Analyse bzw. statistische Auswertung mit einbeziehen; d. h. man kann nur Einzelelektroden betrachten oder aber über ganze Verbände benachbarter Elektroden (Regions of Interest) mitteln. (Für eine ausführliche Darstellung der EEG- bzw. EKP Technik vgl. z. B. Coles / Rugg 1995).

Topografische Faktoren

8.2 Die Klassifikation von EKP Komponenten

Ereigniskorrelierte Hirnpotenziale liefern unterschiedliche Informationen und lassen sich nach unterschiedlichen Kriterien zusammenfassen – den sogenannten Komponenten (Donchin u. a. 1978).

→ ABBILDUNG 13 zeigt relevante Eigenschaften von EKPs, die für die Klassifikation wichtig sind. EKPs sind durch die Auslenkung des Kurvenverlaufes charakterisiert, der Verlauf kann negativ oder positiv sein. Dieses Klassifikationskriterium wird Polarität genannt. Wichtig hierbei ist, dass die EKP Kurve einer experimentellen Manipulation kein absolutes Maß darstellt, sondern nur relativ zu einer Vergleichsbedingung

Polarität

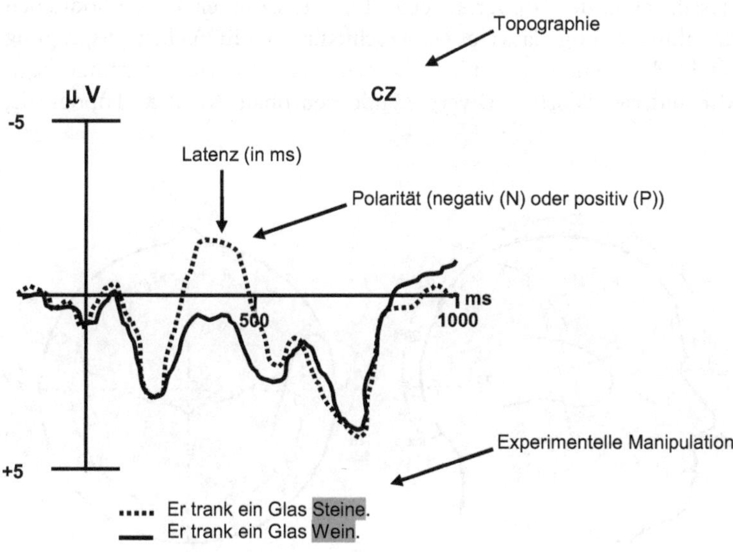

Abbildung 13: Klassifikation der EKPs

interpretiert werden kann. So zeigt → ABBILDUNG 13 die EKPs auf das im Satzkontext erwartete Wort *Wein* (durchgezogene Linie) als Vergleichsbedingung zum auf das im Satzkontext unerwartete Wort *Steine* (gestrichelte Linie). Wie deutlich zu erkennen ist, unterscheiden sich beide Kurven: der Verlauf der gestrichelten Linie ist im Vergleich zur durchgezogenen Linie negativer (zu beachten ist, dass in der EKP Literatur aus historischen Gründen Negativität häufig nach oben abgebildet wird).

Des Weiteren kann man erkennen, zu welchen Zeitpunkt bzw. Zeitfenster die Kurven maximal voneinander abweichen – dies ist das Klassifikationskriterium der Latenz. Im Beispiel liegt die Latenz, also der Zeitpunkt, an dem sich die beiden Kurven am deutlichsten unterscheiden, bei ca. 400 ms nach der Präsentation des Wortes *Wein* bzw. *Steine*.

Ein weiteres Klassifikationskriterium von EKP Komponenten ist die Topografie, die vermerkt, an welchem Ort (an welcher Elektrode) auf der Schädeloberfläche ein Effekt auftritt. → ABBILDUNG 13 zeigt die EKPs auf der CZ-Elektrode, die auf der Mitte des Schädels angebracht wird (→ ABBILDUNG 14). Außerdem geben Unterschiede in der Ausprägung der Amplitude Informationen über quantitative Unterschiede zwischen kognitiven Prozessen.

Aufgrund von Polarität, Latenz, Topografie und der Art der experimentellen Manipulation lassen sich unterschiedliche Komponenten klassifizieren; die Topografie eines Effektes ist unter der methodischen Annahme wichtig, dass einer unterschiedlichen räumlichen Ausprägung des Effektes eine unterschiedliche neuronale Aktivität zugrunde liegt. Mit anderen Worten: Divergierende neuronale Muster (Topografie,

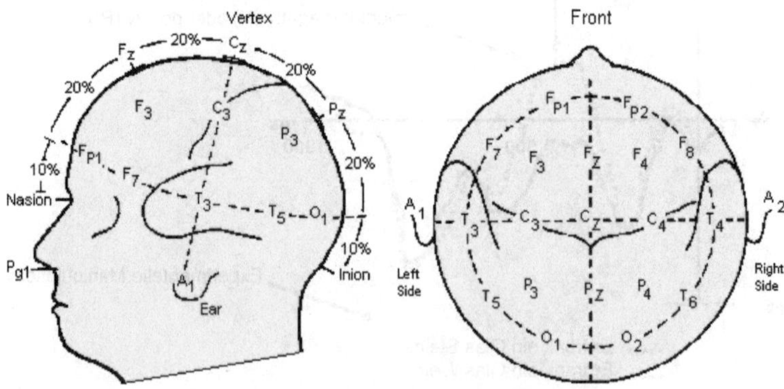

Abbildung 14: Elektrodenpositionen nach dem 10/20-System

Polarität, Latenz und Amplitude) lassen Rückschlüsse auf unterschiedliche kognitive Prozesse zu (für eine kritische Betrachtung dieser Annahme vgl. Coles / Rugg 1995).

8.3 Sprachverarbeitung und EKP

Im Folgenden werden vier EKP Komponenten, die für die Sprachverarbeitung eine wichtige Rolle spielen, mit Blick auf einige relevante Punkte der semantischen und syntaktischen Verarbeitung kurz dargestellt und in ein Modell der Sprachverarbeitung eingeordnet (Friederici 1995, 1999, 2002).

Das Wort *Steine* im Beispielsatz von → ABBILDUNG 13 stellt eine semantische Anomalie dar und evoziert im Vergleich zu dem semantisch passenden bzw. erwarteten Wort *Wein* eine Negativierung um 400 ms (gemessen ab dem Beginn des sogenannten kritischen Wortes, hier *Steine* bzw. *Wein*). Diese Komponente, die als N400 in die Literatur eingegangen ist, wurde erstmals 1980 von Marta Kutas und Steven Hillyard berichtet (Kutas / Hillyard 1980a, 1980b). Sie gilt als eine der stabilsten sprachrelevanten Komponenten, wurde aber nicht nur bei semantischen Anomalien bzw. Verletzungen gefunden, sondern zeigt auch den Grad der semantischen Erwartung eines Wortes an. So fanden dieselben Forscher heraus, dass die Ausprägung der N400 mit der Stärke der durch den vorherigen Kontext erzeugten Erwartung eines Wortes (Cloze Probability) korrelierte, und zwar unabhängig davon, ob eine semantische Anomalie vorlag oder nicht (Kutas / Hillyard 1984). Die folgenden Sätze unterscheiden sich in der Cloze Probability:

1a. *Der Ritter in der schimmernden Rüstung zog sein Schwert.*
1b. *Der Ritter in der schimmernden Rüstung zog sein Taschentuch.*
1c. *Der Ritter in der schimmernden Rüstung zog sein Handy.*

Die Amplitude der N400 war bei den Probanden größer, je unerwarteter das Wort war, obwohl alle Varianten semantisch möglich sind. So zeigte sich auf *Taschentuch* in 1b eine größere N400 im Vergleich zu *Schwert* in 1a, und eine noch größere N400 Amplitude auf *Handy* in 1c im Vergleich zu 1a und 1b.

Darüber hinaus wurden N400 Effekte beobachtet, die nicht als ein Effekt einer Erwartung interpretierbar sind (Fischler u. a. 1985):

2a. *Ein Rotkehlchen ist ein Baum.*
2b. *Ein Rotkehlchen ist kein Baum.*

3a.　*Ein Rotkehlchen ist ein Vogel.*
3b.　*Ein Rotkehlchen ist kein Vogel.*

Die Forscher konnten zeigen, dass es auf dem letzten Wort in Sätzen wie 2a/b einen stärkeren N400 Effekt gab als in Sätzen wie 3a/b. Ebenso konnte gezeigt werden, dass dieses Ergebnis unabhängig vom Wahrheitswert der Aussage war (3a vs. 3b). Wenn hier nur die Cloze Probability einschlägig wäre, wäre zu erwarten, dass nur 3b, nicht aber 3a eine N400 evoziert, da ein Satzfragment wie *Ein Rotkehlchen ist ein …* das Wort *Vogel* erwarten lässt, nicht aber das Satzfragment *Ein Rotkehlchen ist kein ….* Dieses Ergebnis deutet darauf hin, dass der berichtete N400 Effekt eher auf die unterschiedlich starke semantische Assoziation zwischen den beiden Nomen des Satzes zurückzuführen ist (*Rotkehlchen* und *Vogel* vs. *Rotkehlchen* und *Baum*) und die N400 somit Verarbeitungsschwierigkeiten bei der Aktivierung eines lexikalischen Eintrages widerspiegelt. Diese Annahme nennt man lexikalische Zugriffshypothese. Ein Kontext aktiviert demnach semantische Merkmale vor und erleichtert die Verarbeitung von Kandidaten, die nach Cloze Probability oder wahrheitsfunktional mit dem Zielwort übereinstimmen. Experimente mit einer entsprechenden semantischen Voraktivierung zeigen eine Reduktion der N400 Amplitude (Kutas/Federmeier 2000).

Zwei Komponenten bzw. Komponentengruppen werden besonders mit der syntaktischen Verarbeitung in Verbindung gebracht: die sogenannte (E)LAN (Early Left Anterior Negativity), eine (frühe) links-frontale Negativierung, und die späte Positivierung, genannt P600 (zur Lokalisation im Gehirn → KAPITEL 13.1).

Die ELAN ist eine im Zeitverlauf des EKPs frühe Komponente mit einer maximalen Ausprägung um 150 bis 300 ms. Sie wird als Zeichen von Wortkategorieverletzung bzw. Phrasenstrukturverletzung interpretiert (Friederici 2002) und als Korrelat initialer Strukturbildungsprozesse angesehen. Wenn der syntaktische Kontext ein Wort einer bestimmten Kategorie erfordert, aber ein Wort einer anderen Kategorie präsentiert wird, erscheint die ELAN gefolgt von einer P600.

4a.　*Die Gans wurde im Ofen gebraten.*
4b.　**Die Gans wurde im gebraten.*

Der Parser erwartet nach dem Verarbeiten der Präposition *im* in 4a und 4b ein Nomen oder ein Adjektiv. Er wird also eine Präpositionalphrase aufbauen, in die er im nächsten Schritt ein Adjektiv oder ein Nomen integrieren kann. Wird aber stattdessen eine andere Wortkategorie präsentiert – wie in 4b das Partizip *gebraten* –, liegt eine Phrasenstrukturverletzung vor, da das Partizip nicht integriert werden kann. Die nachfolgende Positivierung P600 repräsentiert dann einen syntaktischen Reanalyseprozess (→ KAPITEL 7.2) bzw. den Versuch des Parsers die Struktur zu reparieren. Die ELAN Komponente ist nicht unumstritten, da sie sich in manchen Studien nicht replizieren ließ. Ebenso ist der Vergleich auf dem Partizip *gebraten* in 4a vs. 4b mit Vorsicht zu betrachten, da unterschiedliche Wörter vor dem kritischen Wort stehen (unterschiedliche Baseline), was einen Einfluss auf die EKPs haben kann (für eine kritische Auseinandersetzung vgl. Osterhout u. a. 2004).

Auch die links-anteriore Negativierung (LAN) ist eine weitere wichtige Komponente (→ ABBILDUNG 14). Sie wird mit der morphosyntaktischen Verarbeitung in Verbindung gebracht. Diese Komponente hat eine Latenz zwischen 300 ms und 500 ms und kann beobachtet werden, wenn eine morphosyntaktische Verletzung wie Kongruenz- oder Rektionsverletzung vorliegt. So fanden Forscher auf dem Verb in 5b im Vergleich zu 5a eine Negativierung, (morphosyntaktische Verletzung) gefolgt von einer späten Positivierung (Reanalyse).

Links-anterioriere Negativierung LAN

5a. *Das Auto wurde gefahren.*

5b. *Das Auto wurde fahre.*

Die LAN lässt sich allerdings auch anders interpretieren. Ein Test mit einer Struktur wie in 6 ergab eine linksseitige, frontale Negativierung, gefolgt von einer späten Positivierung (Coulson u. a. 1998).

6. *Every Monday he mow the lawn.*

Die Forscher argumentierten, dass die LAN, die durch die falsche Flexionsform des Verbs *mow* ausgelöst wird, ein Zeichen erhöhter Arbeitsgedächtnisbelastung sei. Das Problem hierbei ist natürlich, dass die Arbeitsgedächtnisbelastung mit einer syntaktischen Verletzung zusammenfällt, die deshalb als Auslöser für die LAN nicht ausgeschlossen werden kann. Generell deuten verschiedene Ergebnisse darauf hin, dass die LAN sowohl bei morphosyntaktischen Verletzungen als auch bei erhöhter Belastung des Informationsspeichers (des Arbeitsgedächtnisses) zu finden ist.

Späte Positivierung P600 ...

Die späte Positivierung P600 schließlich ist eine Komponente, die topografisch zentro-parietal mit maximaler Auslenkung der Amplitude zwischen ca. 600 und 1000 ms nach dem kritischen Reiz auftritt. Sie steht für Reanalyse- bzw. Reparaturprozesse. Lee Osterhout und Phillip J. Holcomb fanden P600 Effekte, wenn Probanten syntaktisch korrekte, aber lokal ambige Sätze (Holzwegsätze → KAPITEL 7.1) lasen oder hörten (7a vs. 7b) – wenn also ein Wort nicht in die präferierte Satzstruktur integriert werden konnte und somit eine Reanalyse notwendig war (Osterhout / Holcomb 1992, 1993).

... in lokal ambigen Sätzen

7a. *The broker persuaded the investor to sell the stock.*
7b. *The broker persuaded to sell the stock was sent to jail.*

Untersuchungen mit dem Auxiliar (*hat* vs. *haben*) zeigten eine Positivierung in syntaktisch korrekten, aber nicht-präferierten Satzstrukturen (8a vs. 8b) (Mecklinger u. a. 1995).

Präferierte Lesart: Subjektrelativsatz:

8a. *Das sind die Studentinnen, die die Professorin gesehen hat.*

Nicht-präferierte Lesart: Objektrelativsatz:

8b. *Das sind die Studentinnen, die die Professorin gesehen haben.*

Interessant an diesem Ergebnis ist, dass die gefundene Positivierung im Gegensatz zur Studie von Osterhout und Holcomb in einem früheren Zeitfenster (um 345 ms) lag. Dies könnte bedeuten dass die P600 in ihrer Latenz aber auch in ihrer Amplitude den Schwierigkeitsgrad der Reanalyse widerspiegelt.

Des Weiteren konnten viele Studien zeigen, dass eine Positivierung nicht nur für nicht-präferierte Lesarten, sondern auch in syntaktisch inkorrekten Strukturen evoziert werden kann. Die rein syntaktische Interpretation der P600 wird allerdings durch Studien infrage gestellt, die eine Positivierung nach semantisch/pragmatischen Verletzungen berichten. Sowohl in semantisch unplausiblen Sätzen (wie in 9) als auch in syntaktisch unakzeptablen Strukturen (etwa Numerusverletzungen wie in 10) zeigten sich ähnliche Positivierungen.

9. *Die Katze, die vor den Mäusen flüchtete, rannte durch den Raum.*

10. **Der Betrüger, der auf die Polizisten schießen, saß hinter dem Auto.*

Zusammenfassend kann eine P600 Komponente mit Reanalyseprozessen bei ambigen Strukturen, mit Reparaturprozessen bei syntaktisch inkorrekten Sätzen, als auch mit semantisch/pragmatischen Verletzungen assoziiert werden.

Unterschiedliche Effekte im EKP können also mit unterschiedlichen Verletzungen in sprachlichem Material bzw. Präferenzen in der Sprachverarbeitung in Zusammenhang gebracht werden. Es ist daher möglich, die Verarbeitungsschritte, die der Parser bei der Sprachverarbeitung durchläuft, direkt sichtbar zu machen. Um die vielfältigen Ergebnisse aus sprachrelatierten EKP Studien einzuordnen, wurde von Angela D. Friederici ein Drei-Phasenmodell der Sprachverarbeitung aufgestellt (Friederici 1995, 1999, 2002). Es handelt sich um ein serielles Modell, welches unter Zuhilfenahme neuronaler Ergebnisse Sprachverarbeitungsprozesse beschreibt (→ ABBILDUNG 15).

<table>
<tr>
<td>Phase I (100 bis 300 ms)

Integration von
Wortkategorie-Information
für den Phrasenstrukturaufbau

EKP-Effekt: ELAN</td>
<td>Phase II (300 bis 500 ms)

Integration von
morphosyntaktischer und
semantischer Information

EKP-Effekte: N400/LAN</td>
<td>Phase III (500 bis 100 ms)

Reanalyse und Reparatur

EKP-Effekt: P600</td>
</tr>
</table>

Abbildung 15: Schematische Darstellung des Modells der Sprachverarbeitung (nach Friederici 1995, 1999, 2002)

- Diesem Modell zufolge umfasst die erste Verarbeitungsphase strukturbildende Prozesse (bis ca. 300 ms). Eine falsche Wortkategorie oder eine Phrasenstrukturverletzung schlägt sich in einer frühen, links-anterioren Negativierung (ELAN) nieder.

- Die zweite Phase (300 bis 500 ms) beinhaltet zwei unterschiedliche Prozesse: Zum Einen kann semantische Information im Mittelpunkt des Verarbeitungsprozesses stehen, zum anderen kann syntaktische Information integriert werden. Der erste Prozess, der als semantische Integration interpretiert wird, schlägt sich bei Verarbeitungsproblemen in einer N400 nieder, während der andere Prozess bei morphosyntaktischen Verletzungen eine links-anteriore Negativierung evoziert.

- In der dritten Phase schließlich findet sich die P600. Diese Komponente steht nach Friederici für (syntaktische) Reanalyse und Reparatur einer anfänglich aufgebauten Struktur, die im weiteren Verlauf der Verarbeitung als inkorrekt oder nicht möglich identifiziert wurde.

8.4 EKP und Verarbeitung von Kontextinformation

Da der Satzkontext bzw. die semantische Beziehung von Wörtern im Satzkontext die N400 Komponente beeinflussen kann, stellt sich die Frage, ob sich ähnliche Effekte auch beobachten lassen, wenn Probanden längere Kontexte präsentiert werden und so der Verarbeitungsapparat pragmatische Information nutzen kann, um eine Struktur zu verarbeiten.

Eine klassische Studie wurde 1984 von Marie St. George, Suzanne Mannes und James Hoffman durchgeführt (St. George u. a. 1994). Die Forscher präsentierten Geschichten, die so aufgebaut waren, dass sie erst dann Sinn ergaben, wenn sie mit einer Überschrift versehen waren – Beispiel 11 (gekürzt) etwa mit der Überschrift *to do one's laundry* (Wäsche waschen).

> 11. *The procedure is actually quite simple. First you arrange things into different groups depending on their makeup. Of course, one pile may be sufficient depending on how much there is to do. If you have to go somewhere else due to lack of facilities that is the next step [...].*

Beim Vergleich der EKPs, die während des Lesens der Geschichten mit oder ohne Überschrift abgeleitet worden waren, zeigte sich auf jedem Wort ein deutlicher Unterschied in der N400 Amplitude zwischen den beiden Bedingungen. Die Geschichten ohne Überschrift führten zu negativeren EKP Komponenten als die Geschichten mit Überschrift. Dieses Ergebnis zeigt, dass die N400 nicht nur ein Marker für semantische Integration auf der Satzebene ist, sondern auch Integration auf globaler Diskursebene widerspiegelt.

Einen Schritt weiter gingen Mante Nieuwland und Jos van Berkum. In ihrer Studie wollten sie überprüfen, ob Kontext eine semantische Verletzung überschreiben kann. Sie präsentierten Versuchspersonen Kontexte wie in 12 (hier aus dem Niederländischen näherungsweise ins Deutsche übertragen nach Nieuwland/Berkum 2006).

> 12. *Eine Frau sah eine tanzende Erdnuss, die ein breites Lächeln im Gesicht trug. Die Erdnuss sang über einen Mann, den sie gerade getroffen hatte. Und nach dem Lied zu urteilen war sie total verrückt nach diesem Mann. Die Frau dachte, dass es wirklich süß sei, die Erdnuss so singen und tanzen zu sehen. Die Erdnuss war gesalzen/verliebt und so wie es aussah beruhte es auf Gegenseitigkeit. [...].*

Wir wissen, dass Erdnüsse gesalzen sind und sich nicht verlieben können. In dem gegebenen Kontext scheint es jedoch möglich, dass die Erdnuss sich verlieben kann. Das Verliebt-Sein der Erdnuss stellt insofern eine semantische Anomalie dar, die innerhalb des Kontexts allerdings akzeptierbar ist. Auf der anderen Seite ist das Gesalzen-Sein semantisch adäquat, innerhalb des Kontexts aber unpassend. Nieuwland und van Berkum fanden auf dem kritischen Wort *gesalzen* im Vergleich zu *verliebt* eine größere N400 Amplitude. Dies legt den Schluss nahe, dass Kontextinformation genutzt wird und semantische Anomalien sogar überschreiben kann. Die beiden Studien, die hier exemplarisch für zahlreiche Studien zu Kontexteffekten stehen, zeigen, dass Sprachverarbeitungsprozesse nicht nur in isolierten Sätzen untersucht werden sollten, da wichtige Informationen über die menschliche Sprachverarbeitung so nicht zugänglich sind.

Fragen und Anregungen

- In Sprachexperimenten, die die EKP Methode nutzen, können unterschiedliche Komponenten gefunden werden. Geben Sie einen kurzen Überblick.

- Erörtern Sie an der folgenden Beispielen, welche Komponenten in den ungrammatischen (*) bzw. fragwürdigen (?) Sätzen auftreten könnten. Versuchen Sie diese Komponenten in ein Modell einzuordnen.
  - a. *Vorm Bahnhof wurde oft gebettelt.*
  - b. **Vorm Bahnhof wurde beim gebettelt.*
  - c. **Der Bahnhof wurde oft gebettelt.*
  - d. *Einige Monate haben Feiertage.*
  - e. *?Einige Monate haben Wochen.*
  - f. **Einige Monate haben Wünsche.*

- Recherchieren und diskutieren Sie: Warum ist das sogenannte Inverse Problem für die EKP Forschung wichtig – welchem Irrglauben darf man nicht verfallen?

Lektüreempfehlungen

- **Michael G. H. Coles / Michael D. Rugg: Event-Related Brain Potentials: An Introduction,** in: ders. / ders. (Hg.), Electrophysiology of Mind: Event-Related Brain Potentials and Cognition, New York 1995, S. 1–26. *Gibt eine sehr gute Einführung in die EKP Methode.*

- **Lee Osterhout / Judith MacLaughlin / Albert Kim / Ralf Greenwald / Kayo Inoue: Sentences in the Brain: Event-Related Potentials as Real-Time Reflections of Sentence Comprehension and Language Learning,** in: Manuel Carreiras / Charles Clifton (Hg.), The Online Study of Sentence Comprehension: Eyetracking, ERP, and Beyond,

Brighton 2004, S. 271–308. *Geht über eine Einführung hinaus und beleuchtet EKP Ergebnisse kritisch.*

- **Jos J. A. van Berkum: Sentence Comprehension in a Wider Discourse: Can We Use ERPs to Keep Track of Things?**, in: Manuel Carreiras / Charles Clifton (Hg.), The Online Study of Sentence Comprehension: Eyetracking, ERP, and Beyond, Brighton 2004, S. 229–270. *Stellt EKP Ergebnisse vor, die nicht nur auf die Satzebene beschränkt sind.*

9 Erstspracherwerb: Wie kommt das Kind zur Sprache?

Barbara Höhle

Abbildung 16: Der Nürnberger Trichter, Postkarte (um 1940)

Diese um 1940 entstandene Postkarte zeigt den sogenannten „Nürnberger Trichter": Ein in einen Talar gekleideter Lehrer trichtert einem (Schul-)Kind Wissen ein – ganz konkret im Wortsinn. Die Redewendung „Nürnberger Trichter" wird zurückgeführt auf ein im Jahr 1647 in Nürnberg von Georg Philipp Harsdörffer geschriebenes Lehrbuch der Poesie, in dem Regeln für das Schreiben von Gedichten in Deutsch aufgestellt sind. Das Werk mit dem Titel „Poetischer Trichter. Die Teutsche Dicht- und Reimkunst, ohne behuf der lateinischen Sprache in VI Stunden einzugießen" wurde später kurz der „Nürnberger Trichter" genannt. Die Redewendung beschreibt in ihrem heutigen Gebrauch eine mechanistische Lehrmethode, die keine eigenständige Lernleistung, sondern nur eine gedächtnismäßige Aufnahme des Lernstoffes durch den Lerner erfordert. Diesem Bild entsprechen die Theorien und Ergebnisse der heutigen Spracherwerbsforschung jedoch nicht, die dem Kind eine weitaus aktivere Rolle in diesem Erwerbsprozess zuschreiben.

Zu den eindrücklichsten Fähigkeiten aller Kinder auf der Welt gehört es, sich in einem relativ kurzen Zeitraum die Sprache oder die Sprachen, die sie in der Umgebung hören, anzueignen. Der Verlauf des Spracherwerbs ist zwischen verschiedenen Kindern sowohl zeitlich ähnlich als auch in den typischen Phasen, die ein Kind während dieses Erwerbsprozesses durchläuft. Dies gilt nicht nur für Kinder, die dieselbe Sprache lernen, sondern für den Erwerb verschiedener Sprachen: es gibt generell große Übereinstimmungen. Die jüngere Spracherwerbsforschung hat gezeigt, dass der Spracherwerb bei der Geburt – wenn nicht sogar schon pränatal – beginnt und dass sich die wichtigsten Schritte des Grammatikerwerbs im Bereich von Phonologie und Syntax während der ersten drei bis vier Lebensjahre vollziehen. Der Wortschatzerwerb wird in diesem Alter natürlich nicht abgeschlossen, neue Wörter werden typischerweise über die gesamte Lebensspanne hinweg gelernt. Als spätere Erwerbsprozesse, die teilweise weit in das Schulalter hinreichen, gelten der Erwerb narrativer und diskursiver Kompetenzen sowie von Kompetenzen, die sich im Grenzbereich zwischen Semantik und Pragmatik bewegen.

9.1 Kurzer Überblick und Ausgangslage
9.2 Die phonologische Entwicklung
9.3 Die lexikalische Entwicklung
9.4 Die syntaktische Entwicklung
9.5 Späte Erwerbsprozesse

9.1 Kurzer Überblick und Ausgangslage

Kinder werden nicht als kompetente Sprecher einer Sprache geboren, sie entwickeln aber während der ersten Lebensjahre weitgehende Kompetenzen im Gebrauch und im Verständnis der sie umgebenden Sprache(n). Dabei ist der Erwerb nicht auf eine Sprache beschränkt, sondern kann gleichzeitig verschiedene Sprachen umfassen, ohne dass dies den Erwerbsprozess deutlich erschweren würde. Spracherwerb ist zudem nicht auf eine gesprochene Sprache beschränkt, sondern lässt sich mit ähnlichen Gesetzmäßigkeiten auch in anderen Modalitäten, so beim Erwerb einer Gebärdensprache, beobachten.

Zentrale Schritte des Spracherwerbs beim Kind verlaufen in einem relativ engen Zeitraum. Diesen schnellen Entwicklungsprozess zeigen etwa die Äußerungen des Mädchens Simone (entnommen aus dem CHILDES Datenkorpus; → KAPITEL 15.2. *CHI = Kind, *MAX = erwachsener Gesprächspartner, mit % eingeleitete Zeilen beinhalten Information zum nicht-verbalen Geschehen). Im Alter von einem Jahr und 10 Monaten produziert Simone nur sehr kurze Äußerungen (wie in Beispiel 1), typischerweise bestehend aus einem Nomen und einem Verb, oder aus einem deiktischen Ausdruck wie *da* in Verbindung mit einer Zeigegeste. Trotzdem kann Simone sich mit ihren nur eingeschränkten sprachlichen Mitteln in dieser Situation verständlich machen. Im Beispiel 2 mit Äußerungen desselben Mädchens im Alter von zwei Jahren und zwei Monaten, zeigen sich bereits syntaktisch vollständige Äußerungen mit wesentlichen morphosyntaktischen Merkmalen des Deutschen in Bezug auf Flexion und Wortstellung:

Schneller Entwicklungsprozess

1. *MAX: *was können wer denn spielen heute ?*
    *CHI: *Lala habe (Lala = Schnuller)*
    *MAX: *Lala haben ?*
    *CHI: *Lala*
    *MAX: *wo ist 'n der Lala ?*
    *CHI: *da*
    %gpx: *zeigt auf den Fenstersims*
2. *CHI: *wo is(t) denn der Kaefer –*
    %act: *sucht am Fussboden nach dem Kaefer*
    *MAX: *is(t) weg, Mone*
    *CHI: *Mone sucht*
    *CHI: *Mone sucht des mal*

In den ersten drei Lebensjahren eines Kindes lassen sich sehr typische Merkmale des Entwicklungsverlaufs der Sprache beobachten. Das erste Lebensjahr ist geprägt vom sogenannten Lallen und Babbeln:

Babbeln

schon in den ersten Lebensmonaten produzieren Babys Laute, später kommen Silben hinzu, die zu längeren Sequenzen kombiniert werden und die durch ihre intonatorischen Muster bereits sprachähnlich klingen können. Die Babbelphase geht kontinuierlich in die Produktion erster Wörter über, die in ihrer Form und ihrer Bedeutung Ähnlichkeiten zur Standardsprache aufweisen. Dies geschieht im Allgemeinen gegen Ende des ersten Lebensjahres. Im zweiten und dritten Lebensjahr erweitert sich dann der Wortschatz der Kinder schnell. Ein weiterer Meilenstein der kindlichen Sprachentwicklung ist die Verwendung erster Wortkombinationen, die sich meist zwischen dem 18. und 24. Lebensmonat zeigen. Diese beschränken sich zunächst typischerweise auf die Kombination zweier Wörter – meist Inhaltswörter oder auch Partikeln – zu sogenannten Zweitwortäußerungen (in Beispiel 1: *Lala haben*, *Mone sucht*). Innerhalb des dritten Lebensjahres werden diese rudimentären Strukturen zu syntaktisch vollständigen und komplexeren Strukturen expandiert, die sich schrittweise der Zielsprache annähern. Der Prozess der Aneignung der phonologischen und syntaktischen Kernstruktur der Sprache gilt mit drei bis vier Jahren als abgeschlossen. Allerdings ist der Spracherwerb damit nicht beendet: Neben dem weiteren Wortschatzerwerb zieht sich auch die Entwicklung narrativer und pragmatischer Kompetenzen bis in das Schulalter hinein.

Dieser Verlauf des Spracherwerbs ergibt sich, wenn man die typischen Merkmale der kindlichen Äußerungen als Grundlage der Beschreibung heranzieht. In der Spracherwerbsforschung stand zunächst die Analyse sprachlicher Äußerungen des Kindes als Indikator seiner Sprachentwicklung im Vordergrund der wissenschaftlichen Betrachtung. Dies hat sich in den letzten 20 Jahren durch die Entwicklung einer ganzen Bandbreite von Methoden zur Untersuchung von sprachperzeptiven Fähigkeiten bei Säuglingen und jungen Kindern (→ KAPITEL 2) stark geändert. Die Forschung mit diesen Methoden hat gezeigt, dass die Äußerungen der Kinder ihr sprachliches Wissen über die Grammatik der Zielsprache nicht direkt widerspiegeln, sondern dass dieses Wissen über das hinausgehen kann, was die Kinder in ihren eigenen Äußerungen zeigen. Kinder, die sich produktiv in der Zweiwortphase befinden, in der sie typischerweise keine Funktionswörter produzieren, verstehen Sätze, in denen Funktionswörter durch sinnlose Silben ersetzt wurden, trotzdem schlechter als korrekte Sätze. Dies fand die amerikanische Entwicklungspsychologin LouAnn Gerken heraus und konnte so deutlich machen, dass im kindlichen Satzverständnis Funktionswörter durchaus eine Rolle spielen, auch wenn sie noch nicht aktiv genutzt werden (Gerken/McIntosh 1993). Diese Diskrepanzen zwischen Produktion und Verständnis zeigen, dass zu einer umfassenden Beschreibung der kindlichen Sprachkompetenzen die Untersuchung der verschiedenen Sprachmodalitäten notwendig ist.

Gerade die Untersuchung rezeptiver Fähigkeiten hat gezeigt, dass Neugeborene über erstaunliche Fähigkeiten verfügen, die sie beim Spracherwerb unterstützen. Sie verfügen über ein ausgereiftes auditives Wahrnehmungssystem, das bereits während des letzten Drittels der Schwangerschaft funktionsfähig ist und das es schon dem Fötus erlaubt, auch Geräusche, deren Quelle außerhalb des Mutterleibs liegt, wahrzunehmen. Dies gilt auch für Sprache. Durch die Filterfunktion von Bauchdecke, Gebärmutterwand und Fruchtwasser ist es in erster Linie die prosodische Information (Betonungsmuster, Rhythmus, Satzintonation), die intrauterin zu hören ist. Auditive
Wahrnehmung

Neugeborene und wenige Tage alte Babys zeigen bereits eine Präferenz für das Hören menschlicher Sprache gegenüber anderen Geräuschen. Sie können viele lautliche Eigenschaften gesprochener Sprache unterscheiden. Dazu gehören segmentale Eigenschaften wie Unterschiede zwischen verschiedenen Vokalen und zwischen verschiedenen Konsonanten, die bereits kategorial wahrgenommen werden (→ KAPITEL 3.2). Zudem können Neugeborene Lautsequenzen mit unterschiedlicher Silbenzahl unterscheiden, nicht jedoch Lautsequenzen gleicher Silben- aber unterschiedlicher Phonemzahl. Sie können unterschiedliche Sprachen aufgrund rhythmisch-prosodischer Unterschiede diskriminieren und sind sensibel für die prosodische Information, die zur Markierung von Phrasen- und Satzgrenzen eingesetzt wird. In diesen perzeptuellen Fähigkeiten zeigen sich Kinder in den ersten Lebensmonaten noch nicht von den besonderen phonologischen Merkmalen der Umgebungssprache beeinflusst, sondern verfügen über generelle, angeborene Wahrnehmungsmechanismen, die sich teilweise auch bei nicht-humanen Spezies wieder finden lassen. So fanden Franck Ramus und Kollegen heraus, dass auch Lisztäffchen Lautsequenzen aus verschiedenen Sprachen unterscheiden können (Ramus u. a. 2000).

Die Qualität der kindlichen Vokalisationen ist in den ersten Lebensmonaten stark von den generellen motorischen Fähigkeiten des Kindes geprägt. Die Babys produzieren nicht-sprachliche Geräusche wie Quieken und Gurren, aber auch schon sprachähnliche Laute. Diese Phase wird vielfach als Trainingsphase für Respiration und Artikulation interpretiert. Sie wird auch von gehörlosen Kindern durchlaufen, ist also nicht davon abhängig, dass die Babys Sprache in ihrer Umgebung hören. Während dieser frühen Phase verändert sich die Konstellation der Artikulatoren, die in den ersten Lebensmonaten durch einen angehobenen Kehlkopf, einen sehr kurzen Rachenraum und eine im Vergleich zum Mundraum sehr große Zunge nur eine eingeschränkte Lautproduktion erlauben. Dieser physiologische Veränderungsprozess ist ungefähr bis zum sechsten Lebensmonat abgeschlossen.

9.2 Die phonologische Entwicklung

Als phonologische Entwicklung gilt die Aneignung der lautlichen Spezifika von Sprache und insbesondere der Zielsprache des Kindes in Bezug auf das Lautinventar, die Silbenstruktur und die prosodischen Eigenschaften. Die Forschung der letzten Jahre hat gezeigt, dass sich das Kind offensichtlich die prosodischen Merkmale der Zielsprache besonders schnell aneignet. Nach jüngsten Befunden erfolgen die ersten Schritte dafür bereits pränatal oder in den ersten Lebenstagen. So fand eine deutsch-französische Forschergruppe von Biologen und Psychologen (Mampe u. a. 2009) heraus, dass die Schreie von französischen und deutschen Babys bereits in den ersten Lebenstagen differierten: Während die Schreie der deutschen Babys eine fallende Intonationskontur aufwiesen, waren die der französischen Babys eher ansteigend. Dies entspricht den typischen Intonationsverläufen der beiden Sprachen und zeigt sich auch im Babbeln ab ungefähr dem sechsten Lebensmonat (Whalen u. a. 1991). In der zweiten Hälfte des ersten Lebensjahres entwickelt sich das sogenannte kanonische Babbeln, das erkennbare Silbenstrukturen aus Konsonanten und Vokalen mit sprachtypischen zeitlichen Parametern zeigt. Gegen Ende des ersten Lebensjahres passt sich das Babbeln auch in der Häufigkeit der verwendeten Laute der Zielsprache an.

Eine schnelle Anpassung an die prosodischen Charakteristika der Zielsprache zeigt sich außerdem in der Sprachperzeption. Schon im Alter von sechs Monaten zeigen Babys in Experimenten längere Aufmerksamkeit beim Hören von Betonungsmustern, die für die Zielsprache typisch sind, als beim Hören von untypischen Betonungsmustern (Höhle u. a. 2009).

Das Erkennen dieser sprachspezifischen Betonungsmuster gilt als wesentliches Instrument, mit dem die Kinder das sogenannte Wortsegmentierungsproblem lösen: Wortgrenzen sind im sprachlichen Signal nicht eindeutig akustisch markiert, wie also können Kinder Wörter erkennen? Nach richtungsweisenden Befunden des amerikanischen Entwicklungspsychologen Peter Jusczyk nutzen sie dazu die typischen Betonungsmuster ihrer Sprache. Jusczyk zeigte in seinen Untersuchungen, dass sieben bis acht Monate alte amerikanische Säuglinge in der Lage sind, zweisilbige Wörter, die auf der ersten Silbe betont sind (z. B. *kingdom*) und damit dem typischen Betonungsmuster der englischen Sprache entsprechen, als ganze innerhalb längerer Textpassagen wiederzuerkennen, während diese Fähigkeit bei Wörtern mit der fürs Englische weniger typischen Betonung auf der letzten Silbe (z. B. *guitar*) erst ab einem Alter von elf Monaten gefunden wurde (Jusczyk u. a. 1999).

Neben dem Betonungsmuster reagieren Säuglinge auch sensibel auf prosodische Information, die Grenzen im Sprachsignal markiert. An den Grenzen phonologischer Einheiten treten typische akustische Hinweise wie Veränderungen im Intonationsverlauf, Längungen von Lauten und Pausen auf. Im Alter von sechs Monaten erkennen Kinder diese Hinweise und nutzen sie, um gesprochene Sprache beispielsweise in satzentsprechende Einheiten zu segmentieren. Damit verfügen die Kinder über die perzeptuellen Voraussetzungen, die ihnen ein Erkennen der wichtigen strukturellen Einheiten verschiedener sprachlicher Ebenen wie Wörter, Phrasen und Sätze erleichtert.

> Erkennung prosodischer Grenzen

Auch auf der Segmentebene finden sich während des ersten Lebensjahres Anpassungen der Wahrnehmungsprozesse an die Gegebenheiten der Muttersprache. Dies zeigt sich zuerst für die Klasse der Vokale. Bereits im Alter von sechs Monaten reagieren Kinder auf für ihre Muttersprache typische Realisierungen von Vokalen anders als auf weniger typische Realisierungen. Dies deutet daraufhin, dass sich in diesem Alter zielsprachspezifische Vokalkategorien zu etablieren beginnen. Für die Klasse der Konsonanten verläuft dieser Prozess langsamer. Die kanadische Spracherwerbsforscherin Janet Werker fand heraus, dass sich bei Kindern gegen Ende des ersten Lebensjahres Effekte der Zielsprache auf die Lautdiskriminationsfähigkeit zeigen: es beginnt Kindern in diesem Alter – genau wie Erwachsenen – schwer zu fallen, bestimmte nicht-native Lautkontraste zu unterscheiden (Werker/Tees 1984). Zur Erklärung dieses Effekts hat Kathryn Best ein Modell der perzeptuellen Assimilation vorgeschlagen, nach dem die Aneignung des spezifischen phonologischen Systems der Muttersprache dazu führt, dass nicht-native Laute auf dieses System assimiliert werden (Best 1993). Wenn die nicht-nativen Laute einer einzigen phonologischen Kategorie der Muttersprache zugeordnet werden, können sie nur noch schlecht diskriminiert werden.

> Etablierung von Vokal- und Konsonantenkategorien

> Wahrnehmung nicht-nativer Laute

Mit dem Beginn der Produktion erster Wörter lässt sich der Aufbau des phonologischen Systems auch auf produktiver Seite genauer beschreiben. Trotz der raschen Entwicklung hin zu phonologischen Merkmalen der Zielsprache, wie sie sich in der Sprachwahrnehmung im ersten Lebensjahr zeigt, baut sich das phonologisch-lexikalische System während des zweiten Lebensjahres und bis zur Mitte des dritten Lebensjahres erst schrittweise auf. Die von Kindern produzierten Wortformen können in dieser Zeit in unterschiedlichster Weise von der Standardform abweichen, wobei auch die von ein und demselben Kind produzierten Wörter höchst variabel sein können. Die Abweichungen von der Standardform nehmen unterschiedliche Formen ein, typisch sind Auslassungen aber auch Hinzufügungen von Lauten und ganzen Silben, Substitutionen von Lauten und Veränderungen in der Wortbetonung. Diese Abweichungen können allgemein als Ausdruck des stufenweisen Erwerbs des Phoneminventars, der Silbenstruktur und der Prosodie beschrieben werden.

Im Konsonanteninventar der Kinder tauchen in den Äußerungen im Allgemeinen zunächst labiale und koronale Plosive und Nasale (z. B. *p*, *m*, *t*) auf. Dorsale (z. B. *k*) treten danach hinzu, Frikative (z. B. *s*, *x*, *h*) werden erst später produziert. Die Beschreibung einer stabilen, interindividuellen Erwerbsreihenfolge für Einzellaute ist äußerst schwierig, da es eine erhebliche Variation zwischen den Kindern gibt. Außerdem wird die korrekte Produktion eines Lautes von seiner phonologischen Umgebung bestimmt: Durch Assimilationsprozesse stimmen beispielsweise in kindlichen Wörtern oft Vokale oder Konsonanten eines Wortes vollständig oder in einem phonologischen Merkmal überein (z. B. *didoete* für *Schildkröte*).

Weniger variable Entwicklungsstufen beobachtet man bei der Silbenstruktur. Die ersten Wörter der Kinder bestehen im Allgemeinen aus einem einzigen Fuß, der entweder aus zwei Konsonant-Vokal-Silben (*buma*) oder einer Konsonant-Vokal-Konsonant-Silbe (*putt* für *kaputt*) besteht. Konsonantenbündel werden zunächst häufig auf einen Konsonanten reduziert (*bume* für *Blume*) und tauchen im Allgemeinen zunächst am Beginn einer Silbe auf und erst später am Silbenende. Gegen Ende des dritten Lebensjahres sind die Silbenstrukturen der Zielsprache erworben.

Im zweiten Lebensjahr produzieren die Kinder vielfach nur die betonte Silbe eines prosodischen Fußes, produzierte Zweisilber sind bei deutschen Kindern im Allgemeinen auf der ersten Silbe betont, dabei kann es auch zu Übergeneralisierungen dieses Betonungsmusters auf Wörter kommen, die eigentlich auf der zweiten Silbe betont sind.

Auch durch das Hinzufügen von Silben kann ein Wort zu einem zweisilbigen trochäischen Fuß ergänzt werden (z. B. *balla* statt *Ball*). Charakteristisch sind auch Auslassungen initialer unbetonter Silben (*mate* statt *Tomate*, *putt* statt *kaputt*). Mehrfüßige phonologische Wörter treten erst im Laufe des dritten Lebensjahres auf (z. B. *Krokodil, Antilope*). Hier ist die Wortbetonung häufig noch falsch.

Obwohl die von den Kindern produzierten Wortformen über einen längeren Zeitraum noch von der Standardwortform abweichen können, scheinen die zugrunde liegenden phonologischen Repräsentationen der Standardwortform schon sehr nahe zu sein. So fällt es bereits 14 Monate alten Kindern schwerer, ein in einem Laut verändertes Wort (z. B. *vaby* statt *baby*) zu verstehen als das korrekt ausgesprochene Wort (Swingley / Aslin 2002).

9.3 Die lexikalische Entwicklung

Das Ende des ersten und der Beginn des zweiten Lebensjahres sind geprägt durch den einsetzenden Wortschatzerwerb. Ein früher Vorläufer der Fähigkeit des Wortlernens lässt sich bereits im Alter von vier Monaten erkennen, in dem Kinder schon auf ihren eigenen Namen reagieren. Ungefähr ab dem achten Monat setzt das Verständnis für erste referenzielle Wörter ein. Die produktive Verwendung erster Wörter, die sowohl phonologisch als auch semantisch Ähnlichkeiten zur Standardsprache erkennen lassen, beginnt um den ersten Geburtstag herum. Zwischen dem 12. und dem 18. Lebensmonat steigt der Wortschatz langsam auf ungefähr 50 Wörter an. Danach setzt der sogenannte Vokabelspurt ein, in dem sich der Zuwachs an neuen Wörtern im produktiven Repertoire des Kindes deutlich beschleunigt. Mit zwei Jahren verfügen die Kinder über durchschnittlich 300 Wörter, mit drei Jahren über schätzungsweise 550.

Die ersten Wörter, die Kinder verwenden, sind meist Wörter, die auf konkrete Objekte oder Personen referieren. Dies sind standardsprachlich meist Nomen. Aber im zweiten Lebensjahr tauchen auch schon erste Verben und Adjektive sowie Partikel wie *hoch, ab* und *auch* auf. Die Verteilung der Wortarten im kindlichen Lexikon unterliegt allerdings zwischensprachlicher Variation. So wurde beispielsweise bei koreanisch lernenden Kindern – einer Sprache mit Verbendstellung, in der Verben häufiger sind als im Englischen oder Deutschen – kein deutlicher Vorteil von Nomen gegenüber Verben im kindlichen Wortschatz gefunden (Gopnik / Choi 1990). Generell wird jedoch davon ausgegangen, dass Verben aufgrund ihrer besonderen strukturellen und semantischen Eigenschaften schwieriger zu erwerben sind als Nomen.

Kinder sind ausgezeichnete Wortlerner. In Experimenten wurde gezeigt, dass bereits ein fünf- bis achtmaliges Hören eines Wortes in einem engen Zeitraum ausreicht, damit die Kinder eine zumindest kurzfristige Form-Bedeutungs-Repräsentation (Fast-Mapping) aufbauen, die es ihnen ermöglicht, das Wort zu verstehen. Diese Repräsentation geht allerdings wieder verloren, wenn sie nicht durch weitere Verwendungen des Wortes in der kindlichen Umgebung gestärkt wird.

Vielfach untersucht wurde die Frage, wie es Kindern gelingt, in einer Situation, in der ein Sprecher ein für das Kind neues Wort äußert, herauszufinden, was die Bedeutung dieses Wortes ist. In jeder Situation gibt es eine Vielzahl von Möglichkeiten dafür. Man stelle sich beispielsweise eine Mutter vor, die zu ihrem zweiiährigen Kind im Zoo vor dem Zebragehege sagt: *Schau mal, die Zebras.* In der Tat könnte das Kind dem Wort *Zebra* unterschiedlichste Bedeutungen zuordnen. Es könnte vermuten, dass das Tier gemeint ist, es könnte aber auch vermuten, dass die Beine des Zebras oder seine Ohren gemeint sind, die Pfähle des Zaunes, der das Gehege umgibt, oder das Schlagen des Zebras mit dem Schweif. Kinder verwenden zur Lösung dieses Problems offensichtlich verschiedene Strategien und sind in Lage, unterschiedliche Hinweise auszunutzen. Sie tendieren dazu, ein neues Wort als Referenten für ein gesamtes Objekt zu interpretieren und nicht als Bezeichnung von Teilen oder Eigenschaften von Objekten. Sie beziehen ein neues Wort eher auf Objekte, für die sie noch keine Bezeichnung kennen, als mehrere Bezeichnungen für dasselbe Objekt anzunehmen (Markman 1994). Auch der linguistische Kontext, in dem ein Wort auftritt, ist in dieser Hinsicht relevant. So interpretieren schon 15 bis 16 Monate alte Kinder ein Wort, das wie im obigen Beispiel einem Artikel folgt, als Bezeichnung für ein Objekt, während Wörter, die eine typische Adjektivendung aufweisen (z. B. *zebraig*) eher als Bezeichnung für eine Eigenschaft interpretiert werden (Waxman/Booth 2001). Auch sozio-pragmatische Merkmale der interaktiven Situation, in der ein Sprecher ein Wort äußert, wie beispielsweise Blicke oder Gesten des Sprechers, nutzen Kinder, um die Bedeutung von für sie neuen Wörtern zu erschließen (Tomasello 2003).

Eine zweite wichtige Aufgabe beim Lernen eines neuen Wortes besteht darin, die Extension des Wortes zu erkennen, d. h. zu erkennen, welche anderen Objekte außer dem, mit dem das Kind das Wort zunächst assoziiert hat, von diesem bezeichnet werden. Diese Entwicklung hängt eng mit der Fähigkeit zusammen, Objekte zu kategorisieren. Die Wortextension nehmen Kinder vor allem anhand der Klassenzugehörigkeit vor (taxonomische Kategorisierung), wobei perzeptuelle Ähnlichkeiten der Kategoriemitglieder für die Zuordnung eine wesentliche Rolle spielen (Landau u. a. 1988). Dass die Erfassung der genauen Extension von Wörtern einen für das Kind komplexen Prozess darstellt, erkennt man besonders gut an der Verwendung von Übergeneralisierungen, bei denen ein Wort semantisch nicht adäquat verwendet wird, wenn das Kind beispielsweise einen Esel mit *Pferd* benennt.

Taxonomische Kategorisierung

9.4 Die syntaktische Entwicklung

Produktiv lässt sich die Entwicklung der Syntax ab dem Auftauchen erster Mehrwortäußerungen gegen Ende des zweiten Lebensjahres beobachten. Typischerweise handelt es sich hierbei zunächst um die Kombination zweier Wörter zu sogenannten Zweiwortäußerungen. Im dritten Lebensjahr werden die Äußerungen länger, über eine Drei- bis Vierwortphase gelangen die Kinder in die Phase der Produktion längerer, komplexer Sätze.

Meilensteine der syntaktischen Entwicklung

Im Deutschen lässt sich die Entwicklung der Syntax anhand eines Meilensteinmodells im Rahmen der Feldtheorie des Satzes beschreiben. Frühe verbhaltige Äußerungen der Kinder sind dadurch charakterisiert, dass das Verb in infiniter Form in finaler Position oder in der rechten Satzklammer auftritt (z. B. *saft trinken*). Anstelle des Verbs finden sich hier auch Partikel wie z. B. *brille ab*. Die Positionierung von Verb und Partikel entspricht bereits der korrekten Struktur eines deutschen Satzes. Die in diesen Äußerungen auftauchenden Wörter gehören im Wesentlichen den Inhaltswörtern an, Funktionswörter wie Artikel, Pronomen und Konjunktionen werden so gut wie nicht verwendet. Neben einer quantitativen Veränderung hin zu längeren Äußerungen lässt sich das Erreichen des nächsten Meilensteins an der Verwendung finiter Verbformen festmachen, die dann, wie es fürs Deutsche korrekt ist, in der zweiten Position (V2-Position) auftauchen (*ich bau(e) ein Turm jetzt*). Die Subjekt-Verb-Kongruenz wird von den Kindern im Allgemeinen eingehalten, wenn ein Subjekt produziert wird, es kommen aber auch häufig subjektlose Äußerungen (z. B. *Hocker habe*) vor (Weissenborn 1992). Wenn die

Kinder infinite Verben verwenden, stehen diese typischerweise in der finalen Position. Die in dieser Phase produzierten Äußerungen enthalten auch mehr Funktionswörter. Damit verfügen die Kinder über die Grundstruktur des deutschen Hauptsatzes. Diesen Meilenstein der Produktion finiter Verben in V2-Position erreichen deutschlernende Kinder meist bis zu einem Alter von zweieinhalb Jahren. Der letzte wichtige Meilenstein der syntaktischen Entwicklung ist erreicht, wenn die Kinder beginnen, Nebensätze mit korrekter Endstellung des finiten Verbs zu verwenden. Dies geschieht meist gegen Ende des dritten Lebensjahres.

Individuelle Variation Auch im Erwerbsverlauf der Syntax sind individuelle Variationen zwischen Kindern zu verzeichnen. Neben Kindern, die relativ systematisch die oben beschriebenen Meilensteine durchlaufen, gibt es auch solche, die von Beginn an längere syntaktische Einheiten produzieren. Diese Kinder folgen einer holistischen Erwerbsstrategie, indem sie offensichtlich längere Sprachsequenzen als Einheiten speichern und diese dann in entsprechenden Kontexten wiedergeben.

Erwerb der Morphosyntax Wesentlich länger als die Entwicklung der syntaktischen Grundstruktur dauert die Entwicklung der nominalen Morphosyntax im Deutschen. Zwar beginnen Kinder sehr früh, nominale Pluralformen zu produzieren, diese tauchen jedoch zunächst meist bei Wörtern auf, deren Referenten typischerweise nicht singulär auftreten (z. B. *Schuhe*) und werden nicht kontrastiv zu einer entsprechenden Singularform verwendet. Dies deutet daraufhin, dass diese Wörter zunächst holistisch und nicht als morphologisch komplexe Wortformen analysiert werden. Eine verstärkte Verwendung von nominalen Pluralformen auch neben entsprechenden Singularformen findet sich im dritten Lebensjahr. In Sprachen wie dem Deutschen, die ein komplexes Bildungssystem des nominalen Plurals aufweisen, sind falsche Pluralbildungen noch mehrere Jahre zu beobachten (z. B. *die Hausen* statt *die Häuser*). Dies zeigt jedoch, dass Kinder gelernt haben, dass die Pluralbildung einer gewissen Regularität in der Formbildung unterliegt.

Kasussystem Der Erwerb des Kasussystems zieht sich ebenfalls über einen längeren Zeitraum hin. Da im Deutschen der Kasus hauptsächlich am Artikel markiert wird, kann der Kasuserwerb erst systematisch beobachtet werden, wenn die Kinder beginnen, regelmäßig Artikel zu produzieren. Nach übereinstimmenden Beobachtungen treten bei deutschsprachigen Kindern zuerst Nominativformen auf. Neben dem Nominativ werden später zunächst hauptsächlich Akkusativformen gebraucht. Diese werden häufig auch in Kontexten verwendet, die eigentlich einen Dativ erfordern (z. B. *da spielt er mit den Kran*). Diese Art von Fehlern beim Dativ sind noch im vierten Lebensjahr häufig zu beobachten (Szagun 2006). Als Objektkasus hat der Genitiv im Deutschen kaum noch Bedeutung und kommt daher in kindersprachlichen Äußerungen kaum vor. Genusfehler werden im Erwerb des Deutschen – im Gegensatz zu erwachsenen Zweitsprachlernern – nur in der frühen Phase des Erwerbs beobachtet.

Auch im Bereich der Syntax ist zu erkennen, dass sich bestimmte Aspekte des Erwerbs schon vor dem produktiven Erscheinen dieser Strukturen in der rezeptiven Sprachverarbeitung zeigen. So nehmen Kinder Funktionswörter wahr und berücksichtigen deren Information beim Satzverständnis schon lange bevor sie diese regelmäßig in ihren eigenen Äußerungen produzieren. Mit 18 Monaten können Kinder einfache Subjekt-Verb-Objekt-Sätze verstehen und sind in der Lage, nicht-kontinuierliche Abhängigkeiten zu verarbeiten. Sie können auch die syntaktische Kategorie eines Wortes anhand des Kontexts, in dem dieses Wort auftritt, unterscheiden.

Rezeption vor Produktion

9.5 Späte Erwerbsprozesse

Während der Erwerb der zentralen grammatischen Fähigkeiten im Laufe der ersten vier Lebensjahre abgeschlossen zu sein scheint, dauert die Entwicklung konversationeller und pragmatischer Fähigkeiten, die das Kind zu einem kompetenten Nutzer von Sprache machen, bis weit in das Schulalter hinein. Sprachvergleichende Untersuchungen narrativer Fähigkeiten von Kindern beim Erzählen einer Bildergeschichte haben dokumentiert, dass sich noch neun- bis zehnjährige Kinder von erwachsenen Erzählern unterscheiden, sowohl in der Verwendung des Vokabulars und komplexer syntaktischer Strukturen als auch in den narrativen Strukturen und Inhalten. Zu Beginn des Schulalters sind kindliche Erzählungen häufig noch geprägt durch eine geringe lexikalische Diversität, d. h. es wird nur eine geringe Anzahl verschiedener Inhaltswörter bei einem hohen Anteil von Funktionswörtern wie beispielsweise Pronomen gebraucht. Der adäquate Einsatz von Mitteln zur Referenzierung bedarf allerdings ebenfalls eines längeren Entwicklungsprozesses. So verwenden jüngere Kinder viele Pronomen, auch wenn deren Antezedent vorher nicht eingeführt wurde, sodass ihre Äußerungen losgelöst von einem spezifischen situativen Kontext oft nur schwer zu interpretieren sind. Der Anteil syntaktisch komplexerer Strukturen mit konnektiven (ver-

Narrative Fähigkeiten

knüpfenden) Konjunktionen steigt im Schulalter an und löst eine überwiegend koordinierende Strukturierung ab. Die logische und temporale Struktur einer Situationsbeschreibung wird auch erst in späterem Alter durch adäquate sprachliche Mittel wie temporale und konditionale Verknüpfungen durch den Einsatz von Adverbialen und Konjunktionen klar ausgedrückt (Berman 2009). Diese Merkmale zeigen sich beispielsweise in den Beschreibungen einer Bildgeschichte, in der ein Junge einen Frosch in ein Glas gesperrt hat, aus dem dieser am nächsten Morgen verschwunden ist (entnommen aus dem CHILDES Corpus) durch ein neunjähriges (3) und ein fünfjähriges Kind (4):

3. *CHI: *an dem nächsten Morgen wachten der Hund und der Junge auf*
   *CHI: *und da sahen sie*
   *CHI: *dass das Glas leer war*
4. *CHI: *und dann wachen se am Morgen auf*
   *CHI: *und denn ist das Glas leer*

Sprachverständnis — Die Fähigkeit, im Verstehen von Sprache nicht nur die direkt in einer Äußerung kodierte Information zu interpretieren, sondern das Gesagte mit – entweder verbaler oder nicht-verbaler – Kontextinformation anzureichern, um eine korrekte Interpretation zu erreichen, entwickelt sich ebenfalls erst im Vorschul- und Schulalter. Dies drückt sich in länger anhaltenden Schwierigkeiten aus, Sätze mit Operatoren wie Fokuspartikeln und Quantoren korrekt zu interpretieren. Auch beim Verstehen von Sätzen, die von der kanonischen Satzstruktur abweichen (wie objektinitiale Sätze oder Passivsätze), zeigen sich im Vorschulalter noch Schwierigkeiten. Nicht zuletzt bedarf das Verständnis nicht-figurativer Sprache wie Ironie und Methaphern eines längeren Entwicklungsprozesses.

Fragen und Anregungen

- Was versteht man unter kanonischem Babbeln?

- Skizzieren Sie, welche Rolle die Verarbeitung prosodischer Information für den Spracherwerb spielt.

- Welche Strategien und Hinweise nutzen Kinder beim Erwerb von Wortbedeutungen?

- Beschreiben Sie die Meilensteine des Syntaxerwerbs bei deutschlernenden Kindern.

- Überlegen Sie, für welche Forschungsfragen es sinnvoll ist, kindliche Sprachproduktionsdaten heranzuziehen und für welche man eher Sprachverstehens- oder Sprachwahrnehmungsdaten heranziehen sollte. Inwiefern ergänzen sich Daten zur Produktion und zum Verständnis?

- Überprüfen Sie anhand weiterer Daten von Simone aus dem CHILDES-Corpus, ob die Entwicklung dieses Kindes dem Meilensteinmodell entspricht. (Web-Adresse: http://childes.psy.cmu.edu)

Lektüreempfehlungen

- **Paula Fikkert: Acquiring Phonology**, in: Paul de Lacy (Hg.), Handbook of Phonological Theory, Cambridge, MA 2007. *Kompakte Zusammenfassung aktueller Forschungsfragen zum Phonologieerwerb mit weiterführenden Lektürehinweisen.*

- **Teresa Guasti: Language Acquisition: The Growth of Grammar**, Cambridge, MA 2002. *Detaillierte Einführung in den Erwerb in die verschiedenen Bereiche der Syntaxentwicklung auf Grundlage der generativen Grammatik.*

- **Peter W. Jusczyk: The Discovery of Spoken Language**, Cambridge, MA 1997. *Darstellung der perzeptuellen Grundlagen des Spracherwerbs bei Säuglingen.*

- **Gisela Szagun: Sprachentwicklung beim Kind**, Weinheim 2006. *Grundlegende Einführung in die Spracherwerbsforschung mit vielen Beispielen und Ergebnissen zum Erwerb des Deutschen.*

10 Spracherwerbstheorie: Wie kommt die Sprache zum Kind?

Barbara Höhle

Abbildung 17: Kaspar Hauser bei seinem Auftauchen in Nürnberg am 26. Mai 1828 (1830)

Das Bild zeigt Kaspar Hauser, wie er vermutlich am Pfingsttag des Jahres 1828 in Nürnberg auftauchte – ein 16-jähriges Findelkind unbekannter Herkunft, das nach eigenem Bericht verborgen in einem dunklen Raum aufgewachsen war. Die Abstammung und Lebensgeschichte Kaspar Hausers sind bis heute rätselhaft. Er sprach nur einige Wörter und Sätze, verstand offensichtlich wenig. Der mysteriöse Fall von Kaspar Hauser ist einer von einer Reihe außerhalb des menschlichen Sozialgefüges aufgewachsener Kinder, die Wissenschaft und Kunst seit langem und bis heute faszinieren. Man glaubte, an ihnen die wahre menschliche Natur erkennen zu können. Schon in der Antike faszinierte die Menschen diese Fragestellung. So ist von dem griechischen Geschichtsschreiber Herodot überliefert, dass der ägyptische Pharao Psammetich I im 7. Jahrhundert v. Chr. herausfinden wollte, welches die Ursprache der Menschen ist. Dazu ließ er zwei Neugeborene von einem Hirten in einer abgelegenen Hütte aufziehen, dem er verbot, mit den Kindern zu sprechen. Diesen Versuch wiederholte Kaiser Friedrich II im Mittelalter. Diese Kinder starben jedoch.

Die Frage „Wie kommt das Kind zur Sprache" umreißt die zentrale Problemstellung der Spracherwerbsforschung. Was befähigt uns Menschen im Gegensatz zu anderen, ebenfalls hoch entwickelten Spezies dazu, ein Kommunikationssystem mit der Komplexität der menschlichen Sprache zu erwerben und zu benutzen? In der Tradition von Rationalismus und Empirismus stehen sich hier gegenwärtig zwei Ansätze gegenüber: der Nativismus und der Konstruktivismus. Im nativistischen Ansatz, der vor allem im Rahmen der generativen Grammatik von Noam Chomsky propagiert wird, wird die Annahme vertreten, der Mensch sei genetisch mit sprachspezifischem Strukturwissen ausgestattet, das den Spracherwerb lenkt. Der Konstruktivismus geht dagegen davon aus, dass das Kind – ausgestattet mit allgemeinen Lern- und Generalisierungsmechanismen – aus seinem sprachlichen Input dessen Regel- und Gesetzmäßigkeiten konstruieren kann. Ein spezifisch sprachliches Vorwissen wird in diesem Ansatz negiert.

10.1 Das Spracherwerbsproblem
10.2 Der nativistische Ansatz
10.3 Der konstruktivistische Ansatz
10.4 Variation im Spracherwerb

10.1 Das Spracherwerbsproblem

Wir gehen davon aus, dass die Fähigkeit eines erwachsenen kompetenten Sprechers, Äußerungen seiner Muttersprache zu produzieren und zu verstehen, auf einem mentalen System sprachlichen Wissens und bestimmten Verarbeitungsprozeduren basiert. Wie eignen sich Kinder dieses Wissen aber an, welches System steht ihnen zur Verfügung, um diese Erwerbsaufgabe zu lösen? Generell gilt, dass ein erfolgreicher Spracherwerb nur möglich ist, wenn Kinder Sprache in kommunikativen Situationen erfahren, und dass sie genau die Sprache/n erwerben, die in ihrem Umfeld verwendet wird/werden. Die sprachliche Kompetenz eines Sprechers umfasst nicht einfach eine Speicherung aller zuvor gehörten Äußerungen, die in einer gegebenen Situation aus diesem Speicher abgerufen und produziert werden. Vielmehr besteht die sprachliche Kompetenz darin, auch zuvor nie gehörte Äußerungen zu produzieren oder zu verstehen. Diese Fähigkeit wird als generative Kompetenz bezeichnet. Der Erwerbsprozess bei Kindern spiegelt die Tatsache, dass sprachliche Kompetenz nicht in der bloßen Imitation gehörter Äußerungen besteht: So produzieren Kinder systematische Abweichungen von ihrem sprachlichen Input, etwa in Form sogenannter Übergeneralisierungen wie *hase ist weggelauft*. Mit *weggelauft* benutzt das Kind eine Wortform, die im Deutschen so nicht existiert, die aber der regelmäßigen Partizipbildung entspricht (wie in *weggeholt, weggelegt* usw.), d. h. das Kind bildet eine eigene Form, die bestimmten Regeln der Zielsprache entspricht.

Die Sprache, die Kinder hören, wird allgemein als positive Evidenz beschrieben. Häufig wird angenommen, dass Kinder Wörter und Sätze hören und darin bestimmte grammatische Gesetzmäßigkeiten erkennen sowie generellere Regeln daraus ableiten können. Dabei ist jedoch zu bedenken – auf diesen Punkt hat insbesondere der Spracherwerbsforscher Steven Pinker hingewiesen – dass der sprachliche Input und das sprachliche Wissen, das wir vermuten, zwei ganz unterschiedliche Dinge sind (Pinker 1984). Während sprachliches Wissen beispielsweise Wissen über bestimmte Kategorien und Regeln umfasst, besteht der sprachliche Input lediglich aus akustischen Signalen, die an unser Ohr dringen. Viele der Verarbeitungsprozesse für diese Signale (z. B. das Erkennen von Wortgrenzen) geschehen unter Zuhilfenahme von sprachlichem Wissen (→ KAPITEL 5.2). Wie aber soll das Kind, das noch nicht über dieses Wissen verfügt, seinen sprachlichen Input in systematischer Weise so verarbeiten, dass es genau zu diesem zugrunde liegenden Wissenssystem kommt?

Ein zweites Charakteristikum des Erwerbs menschlicher Sprache ist die Tatsache, dass er auch ohne sogenannte negative Evidenz erfolgen kann, also ohne die Information, dass eine bestimmte Struktur gegen das Regelsystem der jeweiligen Sprache verstößt. Während beispielsweise Spielregeln meistens Informationen sowohl darüber enthalten, was erlaubt ist, als auch darüber, was verboten ist, steht diese zweite Komponente – wie sie etwa durch Korrekturen falscher Äußerungen der Kinder gegeben sein könnte – Kindern nur unsystematisch zur Verfügung.

So kann man immer wieder beobachten, dass Erwachsene Fehler der Kinder nicht korrigieren. Wenn sie dies tun, ist ihr Korrekturverhalten nicht unbedingt eindeutig und wird von den Kindern nicht immer richtig interpretiert, wie das folgende Beispiel aus der CHILDES Datenbank zeigt (*CHI = Kind; *MOT = Mutter):

1. *MOT: *... und was is dis ?*
   *CHI: *Ente .*
   *MOT: *ja das ein Schwan .*
   *CHI: *Ente*
   *MOT: *ne ganz grosse weisse Ente ein Schwan .*
   *CHI: *Ente*
   *MOT: *also du bestehst auf Ente?*
   *CHI: *ja*

Eine andere Form negativer Evidenz könnte im Nicht-Auftreten bestimmter Strukturen im kindlichen Input bestehen. Hier stellt sich allerdings die Frage, welche Strukturen das Kind im Input erwartet, denn nur, wenn solche Erwartungen existieren, kann das Fehlen bestimmter Strukturen überhaupt erkannt werden. Ein zweites Problem betrifft die Zuverlässigkeit der Interpretation nicht vorkommender Information: fehlen bestimmte Strukturen im Input, weil sie in der Sprache nicht möglich sind, oder fehlen sie, weil sie einfach selten verwendet werden? Nach welchem Kriterium soll das Kind entscheiden, dass die erste und nicht die zweite Möglichkeit zutrifft?

Im Rahmen des Spracherwerbs muss das Kind also in der Lage sein, dass sogenannte Projektionsproblem zu lösen: wie kann es aufgrund seiner beschränkten sprachlichen Erfahrung zu einem prinzipiell infiniten sprachlichen Wissen über seine Zielsprache gelangen?

Die Ergebnisse der jüngeren Entwicklungsforschung zeigen deutlich, dass das Kind ein aktiver Lerner ist, der in der Lage ist, aus unterschiedlichster Information Nutzen zu ziehen. Entsprechend nimmt die jüngere Forschung auch an, dass ein erfolgreicher Erwerb des gesamten komplexen Sprachsystems nur durch das Zusammen-

Negative Evidenz

Fehlende Korrektur

Fehlende Strukturen im Input

Projektionsproblem

Erwerbsmechanismen

wirken verschiedener perzeptueller, kognitiver und sozialer Systeme erfolgen kann (Hirsh-Pasek u. a. 2000). Eine der Kernfragen der Forschung ist dabei, ob es hierbei ein angeborenes, sprachspezifisches System gibt, das das Kind mit bestimmtem sprachlichem Vorwissen ausstattet. Diese Annahme wird im nativistischen Ansatz vertreten. Alternativ dazu wird vom konstruktivistischen Ansatz die Theorie vertreten, dass ein solches sprachspezifisches System nicht notwendig ist, sondern dass der Spracherwerb allein aufgrund eines generellen Lernsystems erfolgen kann.

10.2 Der nativistische Ansatz

Die Grundannahme des nativistischen Ansatzes besagt, dass das Kind mit angeborenem Strukturwissen über Beschränkungen sprachlicher Systeme ausgestattet ist. Dieses angeborene Wissen muss natürlich so generell sein, dass es den Erwerb jeder auf der Welt gesprochenen natürlichen Sprache ermöglicht, d. h., es muss ausreichend flexibel sein, um der grammatischen Variabilität, die zwischen den verschiedenen Sprachen der Welt besteht, Rechnung tragen zu können. Dieses angeborene Wissen wird als Universalgrammatik (UG) bezeichnet, die aus sogenannten Prinzipien und Parametern besteht.

Universalgrammatik (UG)

- Prinzipien sind Strukturmerkmale, die sich in allen Sprachen der Welt finden, die also universell für jedes Sprachsystem gelten.

Prinzipien und Parameter

- Parameter kennzeichnen dagegen Bereiche, in denen sich zwischensprachliche grammatische Variation findet.

Eines der grundlegenden Prinzipien der Universalgrammatik ist die Strukturabhängigkeit. So stellt eine sprachliche Sequenz keine lineare Kette von Elementen dar, sondern sie weist eine Struktur auf, und grammatische Operationen sind abhängig von dieser Struktur. Der nativistische Ansatz geht davon aus, dass das Kind mit dem Wissen um diese Strukturabhängigkeit ausgestattet ist. Es ist daher darauf ausgerichtet, seinen sprachlichen Input in strukturelle Einheiten zu organisieren und nicht rein sequenziell zu verarbeiten. Zudem schränkt dieses Wissen bestimmte Hypothesen des Lerners in Bezug auf grammatische Operationen ein.

Strukturabhängigkeit

2. *Der Mann ist in der Küche.*
   Ist der Mann in der Küche?
3. *Der Mann ist glücklich.*
   Ist der Mann glücklich?

Prinzip: Beispiel Fragebildung

4. *Der Mann, der glücklich ist, tanzt.*
   **Ist der Mann der glücklich tanzt?*

Ein Kind, das die Frage-Antwort-Paare 2 und 3 hört, könnte die Annahme aufstellen, dass man eine Frage bildet, in dem man das Wort *ist* an die Spitze des Satzes stellt und ansonsten nichts verändert. Das Beispiel 4 zeigt aber, dass diese einfache Regel offensichtlich nicht stimmt. Eine einfache, wortbasierte Regel kann das Phänomen der Fragebildung nicht erfassen. Kinder bilden Fragen wie in 4 nicht, was darauf hindeutet, dass sie wissen, dass Sätze mit Einbettungen strukturell anders organisiert sind als einfache Sätze. Wenn Prinzipien dieser Art angeboren sind, erwarten wir, dass dieses Wissen den Kindern von Geburt an zur Verfügung steht und dass wir in Erwerbsbereichen, in denen Prinzipien wirksam sind, von Beginn an korrektes Verhalten sehen. Jüngere Untersuchungen zeigen, dass Kinder die Strukturabhängigkeit von grammatischen Operationen offensichtlich schon sehr früh erfassen (Lidz u. a. 2003).

Head-Direction-Parameter

Mit Parametern lassen sich zwischensprachliche grammatische Unterschiede beschreiben. Innerhalb der Wortstellung sieht man beispielsweise systematische Unterschiede zwischen verschiedenen Sprachen in Bezug auf die Abfolge von Verb und Objekt in einem Satz. So gibt es auf der einen Seite eine Reihe von Sprachen, in denen das Objekt (Komplement) dem Verb (Kopf / Head) stets folgt; zu diesen sogenannten kopfinitialen Sprachen gehören beispielsweise das Englische (*he reads a book*) oder das Französische (*il lit le livre*). In anderen, sogenannten kopffinalen Sprachen folgt dagegen umgekehrt der Kopf dem Komplement, so beispielsweise im Türkischen oder im Japanischen. Der Parameter, der dieses regelt, wird als Head-Direction-Parameter bezeichnet.

Pro-drop-Parameter

In Bezug auf die Notwendigkeit des Subjekts gibt es Sprachen, in denen das Subjekt fehlen kann, ebenso wie Sprachen, in denen dies nicht der Fall ist. Im Italienischen bilden Sätze, die ausschließlich aus einem Verb bestehen, einen vollständigen grammatischen Satz, im Deutschen ist der Gebrauch eines Subjekts dagegen obligatorisch. Besonders deutlich sieht man diesen Unterschied zwischen beiden Sprachtypen in Sätzen, die ein expletives Pronomen aufweisen, wie *es regnet*. Das Pronomen *es* erfüllt in diesem Satz keine Funktion für die Satzbedeutung, es füllt lediglich die syntaktisch notwendige Subjektposition. Der gleiche Satz kann im Italienischen ohne Pronomen verwendet werden. Dieser Parameter wird als pro-drop-Parameter bezeichnet.

Die Universalgrammatik stattet das Kind mit dem Wissen über die Existenz dieser Parameter aus. Die Aufgabe des Kindes im Erwerb einer spezifischen Sprache besteht nun darin herauszufinden, welcher Parameterwert für die zu lernende Sprache gilt: Ist die Sprache beispielsweise kopffinal oder kopfinitial, gehört sie zu den pro-drop Sprachen oder nicht? Dazu benötigt das Kind spezielle Information aus dem sprachlichen Input, sogenannte Triggerinformation. Wie kann man sich dieses Zusammenwirken von Parametern und Triggern vorstellen? Ein Vorschlag dazu stammt von der Phonologin Marina Nespor und ihren Kollegen im Rahmen ihrer rhythmischen Aktivierungshypothese. Die Forscher haben beobachtet, dass die verschiedenen Abfolgen von Kopf und Komplement grundsätzlich mit unterschiedlichen Betonungsmustern einhergehen. So ist in Kopf-Komplement-Strukturen das Komplement stets stärker betont als der Kopf, folglich hört das Kind in Kopf-Komplement-Sprachen eine schwach-stark-Betonungsabfolge, während es in Komplement-Kopf-Sprachen eine stark-schwach-Betonungsabfolge hört. Die Betonungsinformation kann als Trigger für das Setzen des Head-Direction-Parameters dienen. Das Wissen über diese Korrelation ist angeboren, also kann das Kind aus der Entscheidung, welches Betonungsmuster für seine Sprache typisch ist, den Parameter richtig setzen (Nespor u. a. 1996). Für diese Annahme spricht, dass Kinder von Geburt an sensitiv für diese Art von prosodischer Information sind.

Eine wichtige Konsequenz des nativistischen Ansatzes ist die Annahme, dass das sprachliche Wissen des Kindes von Beginn an grammatischer Natur ist, d. h. dass Kinder von Beginn an über linguistische Kategorien, Relationen und Strukturen verfügen (Pinker 1984). Diese Annahme wird auch als Kontinuitätshypothese bezeichnet, da sie – anders als andere Ansätze – keine qualitative Veränderung der Wissensbasis, die dem Sprachgebrauch zugrunde liegt, vermutet.

Der nativistische Ansatz bezieht sich auf Bereiche des Erwerbs formaler Eigenschaften der Sprache, d. h. im Wesentlichen auf die Syntax und Phonologie. Damit kann die Universalgrammmtik lediglich als eine spezifische Komponente des Spracherwerbssystems betrachtet werden, die durch andere kognitive Komponenten, beispielsweise generelle Lernmechanismen, ergänzt wird. Dabei negiert der nativistische Ansatz die Rolle von Erfahrung für den Spracherwerb keinesfalls: So können Parameter nur korrekt gesetzt werden, wenn die Kinder in einem ausreichenden sprachlichen Input die dafür notwendige Information finden.

10.3 Der konstruktivistische Ansatz

Die Hauptannahme konstruktivistischer Ansätze besteht darin, dass das Kind sein sprachliches Wissen anhand von generellen Lernmechanismen innerhalb der sozialen Interaktion mit anderen Sprechern aus seinem sprachlichen Input konstruiert. Angeborenes spezifisches sprachliches Wissen steht dem Kind nach diesem Ansatz nicht zur Verfügung. Es kann sein grammatisches System allein aufgrund seiner kognitiven Voraussetzungen selbst konstruieren. Daraus ergeben sich drei grundsätzliche Unterschiede zum nativistischen Ansatz.

Konstruktivistischer vs. nativistischer Ansatz

- Erstens folgt aus der Annahme, dass dem Kind zu Beginn des Spracherwerbs kein grammatisches Wissen zur Verfügung steht, zwangsläufig die Annahme, dass dieses schrittweise im Laufe der ersten Lebensjahre aufgebaut wird. Demnach entspricht das Wissenssystem, dass den ersten sprachlichen Äußerungen der Kinder zugrunde liegt, nicht dem grammatischen System des erwachsenen Sprechers, sondern unterscheidet sich qualitativ.
- Zweitens wird dem sprachlichen Input in konstruktivistischen Ansätzen als einziger sprachlicher Quelle des Erwerbs eine weitaus größere Rolle zugewiesen als im nativistischen Ansatz.
- Drittens sind nach dem konstruktivistischen Ansatz generelle Lern- und Musterkennungsfähigkeiten ausreichend, um den Spracherwerb zu erklären. Tatsächlich zeigt die jüngere Forschung ein erstaunliches Ausmaß an diesen Fähigkeiten schon bei sehr jungen Kindern (als Überblick vgl. Höhle 2009).

Ein wichtiger Vertreter des konstruktivistischen Ansatzes ist der Psychologe Michael Tomasello. Er vertritt die Auffassung, dass der kindliche Syntaxerwerb itembasiert ist, d. h. die kindlichen Äußerungen sind um einzelne konkrete Wörter und Phrasen organisiert, spiegeln aber noch keine syntaktischen Kategorien und Regularitäten wider. Diese werden vom Kind erst nach und nach abstrahiert. Dieser Prozess der Etablierung eines generellen grammatischen Systems zieht sich bis ins Vorschulalter hinein. Tomasello geht davon aus, dass Kinder zunächst imitativ gelernte sprachliche Ausdrücke verwenden. Anhand genereller kognitiver und sozialer Kompetenzen werden diese Ausdrücke dann generalisiert, schematisiert und kreativ kombiniert, und so wird eine volle sprachliche Kompetenz aufgebaut (Tomasello 2003).

Itembasierter Syntaxerwerb

Die Hauptevidenz für diese These liefern Beobachtungen aus längsschnittlich erhobenen Spontansprachdaten einzelner Kinder. Nach diesen Daten verwenden Kinder im Alter von zwei bis drei Jahren jedes neu gelernte Verb zunächst nur in einer spezifischen syntaktischen Konstruktion. Nach Tomasello spricht dies dafür, dass frühe Konstruktionen an bestimmte lexikalische Elemente gebunden und noch keine syntaktischen Generalisierungen über gesamte Klassen von Wörtern widerspiegeln; sie entsprechen Äußerungen, die das Kind in dieser Form seinem Input entnommen hat. Auch in Bezug auf die Morphosyntax wurde ähnliches beobachtet. So verwenden Kinder Verben zunächst meist nur in einzelnen Formen des Flexionsparadigmas, die den im Input häufigsten Formen entsprechen. Dies kann so interpretiert werden, dass die Flexionsformen zunächst als unanalysierte holistische Formen verwendet werden, das gesamte Flexionsparadigma dem Kind aber noch nicht zur Verfügung steht. Sowohl die Verwendung in spezifischen, starren Konstruktionen als auch die Beschränkung auf einzelne Flexionsformen weisen darauf hin, dass die von den Kindern verwendeten Verbformen noch keiner linguistischen Kategorisierung unterzogen wurden, die es erlauben würde, alle Eigenschaften, die einer syntaktischen Kategorie zugeordnet werden können, auch auf dieses spezifische Wort anzuwenden (Tomasello 2003). Diese Annahme wird auch als Hypothese der Verb-Inseln bezeichnet: einzelne Verben sind als unverbundene, isolierte Einträge im sprachlichen Wissen des Kindes vorhanden, ohne dass bereits Gemeinsamkeiten erkannt wurden.

> **Hypothese der Verb-Inseln**

Ausgehend von der konstruktivistischen Kernthese, dass ein komplexes Wissenssystem wie eine Grammatik allein aus dem sprachlichen Input aufgebaut wird, stellen sich eine Reihe von Fragen:

- Wie sieht der sprachliche Input an das Kind aus?
- Welche Information kann das Kind dem Input entnehmen?
- In welcher Weise kann der Input den Spracherwerb tatsächlich leiten?

Forscher haben für viele Sprachen herausgefunden, dass im Umgang mit Kindern ein besonderes sprachliches Register verwendet wird, das unterschiedlichste Bezeichnungen wie Motherese, Mutterisch, Ammensprache, Baby Talk oder kindgerichtete Sprache erhalten hat. Im Folgenden wird der Begriff kindgerichtete Sprache (KGS) verwendet. Hauptmerkmal von KGS sind prosodische Besonderheiten: KGS ist prosodisch sehr variabel, d. h. Intonations- und Betonungsmuster sind ausgeprägter markiert als in der unter Erwachsenen verwendeten Sprache. Die Äußerungen sind im Allgemeinen kürzer, der Anteil einzelner Phrasen ist höher. Es finden sich viele Wiederholungen und Expansionen (Aufgreifen und Erweitern einer Äußerung des Kindes). Einige Forscher berichten zudem, dass sich die KGS an die angenom-

> **Kindgerichtete Sprache (KGS)**

menen Fähigkeiten des Kindes anpasst: je älter das Kind wird, desto mehr verschwinden die typischen Merkmale der KGS zugunsten der Merkmale der erwachsenengerichteten Sprache (Snow / Ferguson 1977). Obwohl KGS ein vielfach beschriebenes Phänomen darstellt, das nicht nur von Erwachsenen verwendet wird, sondern auch von älteren Kindern gegenüber jüngeren, ist ihre unterstützende Funktion für den Spracherwerb bislang nicht eindeutig belegt. So unterliegt der Grad der Spezifität eines kindgerichteten Registers zwischensprachlicher Variation: in manchen Kulturen finden sich stärkere Verwendungen von KGS als in anderen (Fernald u. a. 1989). Zudem zeigen bisherige Studien kaum direkte Zusammenhänge zwischen der mütterlichen Verwendung von KGS und Aspekten des Sprachgebrauchs oder der Schnelligkeit des Spracherwerbs bei Kindern. Die Frage, inwiefern KGS eine speziell den Spracherwerb stützende Funktion hat, kann insofern bislang nicht eindeutig beantwortet werden.

Jüngere Untersuchungsergebnisse zeigen, dass bereits Säuglinge hervorragende Lerner sind. Schon in ihrem ersten Lebensjahr lernen Kinder nach nur kurzer Präsentationsdauer bestimmte distributionelle Merkmale ihres sprachlichen Inputs. Hier sind insbesondere die Experimente der Psychologin Jenny Saffran und ihrer Kollegen wegweisend. Sie konnten zeigen, dass acht Monate alte Säuglinge in der Lage sind, die Übergangswahrscheinlichkeiten zwischen Silbenpaaren, die innerhalb längerer, kontinuierlicher Silbenketten präsentiert wurden, zu berechnen und diese Information für die Segmentierung der Silbenkette zu nutzen (Saffran u. a. 1996). So nahmen die Säuglinge offensichtlich Silbenpaare, die häufig aufeinander folgend auftraten, als zweisilbige Einheit wahr, seltener zusammen auftretende Silbenpaare dagegen nicht. Da Silben, die zum selben Wort gehören, größere Übergangswahrscheinlichkeiten aufweisen als Silben zwischen zwei Wörtern, kann diese Fähigkeit einen wesentlichen Beitrag zum Finden von Wörtern im sprachlichen Input liefern. Allerdings ist diese Fähigkeit nicht auf den (menschlichen) Spracherwerb beschränkt, wie modalitäts- und speziesvergleichende Untersuchungen ergaben: genau dieselben Effekte zeigten Säuglinge, wenn die Silben durch Musiktöne ersetzt wurden (Saffran u. a. 1999), und über die Fähigkeit zur Berechnung der Übergangswahrscheinlichkeit zwischen Silben verfügen auch die sogenannten Lisztäffchen (Hauser u. a. 2001).

Bestehen bleibt die Frage, ob das Kind allein anhand statistischer Lernmechanismen tatsächlich in der Lage ist, Sprache zu erwerben. Dies ist vor allem von Steven Pinker angezweifelt worden, der fragt, wie das Kind in der Lage sein soll, aus der Vielfalt der statistischen Informationen seines sprachlicher Inputs genau diejenigen auszuwählen, die für den Spracherwerb wichtig sind (Pinker 1984). Es könnte beispielsweise die Information für wichtig halten, mit welchem Laut jeweils das dritte Wort in einem Satz beginnt – eine Information, die zum Erkennen der strukturellen Gesetzmäßigkeiten von Sprache aber vollkommen irrelevant ist.

In dieser Hinsicht interessante Ergebnisse liefern Studien der Kognitions- und Verhaltensforscherin Elissa Newport und ihren Kollegen (Newport / Aslin 2004; Newport u. a. 2004). Sie fanden in vergleichenden Experimenten mit erwachsenen Sprechern und Lisztäffchen heraus, dass beide Gruppen prinzipiell in der Lage sind, bestimmte statistische Regularitäten in Sprache zu erkennen. Gleichzeitig fanden sie auch spezifische Unterschiede zwischen den Spezies. So konnten die Erwachsenen nicht-lokale Abhängigkeiten zwischen einzelnen Lauten (Vokalen und Konsonanten) besser lernen als solche zwischen ganzen Silben. Die Lisztäffchen lernten dagegen die Beziehungen zwischen Silben und Vokalen besser als die zwischen Konsonanten. Die Forscher deuten ihre Befunde dahingehend, dass die menschlichen Lernmechanismen bestimmten Beschränkungen unterliegen, die in besonderer Weise an die Aufgabe des Erwerbs von Sprache angepasst sind. So sind Beziehungen zwischen nicht-benachbarten Vokalen und Konsonanten in den phonologischen und morphologischen Systemen einer Reihe von Sprachen relevant (z. B. Türkisch, Hebräisch), während dies für nicht-benachbarte Silben nicht der Fall ist. Bislang fehlen aber noch Ergebnisse, die zeigen, dass diese Spezialisierung auch schon bei Säuglingen vorhanden ist und damit eine wesentliche Voraussetzung für den Spracherwerb darstellt.

Das Konzept gesteuerter Lernmechanismen ordnet sich ein in den Ansatz des Innately Guided Learning (Gould / Marler 1987), nach dem viele Organismen prädisponiert sind, bestimmte artspezifische Fähigkeiten in bestimmter Weise zu lernen. Auf den Spracherwerb wurde dieses Konzept in erster Linie von dem Psychologen Peter Jusczyk übertragen (Jusczyk / Bertoncini 1988). Danach ist der menschliche Organismus darauf spezialisiert, aus sprachlichen Signalen genau die Information herauszukristallisieren, die für den Spracherwerb notwendig ist. Hier wird der Spracherwerb – wie andere Erwerbsdomänen ebenfalls – als Lernprozess angesehen, der von verschiedenen angeborenen Beschränkungen einerseits und deren Veränderungen durch Reifungs- und Entwicklungsprozesse andererseits gesteuert wird. Die Beschränkungen müssen der jeweiligen Lernaufgabe spezifisch angepasst sein. Mit diesem Ansatz kommt dem Lernprozess ein wichtiger Stellenwert innerhalb des Spracherwerbs zu, wobei aber anders als in Tomasellos Ansatz von spezifischen Voraussetzungen für den Erwerb von Sprache ausgegangen wird.

10.4 Variation im Spracherwerb

In der Spracherwerbsforschung ist eine der grundlegenden Annahmen, dass Spracherwerb ein relativ robustes Phänomen ist, das nur in beschränktem Ausmaß durch die individuelle Konstellation beeinflusst wird, in der ein Kind aufwächst. Der zeitliche Verlauf und die Art der typischerweise zu durchlaufenden Entwicklungssequenzen stimmen zwischen verschiedenen Kindern im Allgemeinen recht gut überein. So beginnen die meisten Kinder um den ersten Geburtstag herum erste Wörter zu produzieren; ab der Mitte des zweiten Lebensjahres tauchen die ersten Wortkombinationen auf, die bestimmte strukturelle Gemeinsamkeiten aufweisen. Diese Übereinstimmungen finden sich nicht nur bei Kindern, die dieselbe Sprache lernen, sondern sie gelten auch zwischensprachlich, unabhängig von der konkret zu lernenden Sprache. Daraus kann man schließen, dass Kinder tatsächlich mit einer starken Prädisposition zum Spracherwerb ausgestattet sind. Es folgt aber nicht zwangsläufig, dass diese Prädisposition sprachspezifisch ist.

Dennoch erwerben nicht alle Kinder Sprache in der gleichen Weise, Spracherwerb kann durchaus weniger erfolgreich oder zeitlich abweichend vom normalen Verlauf sein.

- Zum einen gilt dies für Kinder, die in sozialer Isolation aufwachsen, den sogenannten wilden Kindern oder Wolfskindern.
- Zum anderen zeigen Kinder mit schweren geistigen Entwicklungsstörungen, die häufig genetisch bedingt sind, besondere Muster sprachlicher Beeinträchtigungen.
- Schließlich gibt es Kinder, die ohne weitere Auffälligkeit spezifische Schwierigkeiten beim Spracherwerb haben.

Diese untypischen Spracherwerbsverläufe sind theoretisch besonders interessant, da sie ein spezielles Licht auf die einzelnen, im Spracherwerb wichtigen Komponenten wie das soziale Umfeld und die generelle Intelligenz werfen können, deren Beiträge zum gesamten Erwerbsprozess im unauffälligen Spracherwerb nur schlecht zu isolieren sind.

Der Spracherwerb von Kindern, die in Umständen vollständiger sozialer Isolation aufwachsen und erst spät mit dem Spracherwerb beginnen, zeigt charakteristische Gemeinsamkeiten. Ein berühmter Fall dieser Art ist Kaspar Hauser. Ein spektakulärer Fall des 20. Jahrhunderts, der linguistisch sehr gut dokumentiert ist, ist der des Mädchens Genie (Curtiss 1977). Genie wurde bis zu ihrem 13. Lebensjahr von ihren Eltern in einem Zimmer eingeschlossen und lediglich mit Essen versorgt. Niemand sprach mit ihr, und auch ihr selbst war es verboten zu sprechen. Als sie 1970 aufgefunden wurde, gab sie nur leise Winselgeräusche von sich. In der folgenden Zeit war sie zwar in der Lage, innerhalb weniger Jahre ein differenziertes Lexikon zu erwerben und Wortkombinationen zu produzieren. Ihre syntaktischen und kommunikativen Fähigkeiten blieben aber auf rudimentärem Niveau.

Diese und ähnliche, vergleichbare Fälle machen deutlich, dass ein ausreichender sprachlicher Input eine notwendige Voraussetzung für den Spracherwerb darstellt. Zudem ergeben sich Hinweise, dass dieser Input während einer bestimmten Lebensspanne vorhanden sein muss, um einen normalen Erwerb morphosyntaktischen Wissens zu gewährleisten. Die Existenz solcher kritischen Phasen ist ein Hinweis auf eine neurobiologische Verankerung des Spracherwerbs innerhalb bestimmter Reifungsprozesse.

Für die Spracherwerbsforschung interessante Leistungsmuster mit sehr unterschiedlichen Profilen sind Autismus, das Williams-Beuren-Syndrom und das Down-Syndrom. Der autistische Störungskomplex ist durch eine starke Heterogenität in Bezug auf die kognitiven und sprachlichen Kompetenzen der Betroffenen gekennzeichnet. Auffälligkeiten in der sozialen Kognition und der sozialen Interaktion sind jedoch ein durchgängiges Merkmal autistischer Personen. Nur ungefähr die Hälfte der autistischen Kinder erwirbt überhaupt Sprache, ihr Spracherwerb verläuft im Allgemeinen deutlich verzögert. Es zeigt sich eine erhebliche Variabilität zwischen den Betroffenen im Grad der erreichten sprachlichen Kompetenz, die von sehr eingeschränkten bis zu unauffälligen kommunikativen Fähigkeiten reichen kann. Der Störungsschwerpunkt autistischer Personen besteht im Bereich der Pragmatik, insbesondere in Problemen des kommunikativ und diskursiv adäquaten Gebrauchs von Sprache, die sich beispielsweise in der Nicht-Berücksichtigung des Wissenstands des Gesprächspartners zeigen. In Phonologie und Syntax verläuft die Entwicklung analog zur unauffälligen Entwicklung – wenn auch häufig verzögert. Der erreichte Entwicklungsstand entspricht hier dem allgemeinen kognitiven Niveau. Das Lexikon wird häufig als Stärke autistischer Kinder berichtet, wobei allerdings schwache Bereiche auffallen können, etwa Wörter, die mentale Zustände oder Emotionen bezeichnen.

Ein sehr spezielles Störungsbild weisen Kinder mit dem relativ seltenen, genetisch bedingten Williams-Beuren Syndrom auf. Die Leistungsbeeinträchtigungen sind sehr selektiv: Die Betroffenen verfügen über ausgesprochen schlechte visuell-räumliche und konstruktive Fähigkeiten, während ihre sprachlichen und sozialen Kompetenzen im Verhältnis zu ihren allgemeinen kognitiven Fähigkeiten vergleichsweise gut sind. Sie zeigen ein erstaunlich reichhaltiges Lexikon. Ihre morphosyntaktischen Fähigkeiten galten lange ebenfalls als ausgesprochene Stärke, jüngere Untersuchungen weisen in diesem Bereich aber auch Defizite nach (Grant u. a. 2002).

Bei Kindern mit Down-Syndrom gelten die sprachlichen Fähigkeiten als besonders stark beeinträchtigt. Ihre phonologischen Fähigkeiten sind durch die häufige Produktion phonologischer Abweichungen deutlich schlechter als diejenigen von Kindern, die in der allgemeinen kognitiven Entwicklung auf vergleichbarem Stand sind. Gleiches gilt für ihre syntaktische Entwicklung, die oft auf einer frühen Stufe stagniert. Häufig erreichen Kinder mit Down-Syndrom lediglich eine durchschnittliche Äußerungslänge von drei Wörtern, was ungefähr dem Stand eines zwei- bis zweieinhalbjährigen unauffälligen Kindes entspricht. Die lexikalischen und pragmatischen Fähigkeiten sind demgegenüber vergleichsweise unauffällig.

Im Gegensatz zu diesen Syndromen zeigen Kinder mit spezifischen Sprachentwicklungsstörungen eine selektive Störung des Spracherwerbs, ohne dass andere Beeinträchtigungen erkennbar wären. Es liegen keine Hinweise auf eine generelle Störung der geistigen Entwicklung, auf eine neurologische Erkrankung oder auf Beeinträchtigung der Hörfähigkeit vor. Zudem wachsen diese Kinder in einem normalen sozialen Umfeld auf. Innerhalb der spezifischen Sprachentwicklungsstörung treten unterschiedliche Profile auf, die sich im Störungsschwerpunkt unterscheiden: es können eher die phonologische, die lexikalische oder die syntaktische Entwicklung betroffen sein.

Insgesamt bestätigt die Untersuchung von Kindern mit Entwicklungsstörungen, dass der Spracherwerb nicht nur von den generellen intellektuellen Fähigkeiten des Kindes abhängig ist. Auf der einen Seite finden sich Kinder, die trotz normaler Intelligenz Störungen des Spracherwerbs zeigen, auf der anderen Seite Kinder, die trotz erheblicher Intelligenzminderung eine vergleichsweise gute sprachliche Leistungsfähigkeit entwickeln. Für alle sprachlichen Entwicklungsstörungen gilt darüber hinaus, dass sie die verschiedenen sprachlichen Komponenten in unterschiedlichem Schwergrad betreffen können. Dies spricht dafür, dass unser sprachliches Wissen modulare Komponenten umfasst, die sich auch während des Spracherwerbs unabhängig voneinander entwickeln.

Fragen und Anregungen

- Stellen Sie die wesentlichen Gemeinsamkeiten und Unterschiede zwischen dem nativistischen und dem konstruktivistischen Ansatz zusammen.

- Was bedeutet der Begriff Trigger innerhalb des nativistischen Ansatzes?

- Welche Schlüsse erlauben die Untersuchungen des Spracherwerbs bei isoliert aufgewachsenen Kindern über die menschliche Fähigkeit, Sprache zu erwerben?

- Diskutieren Sie, was vergleichende Untersuchungen zwischen menschlichen und nicht-menschlichen Spezies zur Beantwortung der Frage nach den Grundlagen der menschlichen Fähigkeit, Sprache zu lernen, beitragen können.

Lektüreempfehlungen

- **Edith L. Bavin (Hg.): The Cambridge Handbook of Child Language**, Cambridge 2008. *Ausgezeichneter und aktueller Überblick über die verschiedenen Bereiche des Spracherwerbs und seiner Störungen.*

- **Gisela Klann-Delius: Spracherwerb**, Stuttgart 1999. *Einführung in die Spracherwerbsforschung unter besonderer Berücksichtigung der verschiedenen theoretischen Ansätze.*

- **Barbara Lust: Child Language. Acquisition and Growth**, Cambridge 2006. *Umfassende Betrachtung des Spracherwerbs auf Grundlage des nativistischen Ansatzes.*

- **Michael Tomasello: Constructing a Language**, Cambridge, MA 2003. *Umfassende Einführung in den konstruktivistischen Ansatz.*

11 Sprachstörungen im Erwachsenalter

Nicole Stadie

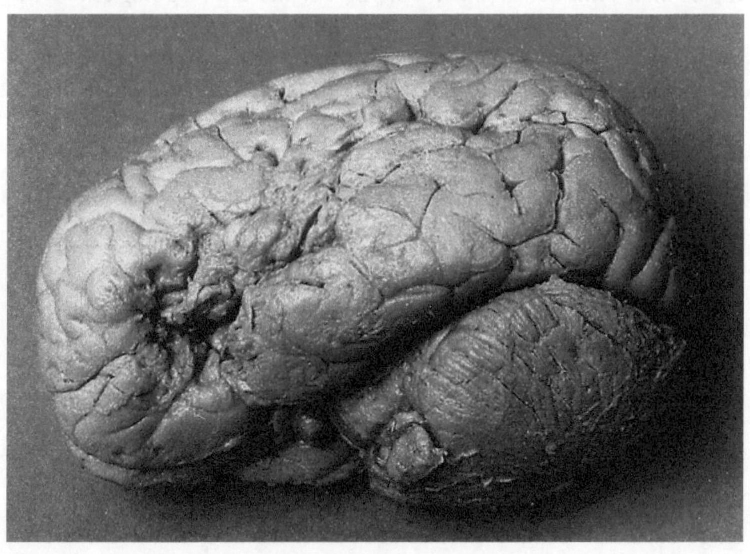

Abbildung 18: Seitenansicht der linken Hemisphäre des Patienten Monsieur Leborgne, der vom Neurologen Paul Broca 1861 untersucht wurde

Im vorderen Teil (Frontallappen) des Gehirns von Herrn Leborgne erkennt man einen fehlenden bzw. geschädigten Kortex als schwarze Region. Leborgne war ein Patient, der jahrelang nur noch die Silbe „tan" aussprechen konnte, obwohl er vor seiner Erkrankung normal gesprochen hatte; sein Sprachverständnis blieb allerdings intakt. Der französische Neurologe und Neuroanatom Paul Broca beschrieb Leborgne im Jahre 1861: Die sofort nach dessen Tod durchgeführte Autopsie zeigte eine große Schädigung im mittleren Teil des vorderen (frontalen) Hirnlappens der linken Hinhälfte (Hemisphäre). Am Tag nach der Autopsie hielt Paul Broca einen Vortrag vor der anthropologischen Gesellschaft in Paris, in dem er behauptete, die Fähigkeit zu sprechen sei im Stirnhirn lokalisiert. Das frontale Sprachareal wird deshalb als Broca Areal bezeichnet. Nachdem Broca bei weiteren Patienten mit Sprachstörungen pathologische Veränderungen in der linken Hemisphäre fand, stellte er die These auf, dass die menschliche Sprachfähigkeit eine Funktion der linken Gehirnhälfte sei. Broca wurde damit zum Begründer der auf hirnanatomischen Schädigungen und klinisch beobachteten Sprachdefiziten basierenden Sprachlokalisation.

Seit Beginn der wissenschaftlichen Erforschung von Aphasien im 19. Jahrhundert umreißt die Frage „Wie kommt es nach einer Hirnschädigung zu Störungen bei der Sprache?" die zentrale Problemstellung der Aphasiologie, der Lehre erworbener Sprachstörungen. Warum sprechen erwachsene Menschen nach einem Schlaganfall teilweise unverständlich, verstehen Gesprochenes nicht mehr so gut wie vorher bzw. können noch lesen aber nicht mehr schreiben? Beiträge zu diesen Fragen werden aus verschiedenen wissenschaftlichen Disziplinen geliefert, z. B. aus der Linguistik, der Medizin und der Psychologie. Dabei sind die Ansichten über die Methoden, wie man ein gesichertes Verständnis von Sprache, Sprachstörungen und deren Beziehung zu den relevanten Teilen im Gehirn erlangt, nicht immer einheitlich. Die Psycho- und Neurolinguistik untersucht Sprachstörungen auf der Grundlage des Wissens über die Sprachverarbeitung bei gesunden Sprechern und versucht zu ermitteln, welche Teilfähigkeiten des Sprachverarbeitungssystems in ihrer Funktionsweise beeinträchtigt sein können.

11.1 Was ist eine Aphasie?
11.2 Klinisch-neurolinguistische Einteilungen
11.3 Kognitiv-neurolinguistische Erklärungen
11.4 Sprachtherapie bei Aphasie

11.1 Was ist eine Aphasie?

Aphasie ist eine Sprachstörung, die vorwiegend im Erwachsenenalter als Folge von Erkrankungen des Gehirns auftritt. Das menschliche Gehirn ist für Sprache hoch spezialisiert (→ KAPITEL 13.3). Erkrankungen und Verletzungen des Gehirns führen im Fall einer Aphasie zu Beeinträchtigungen des Sprachvermögens. Der Begriff Aphasie bedeutet im griechischen „ohne Sprache". Diese wörtliche Übersetzung ist jedoch irreführend, denn Menschen mit Aphasie sind in der Regel nicht vollkommen sprachlos. Aphasie bedeutet oft eine schwere Störung der Kommunikation, wobei sprachliche Fähigkeiten – also das Sprechen und Verstehen, das Lesen und Schreiben – in unterschiedlichem Ausmaß betroffen sind. Die meisten Menschen mit Aphasie haben keine Denkstörung, vielmehr ist die Fähigkeit beeinträchtigt, ihre Gedanken sprachlich bzw. schriftsprachlich zu formulieren sowie gehörte bzw. geschriebene Mitteilungen rasch und richtig zu verstehen.

Aphasien können nach Schlaganfällen, Unfallverletzungen, Hirnabbauprozessen (z. B. bei Alzheimer Krankheit), Tumorerkrankungen und nach entzündlichen Erkrankungen des Nervensystems (z. B. Multiple Sklerose) auftreten. Die häufigste Ursache für eine Aphasie ist ein Schlaganfall (Synonyme: Insult, Apoplex, Infarkt, Hirnschlag). Der Schlaganfall ist eine plötzlich und unerwartet auftretende lokale Durchblutungsstörung des Gehirns. Schlaganfälle haben keinen einheitlichen Entstehensmechanismus. In den meisten Fällen beruht ein Schlaganfall auf einer Embolie in einer Blut zuführenden Arterie: Im Blutstrom werden nicht lösliche Teilchen mitgeführt, wodurch es zu einem Gefäßverschluss kommt. Seltener entsteht ein Schlaganfall dann, wenn bei einem Hirngefäß durch sogenannte arteriosklerotische Ablagerungen (Plaques) in der Arterienwand eine Gefäßverengung (Stenose) entsteht. Diese beiden Arten werden auch als Ischämischer Infarkt bezeichnet. In etwa 15 % der Fälle entsteht ein Schlaganfall dadurch, dass die Wand eines Hirngefäßes einreißt, sodass Blut in das Gehirn eindringt (Hämorrhagischer Infarkt). Entscheidend ist, dass eine Unterbrechung oder zu starke Verminderung der Blutzufuhr zum Erlöschen der Zellfunktionen in den betroffenen Gebieten des Gehirns führt; nach ca. vier bis sechs Stunden sterben Nervenzellen ab und es entsteht ein Gewebsdefekt (Hirninfarkt). Pro Jahr werden in Deutschland ca. 150 000 Schlaganfälle diagnostiziert, wobei ca. 40 % der Betroffenen innerhalb des ersten Jahres sterben (IZPH 2005). Insgesamt bleibt ca. die Hälfte der Betroffenen nach einem Schlaganfall arbeitsunfähig.

Um die Auswirkungen von Hirnläsionen besser zu verstehen, ist es wichtig, die vielleicht beeindruckendste anatomische Eigenschaft des menschlichen Gehirns zu kennen. Sie besteht darin, dass es in zwei Hälften (Hemisphären) geteilt ist, sodass jede Struktur in zweifacher Ausführung vorliegt: einmal in der linken und einmal in der rechten Hirnhälfte. Obwohl die beiden Hemisphären anatomisch sehr symmetrisch aussehen, finden sich bei Untersuchungen der Funktionsweise des Gehirns Fähigkeiten, die jeweils in einer Hemisphäre stärker verankert sind als in der anderen (→ KAPITEL 13.3).

Hirnlateralisation Dieses Phänomen wird Hirnlateralisation genannt, und die Untersuchung von Patienten mit Aphasie hat ergeben, dass linkshemisphärische Läsionen weit häufiger als rechtshemisphärische zu Störungen der Sprachverarbeitung bzw. zu einer Aphasie führen. Aphasie ist also die Folge einer plötzlich auftretenden kortikalen Läsion der sogenannten sprachdominanten – bei den meisten Patienten linken – Hirnhälfte.

Je nach Ausmaß und Lage der Hirnschädigung kommt es zusätzlich zur Aphasie zu weiteren neurologischen und neuropsychologischen Ausfällen. Dazu zählen sogenannte neurologisch bedingte Begleitsymptome, die vor allem die rechte Körperhälfte betreffen. **Begleitsymptome** Beispielsweise haben Menschen mit Aphasie häufig eine rechtsseitige Halbseitenlähmung (Hemiparese, Hemiplegie), d. h. eine Bewegungsstörung im rechten Arm und/oder im rechten Bein. Auch kann die rechte Gesichts- und Mundmuskulatur betroffen sein, sodass eine Bewegungsstörung von Lippen, Zunge und Gaumensegel vorliegt. Weiterhin kann eine Sehstörung (rechtsseitige Halbseitenblindheit, Hemianopsie) vorliegen, bei der visuelle Signale im rechten Gesichtfeld nicht mehr wahrgenommen werden können. Patienten mit derartigen Sehstörungen schreiben beispielsweise nur noch auf die linke Hälfte eines Blattes, oder lesen lediglich die linken Spalten in einer Zeitung. Der Grund für das Auftreten der Symptome in der rechten Körperhälfte liegt in einer gekreuzten Verbindung zwischen Hirnhälften und Körperseiten. Die linke Gehirnhälfte steuert die rechte Körperhälfte und empfängt von ihr Signale, folglich können Läsionen in der linken Hemisphäre zu Beeinträchtigungen in der gegenüberliegenden Körperhälfte führen.

Sprechstörungen Häufig wird neben der Sprachstörung auch eine Sprechstörung beobachtet, bei der die Sprechmotorik beeinträchtigt ist: Bei einer Dysarthrophonie (Dysarthrie) ist die Ausführung von Sprechbewegungen gestört, d. h. die Beeinträchtigungen finden sich in der Sprechatmung, Phonation, und Artikulation. Bei einer Sprechapraxie ist die Programmierung und Planung von Sprechbewegungen betroffen. Die sprachlichen Symptome bei einer Dysarthrie können undeutliche und verwaschene Artikulation, mangelnde Trag- und Modulationsfähigkeit der Stimme sowie eine Beeinträchtigung der Sprechatmung und Kurzatmigkeit sein. Sprechapraktisches Verhalten äußert sich u. a. in Suchbewegungen der Artikulationsorgane, Sprechpausen, Initiierungsstörungen, Sprechanstrengung, silbischem Sprechen, Lautentstellungen und Dehnungen.

Die Spontansprache von Menschen mit Aphasie ist aus unterschiedlichen Gründen auffällig, die nicht das Sprechen, sondern das Sprachvermögen betreffen: Beispielsweise werden bestimmte Satztypen fehlerhaft produziert und erscheinen uns deshalb un- bzw. agrammatisch, oder die Lautstruktur einzelner Wörter kann nicht oder nur teilweise korrekt realisiert werden. Aphasische Patienten können auch deutliche Schwierigkeiten mit dem Ausdruck des sprachlichen Inhalts, also der Bedeutung von Wörtern und Sätzen haben. In der neurolinguistischen Literatur existieren eigens für die Beschreibung sprachlicher Auffälligkeiten bei Aphasie spezifische Termini. So wird beispielsweise bei der fehlerhaften Realisierung eines Wortes unterschieden zwischen Äußerungen, bei denen ein phonologischer oder semantischer Bezug zum intendierten Zielwort erkennbar ist (Paraphasie), und solchen, bei denen ein solcher Bezug nicht erkennbar ist (Neologismus). Während Paraphasien Defizite in der mündlichen Sprachproduktion bezeichnen, zielen die Termini Paralexie und Paragraphie auf vergleichbare Auffälligkeiten beim Lesen und Schreiben. Derartige sprachliche Symptome werden vor allem auf der Grundlage der Begrifflichkeiten aus verschiedenen linguistischen Teilgebieten beschrieben (z. B. Phonetik, Phonologie, Semantik, Syntax und Pragmatik). → ABBILDUNG 19 gibt einen Überblick über die wesentlichen Symptome und Definitionen, wie sie für die Beschreibung fehlerhafter sprachlicher Äußerungen von Menschen mit Aphasie verwendet werden.

Ferner können bei Menschen mit Aphasie in der spontanen Rede auch Äußerungen beobachtet werden, die auf die Anwendung einer automatisierten Sprache schließen lassen, wodurch der Inhalt des Gesagten schlecht bzw. gar nicht verständlich ist. Dabei produzieren die Sprecher mehrfach wiederkehrende formstarre Redefloskeln oder sogenannte Sprachautomatismen. Letztere können aus einer Aneinanderreihung von Lauten, Wörtern, Satzteilen oder Sätzen bestehen (z. B. *do do do*; bzw. *schönen Tag schönen Tag schönen Tag*) und werden auch als Recurring Utterances (wiederkehrende Äußerungen)

Symptom und Definition	Intendiertes Zielwort	Fehlerhafte Äußerung
Phonematische(r) Paraphasie bzw. Neologismus: Fehlerhafte Auswahl / Reihenfolge der Phoneme	*Flasche*	*Faschle* *Futte*
Semantische(r) Paraphasie bzw. Neologismus: Auftreten eines Wortes, das zum Zielwort in einer Bedeutungsrelation steht, bzw. sinnlos ist	*Teller*	*Tasse* *Haarbrief*
Wortfindungsstörungen: Stocken im Sprachfluss bzw. Satzabbruch, wobei dem Patienten offensichtlich ein bestimmtes Wort zur Bezeichnung eines Sachverhaltes nicht zur Verfügung steht		*Ja ... Garten ... Sohn ... Schi ... toch ... äh ... Sohn und ... Schiebetochte ... Faul ... nein ... Faumen fülken ... nein ... Korb Flaumen ... Garten ...*
Agrammatismus: Redeweise mit Vereinfachung von Satzstrukturen (z. B. Weglassen von Artikeln, Flexionsendungen etc.)		*ich Sonne sitzen, dann ... hause ... Kuchen backen ... Sohn gerne Faulmenchuchen ...*
Paragrammatismus: Satzverschränkungen und Satzteilverdoppelungen in flüssiger Redeweise		*Ich weiß, aber aber ein mies da hab ich denn manches manches manches so gelies gehakkert ja, ach ja, sach ich da stehn für halle sarge was ich wusste ...*

Abbildung 19: Sprachliche Symptome, die in spontanen Äußerungen bei Menschen mit Aphasie auftreten können

bezeichnet. Eine fast ausschließliche Aneinanderreihung von Neologismen und Paraphasien, die das Gesagte völlig unverständlich machen, wird als Jargon bezeichnet. Neben Beeinträchtigungen, die die Produktion von Sprache betreffen, können bei Menschen mit Aphasie auch Störungen im Verstehen von Sprache vorliegen. Sprachverständnisstörungen können in ihrem Ausprägungsgrad sehr unterschiedlich sein und sich sowohl auf die Lautstruktur der Sprache als auch auf den inhaltlichen Gehalt oder den Satzbau auswirken.

Sprachverständnisstörungen

11.2 Klinisch-neurolinguistische Einteilungen

In Anlehnung an die Vorgehensweise bei klinischen Klassifikationssystemen wurden die bei aphasischen Menschen beobachteten sprachlichen Symptome auf der Grundlage von Häufigkeit und Vorkommen, in sogenannte Aphasiegruppen bzw. Syndrome gruppiert. Dieses ursprünglich aus Amerika stammende Klassifikationsschema ist als Aachener Aphasie Test (AAT) auch in Deutschland in klinisch-linguistische Diagnoseverfahren eingegangen (Huber u. a. 1983). Grundlegend hierbei ist, die sogenannte Supra- bzw. Multimodalitätsannahme, die

Supra- und Multimodalitätsannahme

besagt, dass sich eine Aphasie immer auf „alle expressiven und rezeptiven sprachlichen Modalitäten, auf Sprechen und Verstehen, Lesen und Schreiben" erstreckt (Huber u. a. 1983). Wesentliche Symptome bei einem Menschen mit Aphasie finden sich demnach in seiner gesprochenen Sprache wieder (Supramodalität) und treten in vergleichbarer Weise auch in anderen sprachlichen Modalitäten auf (Multimodalität). Diese beiden Annahmen haben zur Folge, dass bei Menschen mit Aphasie vorwiegend die gesprochene Sprache untersucht wird, wohingegen andere sprachliche Leistungen wie z. B. die schriftsprachlichen Fähigkeiten nicht ausreichend differenziert untersucht werden.

Die Einteilung aphasischer Sprachstörungen in Syndrome erfolgt anhand deskriptiver Parameter und orientiert sich im Wesentlichen an den in der Spontansprache auftretenden sprachlichen Symptomen (→ KAPITEL 11.1) sowie an der Qualität des Redeflusses. Der Redefluss kann bei Menschen mit Aphasie in unterschiedlicher Weise gestört sein und wird deshalb hinsichtlich der Flüssigkeit in der Sprachproduktion klassifiziert. Die nicht-flüssigen Aphasiker sprechen verlangsamt und stockend mit vielen Pausen. Demgegenüber liegt bei einer flüssigen Aphasie eine normale oder überhöhte Sprechgeschwindigkeit vor. Operationales Kriterium für die Bestimmung des Redeflusses bildet die geäußerte Anzahl von Wörtern pro Minute (bis 50 Wörter / Minute = nicht-flüssig; ab 90 Wörter / Minute = flüssig). Spricht ein Proband eher nicht-flüssig, also langsam und stockend, produziert er in der spontanen Rede meist viele phonematische Paraphasien, erscheinen seine Äußerungen auf der Satzebene agrammatisch, so wird dieses Erscheinungsbild als Broca Aphasie bezeichnet.

Flüssiger und nicht-flüssiger Redefluss

Aphasiesyndrome	Erscheinungsbild und Schweregrad
Globale Aphasie	Schwerste Form der Aphasie Sprachproduktion und -rezeption schwer gestört
Wernicke Aphasie	Flüssige, häufig überschießende Sprachproduktion, viele phonematische und / oder semantische Paraphasien, Neologismen, Sprachverständnis erheblich gestört Paragrammatismus
Broca Aphasie	Verlangsamte Sprechflüssigkeit, große Sprachanstrengung, gestörte Prosodie, phonematische Paraphasien Agrammatismus
Amnestische Aphasie	Leichteste Form der Aphasie, Wortfindungsstörungen bei flüssiger Spontansprache

Abbildung 20: Aphasiestandardsyndrome und sprachliche Symptome

In → ABBILDUNG 20 sind die in der klinischen Diagnostik in Deutschland verwendeten (Standard-)Syndrome sowie das jeweils zu erwartende Erscheinungsbild der aphasischen Sprachstörung, d. h. das assoziierte Auftreten spezifischer Symptome, aufgeführt.

Die Definition der Syndrome setzt voraus, dass bei allen Patienten eines Aphasiesyndroms gleichartige Symptome vorliegen. Häufig zeigen Patienten desselben Syndroms aber sehr heterogene Ausprägungen der Symptomatik. Diese Heterogenität wird dann auf unterschiedliche Schweregrade der aphasischen Störung zurückgeführt. Beispielsweise wird davon ausgegangen, dass die Produktion von semantischen Neologismen, semantischen Paraphasien und das Auftreten von Wortfindungsstörungen lediglich unterschiedliche Schweregrade (d. h. schwer, mittel, leicht) einer Beeinträchtigung des semantischen Systems widerspiegeln, die z. B. bei allen Patienten mit Wernicke Aphasie vorläge. Mit anderen Worten: Ein Aphasiepatient, bei dem in der Produktion zahlreiche semantische Neologismen beobachtet werden, führt zur Diagnose „schwere Wernicke Aphasie", das Auftreten von semantischen Paraphasien hingegen eher zur Einstufung „leichte Wernicke Aphasie".

Der Syndromansatz ist außerdem mit bestimmten neuroanatomisch lokalisatorischen Annahmen verbunden, d. h. es wird ein Zusammenhang zwischen dem Auftreten von Symptomen und einer Schädigung in einem spezifischen Hirnareal angenommen. So wird beispielsweise beim Nachweis einer Verletzung im Broca Areal auch immer das Auftreten aller Symptome erwartet, die typisch für eine Broca Aphasie sind (→ ABBILDUNG 20). Neuere Forschungen mit neurowissenschaftlichen Methoden (vor allem bildgebende Verfahren) können das Ausmaß und die Lokalisation einer zerebralen Läsion sehr genau bestimmen (→ KAPITEL 2.2). Aus diesen Studien geht hervor, dass Schädigungen in bestimmten Hirnarealen nicht immer mit bestimmten Störungsbildern in der Sprache korrelieren. Es hat sich z. B. gezeigt, dass die Broca Aphasie (charakterisiert durch die nicht-flüssige Sprache, den Agrammatismus usw.) nicht nur durch Läsionen des Broca Areals (hinterer Abschnitt der 3. Frontalwindung, Brodmann Areale 44 und 45, → KAPITEL 13.2), sondern auch durch eine Schädigung der umliegenden frontalen Bereiche (Brodmann Areale 46, 47 und 9) sowie der darunter liegenden Strukturen verursacht sein kann. Des Weiteren verursachen Läsionen des Broca Areals nicht immer die typische Broca Aphasie, sondern mitunter nur eine milde und vorübergehende Aphasieform ohne Halbseitenlähmung.

Damit lässt sich zusammenfassen, dass der klinisch-linguistisch orientierte Syndromansatz letztlich nicht wesentlich zum Verständnis über Entstehungsmechanismen aphasischer Symptome beigetragen hat. Auch deshalb fand in der Aphasiologie eine Umorientierung statt, eine die sich stärker an psycholinguistischen Modellen der normalen Sprachverarbeitung im Gehirn orientiert.

11.3 Kognitiv-neurolinguistische Erklärungen

Die kognitiv-neurolinguistische Herangehensweise an Sprachstörungen im Erwachsenenalter sucht auf Grundlage eines Modells der Sprachverarbeitung vor allem Erklärungen für sprachlichen Defizite und Leistungen von Aphasiepatienten. Beispielsweise wird versucht zu ergründen, wie es dazu kommen kann, dass ein aphasischer Mensch, wenn er Nichtwörter laut vorlesen soll, systematisch Wörter produziert (z. B. *Ratte* anstatt *Rutte*), oder dass er beim Schreiben nach Diktat spezifische Wörter fehlerhaft schreibt (z. B. *Berk* anstatt *Berg*), andere jedoch korrekt realisiert (z. B. *Tisch*). Wie muss ein Modell der Sprachverarbeitung aussehen, das erklären kann, weshalb ein Mensch mit Aphasie z. B. uneingeschränkt gesprochene und geschriebene Sprache versteht, jedoch nicht mehr in der Lage ist, Worte mündlich zu produzieren?

In enger Verzahnung mit den Erkenntnissen aus der psycholinguistischen Forschung haben Untersuchungen mit sprachgesunden und sprachgestörten Probanden dazu beigetragen, Prozesse, die bei der Sprachverarbeitung involviert sind, besser zu verstehen. Gründliche Analysen sprachlicher Reaktionen, die mithilfe unterschiedlichster sprachlicher Aufgaben erhoben wurden (→ KAPITEL 4, 5), haben gezeigt, dass komplexe Fähigkeiten – wie beispielsweise das Lesen, das Schreiben, das Verstehen und das Produzieren von Wörtern und Sätzen – jeweils aus einer Summe von Teilprozessen bestehen. Diese können offensichtlich durch eine Hirnschädigung in ihrer Funktionsfähigkeit selektiv beeinträchtigt sein, was sich bei Menschen mit Aphasie durch dissoziierende Fähigkeiten zeigt, d. h. durch spezifische Muster von erhaltenen und beeinträchtigten sprachlichen Leistungen. Das Aufdecken „extremster" dissoziierender Leistungen, sogenannter doppelter klassischer Dissoziationen (Shallice 1988) ist die zentrale Methode in der kognitiven Herangehensweise, um die funktionale Unabhängigkeit (Modularität) von zwei (oder mehr) Teilprozessen nachzuweisen. Eine klassische Dissoziation liegt vor, wenn ein

Dissoziierende Störungs- und Leistungsmuster

Klassische Dissoziation

Patient in zwei unterschiedlichen Aufgaben vollkommen gegensätzliche Leistungen zeigt, wenn er z. B. sehr gut mündlich aber sehr schlecht schriftlich Bilder benennen kann. Wenn nun ein anderer, zweiter Patient beim schriftlichen Benennen sehr gute Fähigkeiten zeigt, aber schlechte Leistungen beim mündlichen Benennen, also ein im Vergleich zum ersten Patienten umgekehrtes Leistungsmuster, spricht man von einer doppelten klassischen Dissoziation. Aus einer solchen Beobachtung lässt sich der folgende Schluss ziehen: Derartig differierende Fähigkeiten (erhaltene vs. beeinträchtigte Fähigkeit) können nur dann entstehen, wenn (zumindest partiell) unterschiedliche Teilsysteme am Benennprozess mitwirken.

Neben der Modularitätsannahme (z. B. Caramazza 1986), ist für das Verständnis der kognitiv orientierten Herangehensweise bei Sprachstörungen auch die sogenannte Transparenz- bzw. Subtraktivitätsannahme (Caramazza / McCloskey 1988; Saffran 1982; Rapp 2000) fundamental. Diese Annahme besagt, dass die an der Sprachverarbeitung beteiligten Teilsysteme und deren Anordnung bei allen erwachsenen Menschen gleich sind und dass Patienten mit Hirnschädigungen über dasselbe Sprachverarbeitungssystem verfügen, abzüglich derjenigen sprachlichen Teilfähigkeiten, die durch eine Hirnläsion in ihrer Funktionsweise eingeschränkt worden sind. Diese Auffassungen prägen modulare Modelle, auf deren Grundlage aphasische Sprachstörungen, vor allem bei der Wortverarbeitung, erklärt und gedeutet werden. Entsprechend werden diese Modelle auch in der Diagnostik von Sprachstörungen bei Erwachsenen angewandt, etwa vom Psycholinguistic Assessment of Language Processing in Aphasia (PALPA) (Kay u. a. 1992), oder vom Lexikon Modellorientiert (LeMo) (De Bleser u. a. 2004, für einen Überblick vgl. Stadie 2010). In → ABBILDUNG 21 ist eine Variante des in der Aphasieforschung, -diagnostik und -therapie anerkannten Wortverarbeitungsmodells (auch Logogenmodell) dargestellt. Es veranschaulicht diejenigen Mechanismen, die beim Verstehen, Lesen, Schreiben und Sprechen von einzelnen Wörtern beansprucht werden.

Leitgedanke der kognitiv-neurolinguistischen Erklärungsweise ist, dass sprachliche Fähigkeiten, die für die Bewältigung spezifischer Aufgaben wie beispielsweise das mündliche Benennen von Bildern oder das laute Lesen von Wörtern erforderlich sind, in Informationsverarbeitungskomponenten (auch Teilprozesse) dekomponiert werden können, die in → ABBILDUNG 21 dargestellt sind. Ein Beispiel: Das erfolgreiche mündliche Benennen des Bildes, z. B. mit einem Hund erfordert neben der visuellen Wahrnehmung der Formen und Linien

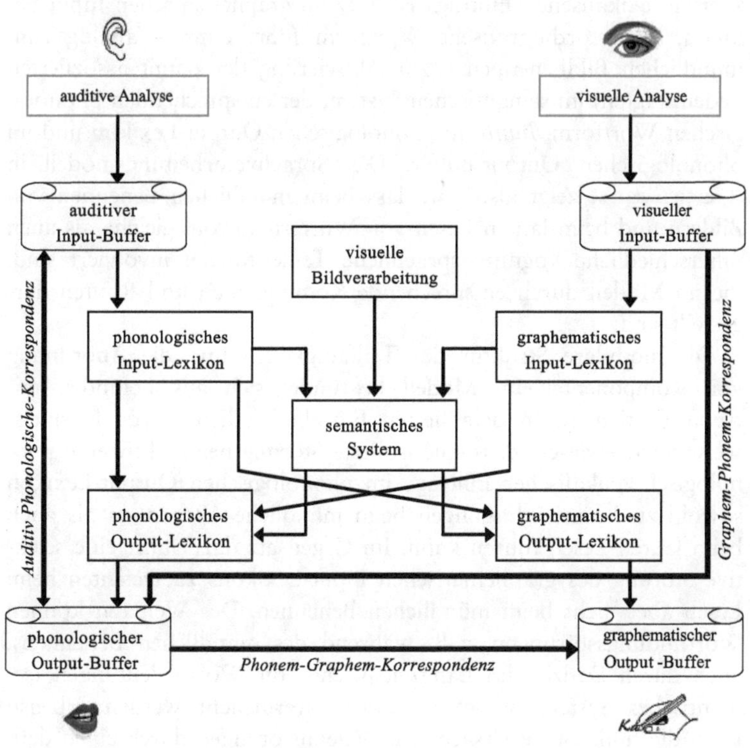

Abbildung 21: Modell zur Erklärung der bei der Wortverarbeitung involvierten Teilfähigkeiten (Logogenmodell)

auf dem Bild (visuelle Bildverarbeitung in → ABBILDUNG 21) auch die Aktivierung der damit assoziierten Bedeutung(en) (semantisches System), etwa: kann schnell laufen, ist ein Haustier, kann bellen, lebt manchmal in Hundehütten usw. Für das mündliche Benennen ist die Aktivierung einer entsprechenden phonologischen Wortform, z. B. */hunt/* (phonologisches Output-Lexikon) sowie das Festhalten der entsprechenden phonologischen Information (d. h. die Art und Anordnung der Phoneme) in einem dafür spezifischen Kurzzeit- bzw. Arbeitsspeicher notwendig (phonologischer Output-Buffer), bis die Artikulation vollständig ausgeführt worden ist. Das erfolgreiche laute Lesen erfordert hingegen die visuelle Wahrnehmung und Zwischenspeicherung sprachspezifischer Formen, d. h. Buchstaben (visuelle Analyse und visueller Input-Buffer) und die Auswahl des damit assoziierten lexikalischen Eintrags *HUND* im graphematischen Input-Lexikon. Diese orthografische Wortform führt dann – analog zum mündlichen Bildbenennen – zur Aktivierung der damit assoziierten Bedeutung(en) im semantischen System, der entsprechenden phonologischen Wortform */hunt/* im phonologischen Output-Lexikon und im phonologischen Output-Buffer. Das Sprachverarbeitungsmodell in → ABBILDUNG 21 zeigt also auf, dass beim mündlichen Benennen von Bildern und beim lauten Lesen von Wörtern sowohl gleiche als auch unterschiedliche kognitiv sprachliche Teilleistungen involviert sind, die im Modell durch entsprechende Komponenten und Routen dargestellt sind.

Die modulare Struktur der Teilfähigkeiten und die Anordnung von Komponenten im Modell begründet sich aus Befunden mit Aphasiepatienten. In detaillierten Einzelfallstudien wurde beispielsweise nachgewiesen, dass eine isolierte Störung beim Aktivieren phonologisch-lexikalischer Einträge im phonologischen Output-Lexikon sowohl zu Beeinträchtigungen beim mündlichen Benennen als auch beim lauten Lesen führen kann. Im Gegensatz dazu führt eine selektive Störung des graphematischen Input-Lexikons zu Defiziten beim Lesen aber nicht beim mündlichen Benennen. Des Weiteren können Wortfindungsstörungen, z. B. während des mündlichen Benennens, auch durch Defizite im Langzeitspeicher für Wortbedeutungen (semantisches System in → ABBILDUNG 21) verursacht werden. Ebenso kann die funktionale Ursache für Benennstörungen durch einen defizitären lexikalischen Zugriff begründet sein, wobei die Funktionsweise des semantischen Systems sowie des phonologischen Output-Lexikons an sich unbeeinträchtigt ist. Die im Logogenmodell enthaltenen theoretischen Annahmen der kognitiv-neuropsychologischen und -linguistischen Forschung können die bis heute bei Patienten mit Aphasie beobachteten und beschriebenen Leistungs- und Störungsmuster bei der Verarbeitung monomorphematischer Wörter erklären und eingrenzen. Damit ist auch eine fundierte Herleitung sprachtherapeutischer Inhalte möglich.

11.4 Sprachtherapie bei Aphasie

Die empirische Forschung zur Aphasietherapie ist eine eher jüngere Disziplin, die sich in den letzten 20 Jahren entwickelt hat. Der Schwerpunkt besteht darin, den therapeutischen Wert von verhaltensbasierter Sprachtherapie zu bestimmen (z. B. im Gegensatz zu pharmakologischer Behandlung). Ein fundamentales Prinzip, auf welchem die verhaltensbasierte Sprachtherapie beruht, ist die Tatsache, dass das Gehirn unabhängig vom Alter flexibel und veränderbar ist, d. h. die Kapazität für strukturelle und funktionale Plastizität über die gesamte Lebensspanne hat.

Zentral für die Sprachtherapieforschung sind die Untersuchung und der Nachweis eines kausalen Zusammenhangs zwischen der Anwendung sprachtherapeutischer Maßnahmen und der Verbesserung sprachlicher oder kommunikativer Leistungen bei einem Patienten mit Aphasie. Ältere Therapiestudien fokussieren vor allem auf die Verbesserung gesamtheitlicher sprachlicher Fähigkeiten von Patientengruppen mit bestimmten Aphasiesyndromen. Aufgrund der Vielfalt sprachlicher Defizite einerseits und therapeutischer Vorgehensweisen andererseits wurde bislang jedoch kaum ein klarer Zusammenhang zwischen Intervention und sprachlichen Verbesserungen bei Aphasiepatienten festgestellt. In der gegenwärtigen Sprachtherapieforschung ist deshalb größtmögliche Transparenz der therapeutischen Verfahrensweise und des sprachlichen Leistungsniveaus eines Aphasiepatienten essenziell. Wichtige Fragen zur Therapie sind z. B.: Welches Übungsmaterial wurde verwendet? Welche Hilfen wurden bei inkorrekten Reaktionen gegeben, und in welcher Reihenfolge? Wie häufig wurde ein Wort, Satz etc. geübt? Nach wie vielen Therapiesitzungen wurde zu komplexeren sprachlichen Anforderungen übergegangen? Die Beantwortung dieser Fragen ist für die Evaluation ebenso so wichtig wie exakte Information über die Art und das Ausmaß des individuellen Störungs- und Leistungsprofils. Da sich eine aphasische Sprachstörung auch spontan oder aufgrund allgemein sprachlicher Stimulierung in der Umgebung des Patienten zurückbilden kann, erfordert die Evaluation von Sprachtherapie eine methodisch sichere Trennung zwischen Leistungsanstiegen, die durch die gezielte Sprachtherapie verursacht wurden, und solchen, die andere Ursachen haben.

Theoretische und praktische Grundlage für das therapeutische Handeln ist das Wissen über die gesunde, ungestörte Sprachverarbeitung. Das Augenmerk der kognitiven und modellorientierten Sprachtherapie wird auf diejenigen sprachlichen Prozesse und Teilkomponenten gelegt, die der Sprachstörung zugrunde liegen und die im Rahmen eines Modells (→ ABBILDUNG 21) bzw. einer Theorie formuliert sind. Folglich ist für die Zusammenstellung sprachtherapeutischer Inhalte und Handlungsweisen das individuelle Leistungs- und Störungsprofil eines Aphasiepatienten entscheidend. Das verweist auf den Bedarf einer ausführlichen und gründlichen Diagnostik aller der an der Sprachverarbeitung beteiligten Fähigkeiten. Bei Störungen in der mündlichen Wortproduktion orientiert sich beispielsweise die Wahl der Therapiemethode daran, ob die Störungsursache im semantischen System liegt. In diesem Fall würde an der Erweiterung semantischer Repräsentationen und dem Zugriff darauf gearbeitet. Liegt die Störung jedoch im phonologischen Output-Lexikon, würde vielmehr am Aufbau phonologischer-lexikalischer Wortformen bzw. dem Zugriff darauf gearbeitet. Für einige störungsspezifische Therapieverfahren ist die Wirksamkeit bereits im Rahmen von Einzelfalluntersuchungen aufgezeigt worden (für einen Überblick vgl. Stadie/ Schröder 2009). Allerdings reicht die Anzahl von Therapiestudien bei weitem noch nicht aus, um eindeutige Schlussfolgerungen bezüglich der Verallgemeinerbarkeit von Verfahrensweisen ziehen zu können. Für den Sprachtherapeuten impliziert dies stets die Frage danach, welche Therapiemethode für welches individuelle Störungsmuster effektiv bzw. am effektivsten ist.

Die gegenwärtige Sprachtherapieforschung beschäftigt sich vor allem mit der Suche und dem Nachweis derjenigen Wirkfaktoren, die zur Verbesserung sprachlicher Leistungen bei Menschen mit Aphasie führen. Die Effektivität des sprachtherapeutischen Handelns lässt sich mithilfe von Methoden aus der Einzelfallforschung und mit sogenannten Übungs- bzw. Generalisierungseffekten nachwiesen. Von einem Generalisierungseffekt spricht man, wenn die bei dem Aphasiepatienten erzielte Verbesserung für das in der Therapie geübte Material (Übungseffekt) sich auch bei modelltheoretisch vergleichbaren Stimuli zeigt, die nicht in der Therapie geübt wurden. Weitere und zukünftige zentrale Themenbereiche in der Sprachtherapieforschung sind die Entwicklung allgemeingültiger therapeutischer Vorgehensweisen und Materialien sowie die Prüfung derjenigen Wirkfaktoren, die maßgeblich den Erfolg bzw. Misserfolg von Sprachtherapie beeinflussen. Hierzu zählen neben der Untersuchung von Häufigkeit und Dauer therapeutischer Sitzungen vor allem auch die Überprüfung unterschiedlicher Lern- und Übungsmethoden sowie anderer, lernförderlicher Maßnahmen, wie z. B. die Einbeziehung von Angehörigen, die Einbindung von Alltagssituationen in den therapeutischen Prozess.

Die bislang durchgeführten empirischen Erprobungen modellorientierter Sprachtherapie stützen zahlreiche Annahmen, die den Modellen gesunder Sprachverarbeitung zugrunde liegen. Für die Sprachtherapieforschung ist darüber hinaus auch die Entwicklung einer

Theorie kognitiver Rehabilitation erforderlich. Diese sollte Auskunft darüber geben, wie die aus einem beeinträchtigten kognitiven Zustand resultierenden Veränderungen in einer Weise modifiziert werden können, dass sie sich vom gesunden Zustand nicht mehr unterscheiden. Elemente sowohl aus den Neurowissenschaften (z. B. Plastizität des Gehirns, neuronale Strukturen, die kognitiven Prozessen zugrunde liegen, → KAPITEL 13) als auch aus der Psycho- und Neurolinguistik (z. B. kognitive Modelle zum Spracherwerb, zur Sprachverarbeitung und den zugrunde liegenden Lernmechanismen) müssen zur Entwicklung einer Rehabilitationstheorie herangezogen werden.

Fragen und Anregungen

- Welche Variablen werden zur Bestimmung eines Aphasiesyndroms verwendet?

- Nennen Sie jeweils ein Beispiel für eine phonematische Paraphasie und einen semantischen Neologismus.

- Erläutern Sie eine klassische doppelte Dissoziation und begründen Sie deren Wichtigkeit.

- Zwischen welchen Therapieeffekten sollte bei der Wirksamkeitsprüfung von Sprachtherapie unterschieden werden können?

- Warum ist die Diagnose eines Aphasiesyndroms nicht hinreichend für die Ableitung und Evaluation einer störungsspezifischen Sprachtherapie?

Lektüreempfehlungen

- **Gerhard Blanken / Wolfram Ziegler (Hg.): Klinische Linguistik und Phonetik. Ein Lehrbuch für die Diagnose und Behandlung von erworbenen Sprach- und Sprechstörungen im Erwachsenenalter,** Aachen 2010. *Der Band gibt einen anschaulichen und aktuellen Überblick vielfältiger Störungen sprachlicher Kommunikation, deren diagnostischer Klärung und Therapie. Er wendet sich an eine breite Leserschaft mit sprachpathologischem Interesse.*

- Nicole Stadie / Astrid Schröder: **Kognitiv orientierte Sprach-therapie. Methoden, Material und Evaluation für Aphasie, Dyslexie und Dysgraphie**, München 2009. *Dieses Buch gibt eine Einführung in die für die kognitive Sprachtherapie notwendigen theoretischen, methodischen und praktischen Grundlagen und bietet einen Überblick über verschiedene empirisch erprobte Therapiemethoden sowie Material zur Evaluation von Sprach-therapie.*

12 Mehrsprachigkeit

Isabell Wartenburger

Abbildung 22: Wörterbücher (2007)

Das Bild zeigt nur einen kleinen Ausschnitt an Sprachen, die es auf der Welt gibt. In den Wörterbüchern müssen nicht nur die Übersetzungen einzelner Wortbedeutungen beschrieben sein, auch die Aussprache und die syntaktischen Regeln einer Fremdsprache müssen beschrieben werden, damit sie richtig verwendet werden kann. Dass eine Sprache nicht einfach Wort-für-Wort in einen sinnvollen Text übersetzt werden kann, sehen wir, wenn wir automatische Übersetzungsprogramme nutzen oder automatisch übersetzte Bedienungsanleitungen lesen. Das mehrsprachige Gehirn muss also mehr können als nur verschiedene Wortbedeutungen zu speichern.

Derzeit werden auf der Erde schätzungsweise sechs- bis siebentausend verschiedene Sprachen gesprochen. Die Gesellschaft für bedrohte Sprachen erwartet, dass viele dieser Sprachen in naher Zukunft aussterben und Sprachen wie Englisch oder Spanisch eine immer größere Bedeutung erlangen. Vorsichtigen Schätzungen zufolge kann jeder zweite Mensch in mindestens zwei verschiedenen Sprachen kommunizieren. Wer aber ist wirklich mehrsprachig? Mehrsprachigkeit hat verschiedene Facetten und steht unter dem Einfluss unterschiedlicher Variablen. Untersuchungen zum Thema Mehrsprachigkeit müssen diese und andere Faktoren beachten, um die Frage zu beantworten, wie die verschiedenen Sprachen in einer Person repräsentiert sind: Ist ein multilinguales Sprachsystem gleich der Summe mehrerer monolingualer Sprachsysteme? Warum werden die verschiedenen Sprachen nicht ständig verwechselt? Und wie kann man sich die neuronale Repräsentation mehrerer Sprachen in einem Gehirn vorstellen?

12.1 Was ist Mehrsprachigkeit?
12.2 Besonderheiten mehrsprachiger Experimente
12.3 Modelle der Mehrsprachigkeit
12.4 Das mehrsprachige Gehirn

12.1 Was ist Mehrsprachigkeit?

Obwohl schon das Beherrschen einer einzigen Sprache eine höchst komplexe Leistung ist, sind Menschen in der Lage, mehrere Sprachen zu erlernen und anzuwenden, ohne sie durcheinander zu bringen. Menschen, die zwei Sprachen sehr gut beherrschen, wechseln sogar höchst flexibel, schnell und sicher zwischen den verschiedenen Sprachen hin und her, wenn ihr Gegenüber über das gleiche Sprachniveau verfügt. Es wird angenommen, dass mehr als die Hälfte der Weltbevölkerung mehrsprachig ist. Aber, wer gilt eigentlich als mehrsprachig oder multilingual? Und worin können sich verschiedene mehrsprachige Personen voneinander unterscheiden? Es gibt keine allgemeingültige Definition der Mehrsprachigkeit. Einige Ansätze gehen von sehr engen Definitionen aus, nach denen nur Personen als multilingual bezeichnet werden, die mehr als eine Sprache von Geburt an erworben haben. Eine weniger enge Definition, die auch im Folgenden zugrunde gelegt wird, bezeichnet alle Menschen als multilingual oder mehrsprachig, die mehr oder weniger regelmäßig in mehr als einer Sprache kommunizieren. Bei Anwendung dieser breiteren Definition muss weiter spezifiziert werden, um welche Art von Mehrsprachigkeit es sich handelt. Die wichtigsten Variablen zur Beschreibung sind das Alter bei Beginn des Spracherwerbs, die Art des Spracherwerbs und das Leistungsniveau in der Sprache.

Definition:
Mehrsprachigkeit

Offensichtlich fällt es Kindern wesentlich leichter eine Sprache zu erlernen als Erwachsenen. Das Alter beim Spracherwerb bezeichnet das Alter, in dem man zum ersten Mal mit der jeweiligen Sprache in Kontakt kommt bzw. in dem das Erlernen der Sprache beginnt. Wenn man beispielsweise im dritten Lebensjahr in ein anderes Land umzieht und dort mit einer neuen Sprache in Kontakt kommt, ist das Alter beim Spracherwerb drei Jahre. Wenn die Sprache innerhalb der ersten Lebensjahre erworben wurde, spricht man von frühen Mehrsprachigen. Wird die Sprache nach dem sechsten Lebensjahr erlernt, spricht man im Allgemeinen von späten Mehrsprachigen. Die Einteilung in frühe und späte Mehrsprachigkeit geht auf das Konzept der „kritischen" oder „sensitiven" Periode für den Spracherwerb zurück, die Eric Lenneberg in den 1960er-Jahren entwickelte (Lenneberg 1967). Er nahm an, dass die frühe Kindheit eine Periode darstellt, in welcher der Spracherwerb besonders gut möglich ist. Danach soll die Spracherwerbsfähigkeit abnehmen beziehungsweise auf anderen Mechanismen beruhen. Allerdings wurde die Altersspanne der kritischen Phase von Lenneberg mit „vor der Pubertät" nur

Alter beim
Spracherwerb

Kritische Periode

ungenau beschrieben. Die kritische Periode scheint sich insbesondere auf den Erwerb der Syntax auszuwirken (für Evidenz von sogenannten wilden Kindern → KAPITEL 10.4). Andere Autoren stellen die Existenz einer kritischen Periode infrage (z. B. Hakuta u. a. 2003). Gegen die kritische Periode sprechen beispielsweise Daten von mehrsprachigen Personen, die trotz späten Spracherwerbsalters ein sehr hohes Leistungsniveau erreicht haben. Abgesehen von diesen Ausnahmen gibt es jedoch einen starken Zusammenhang von Alter beim Spracherwerb und Leistungsniveau. Generell gilt: Je früher eine Sprache erlernt wird, desto größer ist die Wahrscheinlichkeit, ein hohes Leistungsniveau zu erreichen. Ob dieser Zusammenhang jedoch über alle Altersbereiche hinweg streng linear ist oder – im Sinne der kritischen Periode – abhängt von bestimmten sensitiven Entwicklungsabschnitten, ist derzeit noch nicht vollends geklärt.

Art des Spracherwerbs

Hinsichtlich der Art des Spracherwerbs wird unterschieden, ob die zweite oder dritte Sprache ungesteuert, wie eine Muttersprache erworben wird, zum Beispiel durch das Aufwachsen in einer mehrsprachigen Umgebung, oder ob sie kontrolliert und formal erlernt wird, zum Beispiel in einem Sprachkurs.

Leistungsniveau der Sprache

Das Leistungsniveau (Proficiency-Level) der Sprache bezeichnet, wie gut eine Sprache beherrscht wird. Wenn von mehrsprachigen Personen mit hohem Leistungsniveau die Rede ist, beherrschen diese ihre Sprachen meist so gut wie ein Muttersprachler. Personen mit niedrigem Leistungsniveau hingegen beherrschen die zweite oder dritte Sprache weniger gut als ein Muttersprachler und zeigen Fehler in der Sprachproduktion und / oder dem Sprachverständnis.

Interaktion der Variablen

Die genannten Variablen sind nicht voneinander unabhängig. So verläuft der Erwerb zweier Sprachen von Geburt an in der Regel ungesteuert und führt meist zu einem sehr hohen Leistungsniveau in den erworbenen Sprachen. Wird eine zweite oder dritte Sprache hingegen erst im Erwachsenenalter erlernt, so geschieht dies meist kontrolliert in einer formalen Lernumgebung, und oft wird kein sehr hohes Leistungsniveau erreicht.

Balancierte und dominante Mehrsprachigkeit

In der Literatur wird von Balanced Multilinguals gesprochen, wenn das Leistungsniveau in den Sprachen vergleichbar gut ist. Damit sind Sprecher gemeint, die in zwei oder mehr Sprachen und auf allen sprachlichen Ebenen ein vergleichbar hohes Leistungsniveau erreicht haben. Dominant Multilinguals sind hingegen diejenigen, die in einer der Sprachen ein besseres Leistungsniveau haben als in der oder den anderen Sprachen. In aller Regel ist die zuerst erworbene Sprache die dominante Sprache, es gibt jedoch auch umgekehrte Fälle. So kann es sein, dass Kinder, die mit ihrer Familie im fremdsprachigen Ausland leben, die Landessprache, die in der Schule und mit Freunden gesprochen wird, besser beherrschen als ihre Muttersprache. Man spricht hier auch vom Phänomen der Heritage Bilinguals (englisch *heritage* = Erbe / Erbschaft).

Natürlich hängt der Einsatz der einen oder anderen Sprache auch von anderen sprachlichen Domänen ab, wie der Art der Mehrsprachigkeit, den Kommunikationspartnern, dem Ort der Interaktion (zu Hause, bei der Arbeit) oder dem Thema der Kommunikation (bestimmte Vokabeln sind eventuell nur in einer der Sprachen vorhanden).

12.2 Besonderheiten mehrsprachiger Experimente

Die Breite der Definition von Mehrsprachigkeit und die große Anzahl an Einflussfaktoren auf die mehrsprachige Sprachverarbeitung führen dazu, dass bei der Forschung zum Thema Mehrsprachigkeit sehr viele experimentelle und methodische Aspekte zu beachten sind. Es ist daher nicht möglich, ein monolinguales Sprachverarbeitungsmodell und seine experimentelle Überprüfung einfach in den Bereich der Mehrsprachigkeit zu ‚übersetzen‘. Im Folgenden werden die wichtigsten Überlegungen für die Entwicklung experimenteller Designs zum Thema Mehrsprachigkeit vorgestellt.

Zunächst sind die Auswahl und Zusammenstellung der Stichprobe entscheidend. Wichtig ist hier, dass möglichst homogene Gruppen gebildet werden mit Blick auf

Homogene Zusammenstellung der Stichprobe

- den Sprachhintergrund (wann, wie und warum wurden die Sprachen erworben, in welchen Situationen werden sie angewendet?);
- das Leistungsniveau in den Sprachen (schriftliche und mündliche Sprachrezeption und -produktion auf Wort- und Satzebene);
- die Anzahl und Art der Sprachen, die beherrscht werden;
- den Sprachmodus (Language Mode) (wie oft, wie lange und wie regelmäßig befinden sich die Personen in einer monolingualen oder einer multilingualen Umgebung; wie oft und regelmäßig findet ein Code-Switching zwischen den Sprachen statt?);
- Alter, Geschlecht, psychometrische Variablen, sozioökonomischer Status und Bildungsstatus der Versuchsteilnehmer.

Bei experimentellen Untersuchungen von mehrsprachigen Versuchsteilnehmern ist zudem entscheidend, in welchem Sprachmodus das Experiment stattfindet. Wenn vor und während des Experiments nur

Kontrollierter Sprachmodus im Experiment

eine der Sprachen vorkommt und jegliche Kommunikation mit den Versuchsteilnehmern nur in dieser Sprache erfolgt, spricht man von einem monolingualen Sprachmodus. Wenn in der experimentellen Situation jedoch in beiden Sprachen, die die Versuchsteilnehmer und Versuchleiter beherrschen, kommuniziert wird, wird ein bilingualer Sprachmodus aufgebaut. Die Ergebnisse einer Untersuchung mehrsprachiger Personen können vom Sprachmodus des Experiments beeinflusst werden. Daher sollten die Einflüsse des Sprachmodus bei der experimentellen Planung bedacht und kontrolliert bzw. gegebenenfalls manipuliert werden.

Nicht zuletzt muss bei experimentellen Untersuchungen der Einfluss von Störvariablen, die das Ergebnis beeinflussen können, minimiert bzw. kontrolliert werden. Im monolingualen Kontext sind dies Variablen wie die Frequenz, graphematische und / oder phonologische Form, Nachbarschaftsdichte, syntaktische Kategorie, Konkretheit, Regularität, Assoziationsdichte etc. (→ KAPITEL 2.1). Bei der Entwicklung des Stimulusmaterials für Untersuchungen zur Mehrsprachigkeit ist darüber hinaus weitere Sorgfalt geboten. Beispielsweise muss bei Studien zur lexikalischen Repräsentation von Wörtern darauf geachtet werden, dass sich Wörter zweier Sprachen oft ähneln können. So gibt es homographe und homophone Wörter und auch sogenannte Cognates, das sind Wörter gleichen etymologischen Ursprungs mit ähnlicher phonologischer Form, z. B. das englische Wort *house* und das deutsche Wort *Haus*. Interlinguale homographe Wörter sind Wörter, die in beiden Sprachen gleich geschrieben werden, aber nicht die gleiche Aussprache, Bedeutung oder Funktion haben (müssen), beispielsweise das Wort *Boot* (deutsch: Boot, englisch: Stiefel). Interlinguale Homophone haben in zwei Sprachen eine ähnliche phonologische Form, werden aber weder gleich geschrieben noch haben sie die gleiche Bedeutung oder Funktion, beispielsweise das Englische *deep* und das Deutsche *Dieb*. Alle drei Variablen haben Einfluss auf den lexikalischen Zugriff und die lexikalische Repräsentation und müssen daher genau kontrolliert werden.

12.3 Modelle der Mehrsprachigkeit

Weil ein psycholinguistisches Modell der monolingualen Sprachverarbeitung nicht ohne Weiteres auf die mehrsprachige Sprachverarbeitung angewendet werden kann, gibt es verschiedene Modelle der

Mehrsprachigkeit, von denen einige hier exemplarisch vorgestellt werden. Sie befassen sich vornehmlich mit der Einzelwortverarbeitung und der Frage, wie die Lexika der Sprachen repräsentiert sind. (Zum spezifischen Einfluss von Syntax und Phonologie auf die multilinguale Sprachverarbeitung vgl. Kroll/De Groot 2005).

Die Mehrzahl der multilingualen Modelle geht davon aus, dass es ein gemeinsames semantisches oder konzeptuelles System für alle Sprachen gibt. Evidenz hierfür kommt aus zahlreichen Studien, welche einen cross-linguistischen semantischen Priming-Effekt (→ KAPITEL 2.1) zeigen konnten. Beim cross-linguistischen Priming wird ein Prime aus Sprache A verwendet und sein Einfluss auf die Verarbeitung des folgenden Zielitems aus Sprache B erhoben. Dieser cross-linguistische Priming-Effekt wird verglichen mit dem Priming-Effekt innerhalb einer Sprache. Beispielsweise folgt dem Prime *Vogel* das Zielitem *dog*. Die Entscheidung, ob es sich bei *dog* um ein belebtes oder unbelebtes Item handelt, erfolgt schneller, wenn das Zielitem dem Prime *Vogel* folgt als wenn es dem Prime *Tasse* folgt. Da gezeigt werden konnte, dass – zumindest bei Mehrsprachigen mit sehr hohem Leistungsniveau – Priming-Effekte sowohl innerhalb als auch über die Sprachen hinweg vorhanden sind, lässt sich die Existenz einer gemeinsamen semantisch-konzeptuellen Repräsentation ableiten (für eine Übersicht und kritische Diskussion vgl. Kroll/De Groot 1997).

Eine weitere wichtige Frage bei der multilingualen Wortverarbeitung ist, ob das Lexikon des Sprechers Wörter aller Sprachen enthält (integriertes Lexikon) oder ob es pro Sprache je ein separates Lexikon gibt.

Ein Beispiel für die Annahme getrennter Lexika ist das Revised-Hierarchical-Model (RHM) von Judith Kroll und Erika Stewart (Kroll/Stewart 1994, → ABBILDUNG 23). Das Modell beschreibt die Entwicklung, den Aufbau und den Zugriff der verschiedenen mentalen Lexika auf die gemeinsamen mentalen semantischen Konzepte bei mehrsprachigen Menschen mit spätem Spracherwerb. Grundannahme ist auch hier, dass die verschiedenen Sprachen dasselbe semantisch-konzeptuelle System teilen. Die Wörter, die im mentalen Lexikon der (früh erworbenen) Erstsprache repräsentiert sind, haben eine direkte Verbindung zum semantischen Konzept (in → ABBILDUNG 23 der dicke Doppelpfeil). Die unabhängigen lexikalischen Repräsentationen der Erst- und Zweitsprache sind über lexikalische Verbindungen verknüpft. Wird eine zweite Sprache erst später erworben, so wird – zumindest anfänglich – die Bedeutung der Zweitsprachwörter über den Zugriff auf das

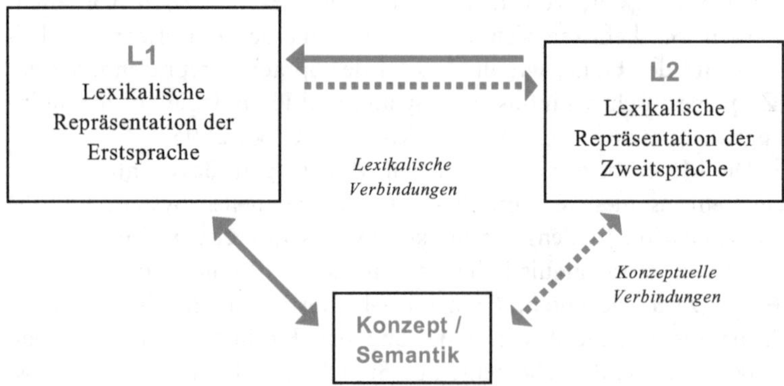

Abbildung 23: Das Revised-Hierarchical-Model (RHM) (nach Kroll/Stewart 1994)

Erstsprachlexikon erschlossen (in → ABBILDUNG 23 der dicke linksweisende Pfeil). Das Zweitsprachlexikon hat zu diesem frühen Zeitpunkt noch keinen direkten Zugriff auf das semantisch-konzeptuelle System.

Erst später, mit steigendem Leistungsniveau, entwickelt sich die direkte Verbindung vom Zweitsprachlexikon zum konzeptuell-semantischen System (gestrichelter Doppelpfeil). Die Stärke der Verbindungen ist abhängig vom Leistungsniveau in der Zweitsprache und der relativen Dominanz der Erstsprache. Aufgrund der asymmetrischen Verbindungsstärken sagt das Modell eine schnellere Übersetzung aus der Zweitsprache (L2) in die Erstsprache (L1) – eine Rückwärts-Übersetzung – voraus, da hier auf lexikalischer Ebene, ohne Zugriff auf die konzeptuelle Ebene, übersetzt werden kann. Die Übersetzung von L1 nach L2 (Vorwärts-Übersetzung) sollte hingegen auch die konzeptuelle Ebene aktivieren und daher langsamer und stärker durch semantische Faktoren beeinflussbar sein. Diese Effekte konnten in verschiedenen Studien nachgewiesen werden (Kroll/Tokowicz 2005).

Das Bilingual-Interactive-Activation-Model (BIA und in seiner Erweiterung BIA+) von Ton Dijkstra und Walter van Heuven geht von einem integrierten Lexikon aus (Dijkstra u. a. 1998 und folgende). Der Zugriff auf dieses Lexikon erfolgt nicht-selektiv, es werden also immer Einträge aus beiden Sprachen aktiviert. BIA ist die Erweiterung des interaktiven Aktivationsmodells zur Wortverarbeitung (McClelland/Rumelhart 1981): Für multilinguale Netzwerke wird eine zusätzliche Repräsentation von Sprachknoten angenommen, die hierarchisch über der Ebene der Wörter und Buchstaben liegt. Beim Lesen aktiviert der visuelle Input in einem bottom-up Prozess ähnlich aussehende Buchstabenketten aller Sprachen. Das bedeutet, dass orthografisch ähnliche Wörter aller Sprachen aktiviert werden; diese Wörter stehen miteinander in Konkurrenz. Die Sprachknoten können die Aktivierung der Wörter der Nicht-Zielsprache über einen top-down Mechanismus hemmen.

Das Aktivierungsniveau der Wörter hängt aber auch vom Leistungsniveau in der Sprache und ihrer individuellen Frequenz ab. In der Erweiterung des Modells zu BIA+ nehmen die Autoren auch phonetische Informationen sowie aufgabenspezifische Verarbeitungsebenen in das Modell auf (Dijkstra / van Heuven 2002).

Bei der multilingualen Sprachproduktion stellt sich die Frage, ob die Aktivierung des gemeinsamen semantischen Systems nicht-selektiv alle lexikalischen Einträge der Sprachen aktiviert oder ob selektiv nur die lexikalischen Einträge der Zielsprache aktiviert werden. Unklar ist auch, wie sich ein solcher sprachspezifischer Selektionsmechanismus entwickelt und wie er in mehrsprachigen Kontexten wirkt, wo das schnelle Wechseln zwischen den Sprachen notwendig ist.

Eine nächste Frage besteht darin, ob die Nicht-Zielsprache aktiv unterdrückt (inhibiert) wird. Ein Vertreter dieser Annahme ist David Green mit seinem Inhibitory-Control-Model (Green 1986 und folgende). Das Modell geht von verschiedenen Kontrollmechanismen aus, die entsprechend der Aufgabe und des Kontextes die Zielsprache bestimmen und die Nicht-Zielsprache inhibieren.

Andere Modelle (z. B. Costa / Caramazza 1999) gehen davon aus, dass der lexikalische Selektionsmechanismus nur die lexikalischen Knoten der Zielsprache in Betracht zieht. Die Nicht-Zielsprache wird dabei gar nicht einbezogen, sodass die lexikalische Selektion wie im monolingualen System verlaufen kann. Diese Modelle werden beispielsweise mit dem Bild-Wort-Interferenz-Paradigma (→ KAPITEL 2.1) überprüft, mit dem getestet wird, inwieweit das Distraktorwort in der Nicht-Zielsprache mit dem Benennen des Bildes in der Zielsprache interferiert.

12.4 Das mehrsprachige Gehirn

Wie kann man sich die neuronale Repräsentation mehrerer Sprachen in einem Gehirn vorstellen? Hinweise auf die Organisation des mehrsprachigen Gehirns kommen zum einen von mehrsprachigen Patienten, die eine Hirnschädigung z. B. durch einen Schlaganfall erlitten haben und aphasische Symptome in der einen oder anderen Sprache zeigen. Zum anderen kann durch die Anwendung bildgebender Verfahren (→ KAPITEL 2.2) auch die neuronale Repräsentation der verschiedenen Sprachen bei gesunden Mehrsprachigen charakterisiert werden.

Es gibt zahlreiche Berichte von mehrsprachigen Aphasiepatienten (→ KAPITEL 11.1), die eine hohe Diversität in den Störungsmustern in einer der Sprachen oder auch in mehreren Sprachen zeigen können. Es kann also vorkommen, dass nach einem Schlaganfall selektiv nur eine der Sprachen gestört ist. Mit der Variabilität der Störungsmuster gehen verschiedene Erholungsmuster bei einer sogenannten bilingualen Aphasie oder multilingualen Aphasie einher:

- parallele Erholung: die Defizite der Sprachen erholen sich parallel;
- selektive Erholung: nur eine der Sprachen erholt sich;
- sukzessive Erholung: zuerst erholt sich eine der Sprachen und erst danach die andere(n);
- differenzielle Erholung: eine der Sprachen erholt sich besser als die andere(n);
- antagonistische Erholung: während sich die eine Sprache erholt, verstärkt sich das Defizit in der oder den anderen Sprache(n);
- alternierend antagonistische Erholung: die Erholungsmuster sind variabel und ändern sich von Zeit zu Zeit;
- vermischende Erholung: die Patienten vermischen die Sprachen in unangemessener Weise.

Interessanterweise scheint es keine Variablen zu geben, welche das eine oder andere Störungs- oder Erholungsmuster valide vorhersagen. Das heißt Störungs- und Erholungsmuster sind unabhängig vom Alter bei Spracherwerb, der Art des Spracherwerbs, dem Leistungsniveau, der Häufigkeit mit welcher die eine oder andere Sprache genutzt wurde, der Umgebungssprache, dem Alter der Patienten, der Art der Aphasie etc. Andererseits weisen die Daten darauf hin, dass es im Gehirn eine selektive Speicherung oder einen selektiven Zugriff auf die verschiedenen Sprachen geben muss – ansonsten wären ein selektiver Ausfall nur einer Sprache oder auch die selektive Erholung nur einer Sprache nicht erklärbar. Ein großes Problem der mehrsprachigen Aphasieforschung ist, dass es relativ schwierig ist, das prämorbide Sprachleistungsniveau in den Sprachen verlässlich zu erheben. Die Untersucher müssen sich hier auf die Einschätzung der Patienten und / oder ihrer Angehörigen verlassen, da selten eine umfassende Dokumentation des Sprachleistungsniveaus vor der Erkrankung vorliegt. Eine sehr gute Übersicht zum Thema mehrsprachiger Aphasien bietet Michel Paradis (Paradis 2004).

Die modernen Verfahren, welche die neuronalen Korrelate der Sprachverarbeitung online beobachtbar machen, sind in → KAPITEL 2.2 genauer beschrieben. Obwohl die Störungsmuster der bi- oder multilingualen Aphasien darauf hindeuten, dass eine separate Schädigung oder Inhibition nur einer der Sprachen möglich ist, weisen die bildgebenden Verfahren eher auf ähnliche, überlappende, gemeinsam genutzte Repräsentationen und Verarbeitungsmechanismen mehrerer Sprachen hin.

Die bisherigen elektrophysiologischen Studien vergleichen die zeitlichen Komponenten der Erstsprachverarbeitung mit denen der Verarbeitung einer zweiten oder dritten Sprache und beschreiben ihre Abhängigkeit vom Erwerbsalter und vom Leistungsniveau. In einer Vielzahl von Untersuchungen wurden die Gehirnreaktionen auf syntaktisch und semantisch wohlgeformte Sätze mit denen auf syntaktische oder semantische Verletzungen in zwei Sprachen verglichen.

Verschiedene Studien konnten zeigen, dass das Erwerbsalter einen besonderen Einfluss auf die syntaktische Verarbeitung hat. Die durch eine syntaktische Verletzung im Satz evozierten Potenziale (z. B. im Satz *Die Gans wurde im gefüttert*), die mittels EKP gemessen werden, zeigten sich bei Mehrsprachigen verzögert oder in ihrer Amplitude stark verändert, wenn die Sprache erst nach dem dritten oder sechsten Lebensjahr erworben worden war. Interessanterweise betraf dies vor allem die frühen Verarbeitungskomponenten, die eine eher automatische Verarbeitung reflektieren, wie die frühe ELAN- oder LAN-Komponente (→ KAPITEL 8.3). Neuere Studien haben jedoch auch zeigen können, dass ein extrem hohes Leistungsniveau diese Verarbeitungsunterschiede ausgleichen kann (Kotz 2009). Bei der Verarbeitung semantischer Fehler (wie z. B. im Satz *Der Ozean wurde gefüttert*) scheint das Erwerbsalter einen weniger starken Effekt zu haben; auch bei spätem Spracherwerb zeigt das Gehirn die normalen Komponenten (wie die N400), wenn ein genügend hohes Leistungsniveau in der Sprache vorliegt. Die semantische Verarbeitung scheint also robuster gegenüber dem Spracherwerbsalter zu sein als die syntaktische Verarbeitung.

Neuere Studien untersuchen den Prozess des Sprachlernens auch längsschnittlich im Verlauf des Lernprozesses. So konnten Judith McLaughlin und Kollegen zeigen, dass das Gehirn schon nach 6 bis 28 Lernstunden unterschiedliche Potenziale in Reaktion auf Wörter und Nichtwörter der neuen Sprache zeigt (McLaughlin u. a. 2004).

Ein Großteil bisheriger Studien mit der funktionellen Magnetresonanz-Tomographie (fMRT) (→ KAPITEL 2.2) ist der Frage nachgegangen, ob die verschiedenen Sprachen in den gleichen oder in räumlich getrennten Hirnarealen repräsentiert sind und ob dies wiederum vom Spracherwerbsalter und / oder dem Leistungsniveau in den Sprachen abhängt. Beim Vergleich der Hirnaktivierungsmuster früher und später Mehrsprachiger zeigt sich auch hier – analog zu den EKP-Befunden – ein besonderer Effekt des Erwerbsalters auf die syntaktische Verarbeitung der Sprache. Bei Personen mit spätem Spracherwerb werden insbesondere die links frontalen Hirnregionen stärker aktiviert als bei Personen mit frühem Spracherwerb, auch wenn beide Gruppen ein gleich hohes Leistungsniveau in den Sprachen haben. Das bedeutet, dass diejenigen mit spätem Zweitspracherwerb die syntaktischen Regeln dieser Zweitsprache anders verarbeiten und dafür mehr Ressourcen einsetzen müssen als diejenigen mit frühem Zweitspracherwerb. Die Verarbeitung der Semantik hingegen scheint weniger beeinflusst durch das Erwerbsalter: die Hirnaktivierungsmuster, die durch die eine oder die andere Sprache verursacht werden, überlappen sehr stark. Generell kommt es bei geringerem Sprachleistungsniveau zu einer stärkeren Hirnaktivierung als bei hohem Leistungsniveau (für eine Übersicht vgl. Friederici / Wartenburger 2010). Dieses Muster ist nicht spezifisch für die Mehrsprachigkeit: Bei vielen höheren kognitiven Funktionen zeigt sich ein positiver Zusammenhang von Aufgabenschwierigkeit und Hirnaktivierung: Je schwieriger oder komplexer die kognitive Verarbeitung ist, desto mehr Ressourcen werden eingesetzt und desto stärker ist in der Regel die Hirnaktivierung. Im Bereich der Mehrsprachigkeit geht man davon aus, dass die stärkere Hirnaktivierung auch den verstärkten Einsatz von Kontroll- und Aufmerksamkeitsprozessen widerspiegelt (Abutalebi 2008).

Die hier skizzierten EKP- und fMRT-Befunde weisen also generell darauf hin, dass syntaktische Verarbeitungsprozesse stärker vom Erwerbsalter beeinflusst werden als semantische Verarbeitungsprozesse. Woher kommt dieser Unterschied? Das deklarativ-prozedurale Modell von Michael Ullman versucht auf diese Frage eine Antwort zu geben (Ullman 2001a).

Dieses Sprachverarbeitungsmodell geht davon aus, dass Sprache durch zwei unterschiedliche Lern- und Gedächtnissysteme erworben wird. Das deklarative System beinhaltet explizit erworbenes Wissen, wie z. B. Faktenwissen (etwa dass Paris die Hauptstadt von Frankreich ist). Das prozedurale System hingegen enthält implizit erworbenes Wissen von Regeln und Prozeduren (etwa wie man Fahrrad fährt). Überträgt man dies auf die Sprache, so geht Ullman davon aus, dass semantisch-lexikalisches Wissen, also z. B. die Bedeutung von Wörtern, eher explizit-deklarativ erlernt und verarbeitet wird. Syntaktische Regeln hingegen werden eher implizit-prozedural erworben und verarbeitet. Darüber hinaus sind nach diesem Modell das deklarative und das prozedurale System in verschiedenen Hirnarealen repräsentiert: Das prozedurale System ist in frontalen Hirnarealen und den Basalganglien repräsentiert, das deklarative System hingegen in medial temporalen Hirnarealen und dem Hippocampus (→ KAPITEL 13.3).

Für den frühen Spracherwerb geht das Modell davon aus, dass syntaktisches Wissen implizit-prozedural, semantisch-lexikalisches Wissen hingegen explizit-deklarativ erworben und verarbeitet wird. Wird jedoch eine weitere Sprache erst spät erworben, kommt es beim Erwerb und der Verarbeitung der Syntax zu einer stärkeren Beteiligung des explizit-deklarativen Systems. Das bedeutet auch, dass eine spät erworbene Sprache stärker im explizit-deklarativen System verarbeitet wird, weil es keine impliziten Regeln im prozeduralen Gedächtnissystem gibt, auf die zurückgegriffen werden kann. Daher wird ein stärkerer Einfluss des Spracherwerbsalters auf syntaktische Verarbeitungsprozesse vorhergesagt. Anders ausgedrückt sollten sich Personen mit unterschiedlichem Spracherwerbsalter bei semantisch-lexikalischen Aufgaben nicht wesentlich voneinander unterscheiden, bei der Verarbeitung komplexer syntaktischer Aufgaben sollte es jedoch einen Unterschied in der neuronalen Repräsentation geben. Wie beschrieben, hat sich der Unterschied zwischen semantischen und syntaktischen Verarbeitungsprozessen zwar gezeigt, die Lokalisation der entsprechenden Aktivierungsmuster in prozeduralen bzw. deklarativen Hirnregionen konnte aber bisher nur teilweise bestätigt werden.

Eine anderen Erklärungsansatz für Asymmetrien zwischen den Sprachen liefert das Activation-Threshold-Modell von Michel Paradis (Paradis 2004). Es geht davon aus, dass jede der Sprachen einen gewissen Schwellenwert hat, der bestimmt, wie gut auf die Sprache zugegriffen werden kann: je höher er ist, desto schwieriger ist der Zugriff auf die Sprache (→ ABBILDUNG 24). Die Höhe des Schwellenwertes kann von verschiedenen Variablen beeinflusst werden. Zum einen ist er vom Leistungsniveau abhängig: Je besser das Leistungsniveau, desto geringer ist der Schwellenwert und desto einfacher der Zugriff auf die Sprache. Zum anderen hat auch die Frequenz des Zugriffs auf

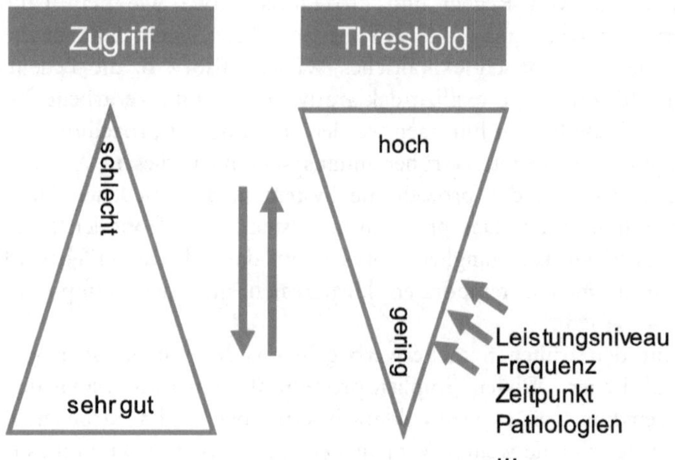

Abbildung 24: Schematische Darstellung des Activation-Threshold-Modells

Einfluss von Leistungsniveau, Frequenz, Pathologien

die Sprache einen Einfluss auf den Schwellenwert: Wenn auf eine Sprache sehr häufig zugegriffen wird und der Zugriff noch nicht lange zurück liegt, ist er geringer und umso einfacher ist der Zugriff. So lässt sich erklären, warum auf die Muttersprache nach einem längeren Aufenthalt im Ausland, bei welchem nur in der Fremdsprache kommuniziert wurde, initial schlechter zugegriffen werden kann. Der Schwellenwert kann aber auch durch eine Hirnschädigung, z. B. einen Schlaganfall, heraufgesetzt werden. Eine selektive Erholung nur einer Sprache nach einem pathologischen Ereignis kann mit diesem Modell also dadurch erklärt werden, dass der Schwellenwert einer der Sprachen sehr hoch ist und selektiv den Zugriff auf diese Sprache verhindert.

Das Activation-Threshold-Modell ist in der Lage, den Einfluss von Leistungsniveau, Frequenzunterschieden und Pathologien auf die Verarbeitung mehrerer Sprachen zu erklären. Jedoch bleibt das Modell unspezifisch, was die Lokalisation der einzelnen Sprachfunktionen angeht.

Kein allgemeingültiges Modell

Zusammenfassend kann festgestellt werden, dass die bisherigen Modelle zur Mehrsprachigkeit sich gegenseitig ergänzen und dass es bisher kein allgemeingültiges Modell der Mehrsprachigkeit gibt. Vor dem Hintergrund der großen Variabilität der Mehrsprachigkeit und der Komplexität des Sprachsystems wird es wahrscheinlich auch in Zukunft kein allgemeingültiges Modell geben, das für jede Form der

Mehrsprachigkeit gilt, sondern verschiedene Modelle, welche jeweils verschiedene Subgruppen oder Modalitäten der Mehrsprachigkeit beschreiben bzw. erklären können.

Fragen und Anregungen

- Überlegen Sie, welche Variablen einen Einfluss auf die Mehrsprachigkeit einer Person haben können. Wie können diese Variablen erhoben werden?

- Was muss bei der Planung von Experimenten zum Thema Mehrsprachigkeit bedacht werden?

- Fassen Sie zusammen, welche Befunde für ein integriertes Lexikon zweier Sprachen und welche Befunde für getrennte Lexika sprechen.

- Wie kann der besondere Einfluss des Alters beim Spracherwerb auf die syntaktische Verarbeitung erklärt werden?

Lektüreempfehlungen

- **Kees de Bot / Wander Lowie / Marjolijn Verspoor: Second Language Acquisition,** London 2005. *Eine umfassende und exzellente Einführung und Übung zum Thema Zweitspracherwerb.*

- **Ng Bee Chin / Gillian Wigglesworth: Bilingualism. An Advanced Resource Book,** London 2007. *Eine umfassende und exzellente Einführung und Übung zum Thema Mehrsprachigkeit.*

- **Annette M. B. De Groot / Judith F. Kroll (Hg.): Tutorials in Bilingualism,** New Jersey 1997. *Übersicht zum Zweitspracherwerb, zur Repräsentation, dem Verständnis und der Produktion mehrerer Sprachen.*

- **Li Wei (Hg.): The Bilingualism Reader,** London 2000. *Einblick in linguistische, psycholinguistische und soziolinguistische Aspekte der Mehrsprachigkeit.*

13 Sprache und Gehirn

Isabell Wartenburger

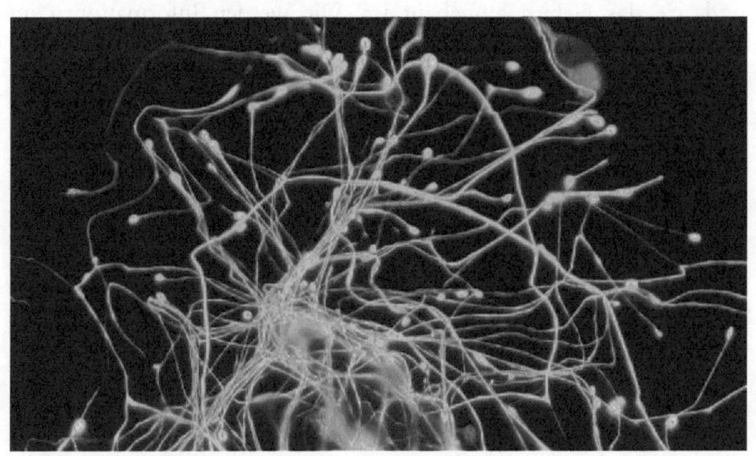

Abbildung 25: Nervenzellen

Der wichtigste Grundbaustein des Gehirns ist die Nervenzelle. Das menschliche Gehirn enthält mehr als einhundert Billionen Nervenzellen, die jeweils mit tausenden Nervenzellen verbunden sind und so ein gigantisches Netzwerk zur Informationsverarbeitung bilden. Die erste Visualisierung von Nervenzellen gelang den Medizinern Camillo Golgi (1843/44–1926) und darauf aufbauend Santiago Ramón y Cajal (1852–1934). Heute sind leistungsstarke Mikroskope in der Lage, die kleinen Nervenzellen sichtbar zu machen, um ihren Aufbau und ihre Funktionsweise zu studieren. Die Abbildung zeigt Nervenzellen der Maus, die mithilfe der Fluoreszenzmikroskopie vom Neurowissenschaftler Bastian Tötter, Charité Berlin, dargestellt wurden.

Es ist faszinierend, wie dieses Netzwerk aus Nervenzellen arbeitet und wie das Gehirn aufgebaut ist. Wie werden Informationen im Netzwerk verarbeitet und weitergeleitet? Kann sich das Gehirn plastisch verändern und wenn ja wie? Wie werden die verschiedenen Areale des Gehirns eingeteilt und benannt? Aktuelle Modelle zu den neuronalen Grundlagen der Sprachverarbeitung beschäftigen sich mit der Frage, welche Hirnareale für die Sprachverarbeitung wichtig sind und wie sie zusammenarbeiten.

13.1 Anatomische Grundlagen

13.2 Physiologische Grundlagen

13.3 Sprachrelevante Hirnregionen

13.1 Anatomische Grundlagen

Zusammen mit dem Rückenmark gehört das Gehirn zum zentralen Nervensystem. Die Nervenzellen sind im Gehirn spezifisch angeordnet. Grob betrachtet ist das Gehirn aus einer Schicht grauer Substanz und darunter liegender weißer Substanz aufgebaut. Dies kann man mit bloßem Auge an Hirnschnitten oder MRT-Aufnahmen des Gehirns erkennen (→ ABBILDUNG 26). Die graue Substanz bildet die wenige Millimeter dicke äußere Schicht des Gehirns und ist stark gefaltet. Sie besteht vorrangig aus den Nervenzellkörpern und wird als Kortex (Hirnrinde oder -mantel) bezeichnet. Der Kortex besteht wiederum aus verschiedenen Schichten, in denen verschiedene Nervenzellarten angeordnet sind. Die weiße Substanz liegt subkortikal, also unter der Kortexschicht, und besteht größtenteils aus Axonen und Stützzellen (Gliazellen). In der Mitte des Gehirns liegen weitere subkortikale Kerngebiete, nämlich die Basalganglien (vor allem für die motorische Planung), das limbische System (hauptsächlich für Emotion, Lernen, Gedächtnis) und das Zwischenhirn (speziell der Thalamus gilt als „Tor zum Bewusstsein", durch das die sensorischen Sinneseindrücke fließen).

Graue und weiße Substanz

Das Gehirn ist von drei Hirnhäuten umgeben: ganz außen liegt die Dura Mater (harte Hirnhaut), darunter die Arachnoidea (Spinngewebshaut) und darunter, direkt über dem Kortex, die Pia Mater (weiche Hirnhaut). In der Mitte des Gehirns liegen die vier Ventrikel, in denen die Gehirnflüssigkeit (CSF, Cerebro-Spinale-Flüssigkeit, auch Liquor genannt) gebildet wird, die um das gesamte zentrale Nervensystem zirkuliert. Zusätzlich ist das Gehirn durch die sogenannte Blut-Hirnschranke vor schädigenden Substanzen aus dem Blut geschützt.

Hirnhäute und Liquor

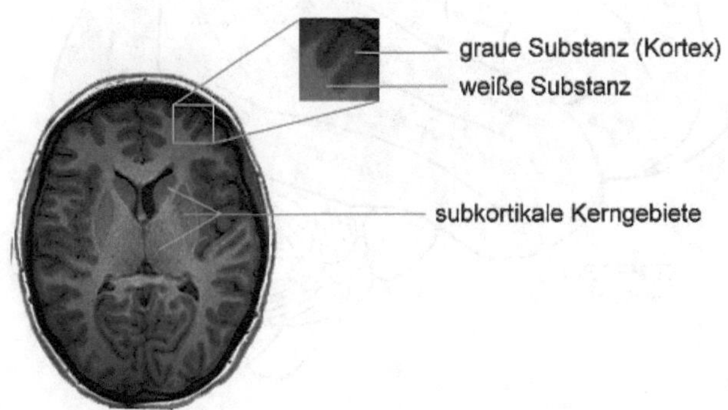

Abbildung 26: Transversaler Schnitt durch das Gehirn

Hemisphären und Lappen

Das Gehirn besteht aus der rechten und der linken Hirnhälfte (Hemisphäre) und lässt sich in vier Lappen aufteilen. Im vorderen Teil liegt der Frontallappen (Stirnlappen), der anterior zur Zentralfurche liegt. Posterior zur Zentralfurche liegt der Parietallappen (Scheitellappen). Seitlich liegt der Temporallappen (Schläfenlappen), welcher durch die Sylvische Furche vom Frontallappen getrennt ist. Im hinteren Teil liegt der Okzipitallappen (Hinterhauptslappen) (→ ABBILDUNG 27). Die rechte und linke Hemisphäre sind über Fasern aus weißer Substanz verbunden, die sogenannten Kommissurenfasern. Dieses Faserbündel wird auch als Corpus Callosum (Balken) bezeichnet. Die Fasern, die Kortexareale innerhalb einer Hirnhälfte verbinden, werden als Assoziationsfasern bezeichnet. Die Fasern, welche subkortikale Regionen und die Sinnesorgane mit den kortikalen Gebieten verbinden, werden auch Projektionsfasern genannt.

Kommissuren-, Assoziations- und Projektionsfasern

Die Gyri (Windungen) und Sulci (Furchen) des Kortex werden entsprechend ihrer Lage in den verschiedenen Lappen bezeichnet (→ ABBILDUNG 27). Grundsätzliche Lagebezeichnungen sind:

Lagebezeichnungen

- anterior (vorn, auch rostral – zur Schnauze hin)
- posterior (hinten, auch caudal – zum Schwanz hin)
- superior (oben, auch dorsal – zum Rücken hin)
- inferior (unten, auch ventral – zum Bauch hin)
- lateral (zur Seite hin)

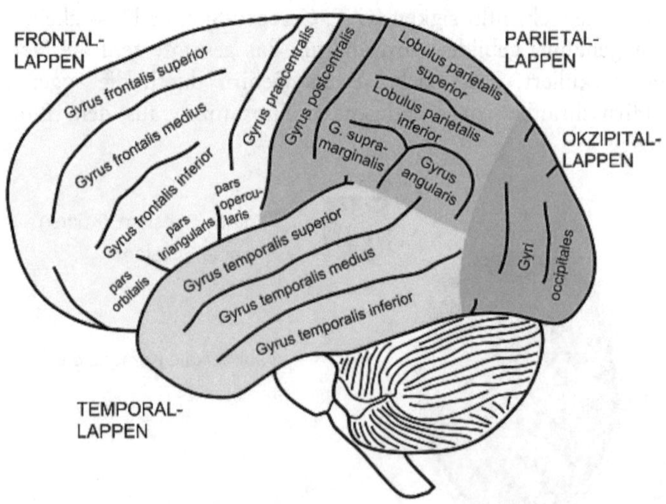

Abbildung 27: Seitenansicht eines menschlichen Gehirns [mit Lage der vier Hirnlappen], Hauptgyri beschriftet

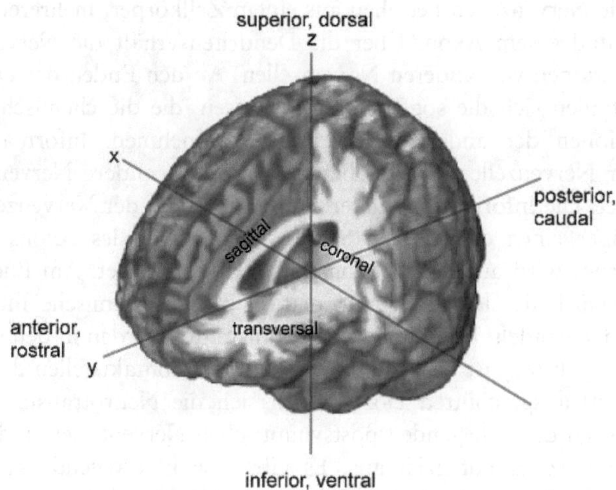

Abbildung 28: Lage- und Schnittebenenbezeichnungen im Gehirn

- medial (zur Mitte hin)
- ipsilateral (gleiche Seite)
- kontralateral (gegenüberliegende Seite).

Zusätzlich gibt es zur Beschreibung der Lage der Hirnregionen auch ein dreidimensionales Koordinatensystem. Jeder Bereich des Gehirns kann mithilfe dreier Koordinaten x, y und z eindeutig bestimmt werden. Der Mittelpunkt (x = 0, y = 0, z = 0) dieses Koordinatensystems liegt ungefähr in der Mitte des Gehirns auf der anterioren Kommissur, welche die rechte und linke Hirnhälfte verbindet. Die x-Achse beschreibt die Lage von rechts (+x) nach links (–x), die y-Achse die Lage von vorne (+y, anterior) nach hinten (–y, posterior), die z-Achse die Lage von oben (+z, superior) nach unten (–z, inferior).

Bei der Darstellung des Gehirns wird es oft in verschiedenen Ebenen geschnitten. Ein Schnittbild von der Seite wird als Sagittalschnitt bezeichnet, ein Schnittbild mit Sicht von oben / unten als Transversal-, Axial-, oder Horizontalschnitt und ein Schnittbild mit Sicht von vorn / hinten als Frontal- oder Coronalschnitt (→ ABBILDUNG 28).

13.2 Physiologische Grundlagen

Die mehr als einhundert Billionen Nervenzellen (Neuronen) des Gehirns sind jeweils mit vielen Tausend anderen Nervenzellen verbunden. Die Nervenzellen bestehen aus einem Zellkörper, mehreren Dendriten und einem Axon. Über die Dendriten erhält die Nervenzelle Informationen von anderen Nervenzellen. An den Enden der Dendriten befinden sich die sogenannten Synapsen, die die chemischen Informationen der anderen Nervenzellen aufnehmen. Informationen aus der Nervenzelle werden über das Axon an andere Nervenzellen gesendet. Die Informationsweiterleitung innerhalb der Nervenzelle erfolgt über einen elektrischen Strom, der entlang des Axons fließt. Der Strom wird auch als Aktionspotenzial bezeichnet. Am Ende des Axons wird die elektrische Information in eine chemische Information umgewandelt: bestimmte Neurotransmitter werden in den synaptischen Spalt (das ist der Raum zwischen den Kontaktstellen der Nervenzellen) ausgeschüttet. Dort binden sich die Neurotransmitter an Rezeptoren der anliegenden postsynaptischen Nervenzellen und lösen ein synaptisches Potenzial aus. Es gibt sowohl erregende als auch hemmende Neurotransmitter. Wenn die eingehenden synaptischen Potenziale eine bestimmte Stärke erreichen, generieren sie wiederum ein Aktionspotenzial entlang des Axons der postsynaptischen Nervenzelle. Die Frequenz der generierten Aktionspotenziale, die auch als Spike- oder Feuerrate bezeichnet wird, ist unterschiedlich. Viele Nervenzellen sind entsprechend ihrer Feuerrate gruppiert. Die Funktion und Informationsübertragung der Nervenzellverbünde hängt also von der Feuerrate, den Neurotransmittern, den eingehenden Signalen (Input) und den Nervenzellen am Ende der Axone (Output) ab.

Wie gezeigt können die verschiedenen Hirnareale aufgrund ihrer Anatomie und Lage beschrieben werden. Diese Einteilung ist jedoch recht grob. Für eine feinere Einteilung hat der Mediziner Korbinian Brodmann (1868–1918) Karten erstellt, in denen der Kortex je nach Art und Verteilung der Zelltypen in zytoarchitektonisch zusammengehörende Areale eingeteilt wurde. Die Areale werden als Brodmann Areale (BA) bezeichnet und sind nummeriert von BA1 bis BA52 (→ ABBILDUNG 29). Die zytoarchitektonischen Unterschiede lassen sich mit bloßem Auge nicht erkennen. Neuerdings gibt es jedoch Software, welche für individuelle MRT-Bilder die Zugehörigkeit bestimmter Hirnareale zu zytoarchitektonischen Wahrscheinlichkeitskarten berechnen kann (siehe z. B. die Arbeiten der Neurowissenschaftlerin Katrin Amunts am Institut für Neurowissenschaften und Medizin am Forschungszentrum Jülich: Amunts u. a. 2007).

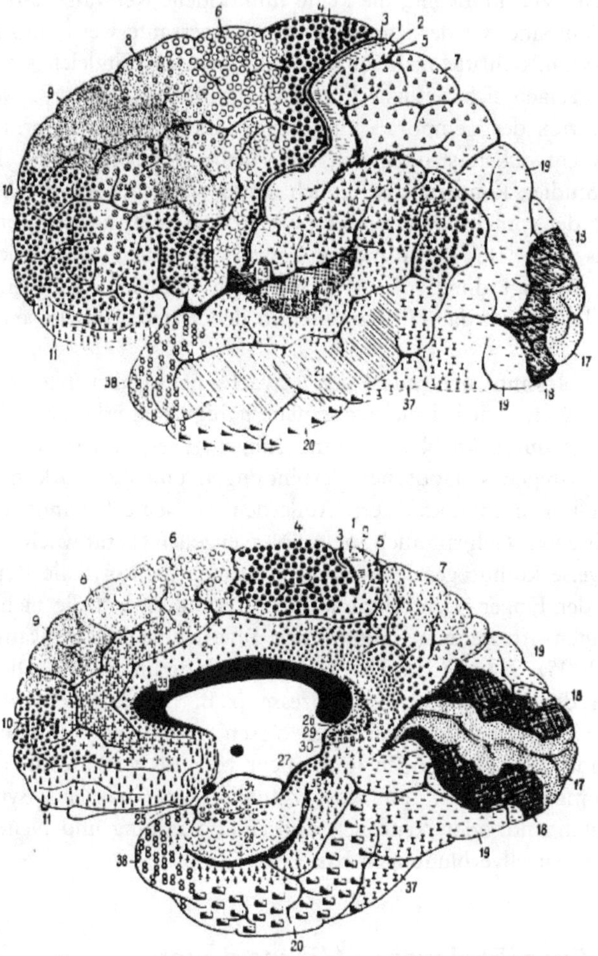

Abbildung 29: Brodmann-Areale (Cytoarchitectonics of Human Brain According to Brodmann, 1909)

Die Entwicklung des Gehirns ist mit der Geburt des Kindes nicht abgeschlossen. Innerhalb des ersten Lebensjahres bilden sich zahlreiche neue Synapsen (Synaptogenese). Gleichzeitig wachsen auch die Verzweigungen der Dendriten und die Myelinisierung (eine Art Isolierung durch die Bildung der Myelinschicht oder Markscheide um die Axone herum) nimmt zu. Nach der Synaptogenese kommt es in den nächsten Lebensjahren auch zur Synapseneliminierung, d. h. dass synaptische Verbindungen, die keine funktionelle Relevanz haben oder redundant sind, wieder gelöst werden. Interessanterweise finden diese Entwicklungsschritte nicht in allen Hirnarealen zeitgleich statt, sondern es zeigen sich zeitliche Entwicklungsunterschiede z. B. zwischen dem Kortex des Temporal- und des Frontallappens (der präfrontale Kortex entwickelt sich zuletzt, z. B. Lenroot / Giedd 2006). Neuere MRT-Studien konnten anschaulich demonstrieren, dass die Myelinisierung der sprachrelevanten temporo-frontalen Hirnareale vom fünften bis zum 18. Lebensmonat enorm zunimmt (z. B. Pujol u. a. 2006). Bedingt durch die Myelinisierung und die Ausbildung von Gliazellen nimmt das Hirnvolumen in den ersten sechs Lebensjahren zu.

Jedoch kann sich auch das erwachsene Gehirn plastisch verändern. Wenn wir beispielsweise neue Fähigkeiten erlernen, wird dies reflektiert durch kortikale Veränderungen. Dies ist vor allem durch Veränderungen synaptischer Verbindungen und die Stärkung neuer Verbindungen charakterisiert. Außerdem ist heute bekannt, dass im erwachsenen Gehirn auch neue Nervenzellen heranwachsen. Beispielsweise konnte gezeigt werden, dass sich die kortikale Repräsentation der Finger nach Amputationen verändert und die nicht mehr benötigten Areale neue Funktionen übernehmen (z. B. Ramachandran 2005). Neuere Studien zeigen Veränderungen der Dicke des Kortex durch intensive Lernprozesse (z. B. Draganski / May 2008). Welche zellulären Veränderungen diesen plastischen Veränderungen zugrunde liegen, ist jedoch noch nicht vollends verstanden. Es wird angenommen, dass sie auf einer Zunahme an Gliazellen, Synapsen, Dendriten und / oder Neuronen und einer Stärkung und Neubildung von Nervenzellverbindungen basieren.

13.3 Sprachrelevante Hirnregionen

Es gibt verschiedene Möglichkeiten, um den Zusammenhang von bestimmten Hirnregionen und bestimmten sprachrelevanten Funktionen zu untersuchen. Zum einen können die bei aphasischen Patienten auftretenden funktionellen Defizite (→ KAPITEL 11.1) mit den zugrunde liegenden Schädigungen (auch Läsionen genannt) des Gehirns korreliert werden. Die Forscher machen also eine detaillierte Diagnostik mit den Patienten, um die Störung genau zu charakterisieren. Zum anderen werden Ort, Ausmaß und Art der Schädigung des Gehirns bestimmt. Beides – das funktionelle Defizit und die Hirnläsion – wird dann miteinander korreliert, und so kann herausgefunden werden, welche Hirnareale für welche kognitiven Funktionen zuständig sind. Diese Herangehensweise wird auch als Läsions-Funktions-Mapping (Lesion-Symptom-Mapping) bezeichnet. Zum anderen können die bildgebenden Verfahren (→ KAPITEL 2.2) das Gehirn bei der Sprachverarbeitung beobachten. Um bestimmte kognitive Funktionen einem bestimmten Hirnareal zuordnen zu können, werden meist sogenannte Meta-Studien gemacht, in denen die Ergebnisse zahlreicher bildgebender Studien zusammengefasst werden. Stimmen viele Studien darin überein, dass eine Funktion X im Hirnareal Y zu zuverlässigen Aktivierungen führt, kann dies in Modelle aufgenommen werden, die versuchen, das kognitive Netzwerk mit anatomischen Daten zu untermauern. Jedoch zeigen sowohl das Läsions-Funktions-Mapping als auch die bildgebenden Verfahren, dass es keine einfache Eins-zu-Eins-Zuordnung von spezifischen sprachlichen Fähigkeiten auf der einen Seite und definierten, abgegrenzten Hirnarealen auf der anderen Seite gibt. Stattdessen werden die sprachverarbeitenden Regionen im Gehirn als ein hochkomplexes Netzwerk begriffen, welches vor allem (aber nicht ausschließlich) frontale und temporale Areale der linken Hemisphäre umfasst. Fasst man die heutige Befundlage zusammen, so zeigt sich, dass folgende Areale in die Satzverarbeitung involviert sind: der posteriore mittlere und superiore temporale Kortex, der Angulare Gyrus, der anteriore temporale Kortex und der inferiore frontale Kortex.

Im Folgenden werden aktuelle Modelle zu den neuronalen Grundlagen der Sprachverarbeitung vorgestellt. Zuerst wird ein Modell zur Wortverarbeitung beschrieben. Danach werden Modelle zusammengefasst, die versuchen, die einzelnen sprachrelevanten Hirnregionen in einen Zusammenhang zu bringen und somit die gesamte Satzverarbeitung innerhalb eines Modells abzubilden.

Die Neurowissenschaftlerin Cathy Price entwickelt in ihrem Überblicksartikel (Price 2000) ein Modell zur Frage, welche Hirnregionen der Einzelwortverarbeitung zugrunde liegen. Dieses Modell stützt sich auf eine Reihe von bildgebenden Befunden sowie Patientendaten und versucht, verschiedene neurologische und kognitive Modelle zur Wortverarbeitung mit einer neuroanatomischen Basis zu verbinden. Die auditive Wahrnehmung von Wörtern aktiviert vor allem den bilateralen superioren temporalen Kortex. Die Extraktion der Bedeutung der Worte geht mit linkshemisphärischen Aktivierungen im posterioren mittleren Temporallappen, in posterior temporo-parietalen Arealen und dem anterioren inferioren Temporallappen einher.

Beim Lesen oder Wiederholen von Wörtern oder Nichtwörtern ist vor allem die posteriore superiore Temporalfurche aktiviert. Beim Benennen von Bildern oder dem freien Wortabruf sind hingegen vor allem inferiore posteriore Anteile des linken Temporallappens involviert. Diese inferioren Regionen werden also überwiegend mit dem semantischen Abruf assoziiert und entsprechen einer semantischen Verarbeitungsroute.

Artikulation Die artikulatorische Planung findet weitgehend in der Inselregion und in den lateral dazu gelegenen inferior frontalen Arealen statt (die Insel ist eine eingebettete kortikale Struktur, die medial zwischen dem inferioren Frontalkortex und dem superioren Temporalkortex liegt). Die motorische Umsetzung in die Artikulatoren wird durch bilaterale sensorische und motorische Hirnareale kontrolliert, die posterior und anterior zur Zentralfurche liegen.

Lesen von Wörtern Für das Lesen von Wörtern spielt zusätzlich eine weitere inferiore Temporallappenregion eine wichtige Rolle, die beim Lesen, aber nicht bei der auditiven Wortverarbeitung aktiv ist: der posteriore Fusiforme Gyrus und der Linguale Gyrus (beide Strukturen liegen inferior medial im Temporallappen). Die Aktivität dieser Regionen hängt beim Lesen eng mit Aktivierungen im sogenannten visuellen Kortex (Okzipitallappen) und der posterioren temporalen Furche zusammen. Die semantische Leseroute führt nach Price also über den linken posterioren inferioren Temporallappen, die nicht-semantische Leseroute hingegen über den linken posterioren superioren Temporallappen. Eine eindeutige Eins-zu-Eins-Zuordnung der Hirnareale zu Modellen der Einzelwortverarbeitung ist aber bis heute noch nicht gelungen.

Gregory Hickok und David Poeppel (Hickok / Poeppel 2007) haben ein Modell der kortikalen Organisation der Sprachverarbeitung aufgestellt, welches auf Befunden von aphasischen Patienten und auch funktionell bildgebenden Daten sprachgesunder Personen beruht. **Dual-Stream-Modell** Grundsätzlich werden zwei Verarbeitungsströme angenommen: der ventrale Strom dient dem Sprachverständnis und der dorsale Strom verbindet die akustischen Sprachsignale mit dem artikulatorischen Netzwerk im links inferioren frontalen Kortex (→ ABBILDUNG 30). Der ventrale Strom (hellgrau) umfasst die Temporallappen beider Hemisphären, bestimmte Funktionen sind jedoch dominant in der linken Hemisphäre repräsentiert. Das Modell besagt, dass die initiale akustische (in der Abbildung gestreift) und phonologische Analyse (kariert) überwiegend vom bilateralen mittleren und superioren Temporalkortex übernommen wird. Der posteriore mittlere temporale Kortex und inferiore temporale Regionen (hellgrau gepunktet) sind

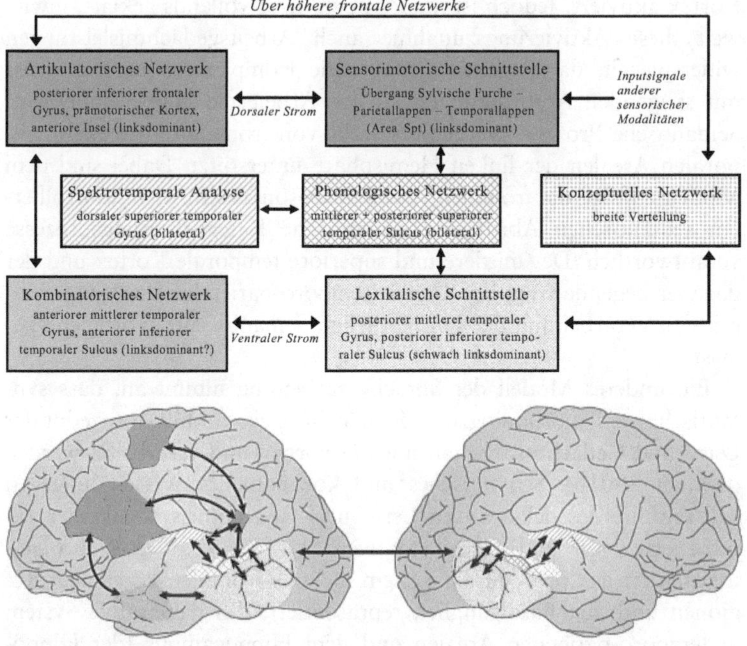

Abbildung 30: Das Modell der kortikalen Organisation der Sprachverarbeitung
(nach Hickok / Poeppel 2007)

für den Zugriff auf lexikalische und semantische Informationen zuständig. Der linkshemisphärische anteriore Temporallappen (hellgrau)
integriert syntaktische und semantische Informationen. Der dorsale
Strom (dunkelgrau) umfasst den linkshemisphärischen posterioren
Frontallappen und den superioren posterioren Temporallappen sowie
den Übergang zwischen Temporal- und Parietallappen in der Sylvi-
schen Furche (Area Spt) und repräsentiert die Schnittstelle zwischen
sensorischen und motorischen Systemen.

Angela D. Friederici hat in ihrem Modell zur neuronalen Basis der
auditiven Satzerarbeitung vor allem die Hirnregionen beschrieben,
welche mit der Verarbeitung von Syntax und Semantik im Satz assoziiert sind (Friederici 2002; →KAPITEL 8.3). Auch in dieses Modell fließen bildgebende und neurophysiologische Daten sowie Patientenbe-
funde ein. Neben dem Temporalkortex ist vor allem der linke
inferiore frontale Kortex (einschließlich des Broca Areals) für die
syntaktische Verarbeitung zuständig. Je komplexer die syntaktische
Struktur eines Satzes ist, desto stärker ist der linke inferiore frontale

Modell der auditiven
Satzverarbeitung

Kortex aktiviert. Jedoch ist immer noch nicht vollends geklärt, inwieweit diese Aktivierungszunahme auch Arbeitsgedächtnisleistungen widerspiegelt, da steigende syntaktische Komplexität im Satz meist mit steigenden Anforderungen an das Arbeitsgedächtnis einhergeht. Semantische Prozesse werden ebenfalls von frontalen aber auch temporalen Arealen der linken Hemisphäre unterstützt. Dabei sind dem Modell zufolge die frontalen Areale insbesondere für den kontrollierten semantischen Abruf und semantische Kategorisierungsprozesse verantwortlich. Der mittlere und superiore temporale Kortex und der darüber liegende Angulare Gyrus (temporo-parietaler Übergang) sind mit der Verarbeitung der konzeptuellen Semantik auf Wortebene befasst.

Das deklarativ-prozedurale Modell

Ein anderes Modell der Sprachverarbeitung nimmt an, dass syntaktische und morphologische Regeln implizit, mithilfe prozeduraler Lern- und Gedächtnismechanismen erworben und verarbeitet werden (Ullman 2001b). Semantisches und konzeptuelles Wissen hingegen soll mithilfe des deklarativen Lern- und Gedächtnissystems eher explizit erworben und verarbeitet werden (→ KAPITEL 12.4). Neuroanatomisch ist das prozedurale System in links frontalen kortikalen Regionen und den Basalganglien repräsentiert, das deklarative System in temporo-parietalen Arealen und dem Hippocampus (der Hippocampus ist eine Struktur im medialen Temporallappen, die ihren Namen von der Form eines Seepferdchens hat; die hippocampalen Areale sind entscheidend für Gedächtnisprozesse). Auch dieses Modell würde die links frontalen Regionen mit der Verarbeitung der Syntax in Verbindung bringen und annehmen, dass der Temporallappen für die semantisch-konzeptuelle Verarbeitung relevant ist.

Memory Unification and Control Model

Ähnliche Netzwerke werden auch vom Memory Unification and Control Model (MUC) angenommen (Hagoort 2005). Dieses Modell geht davon aus, dass die grundlegenden linguistischen Eigenschaften (z. B. phonologische / phonetische, syntaktische, semantisch-konzeptuelle Eigenschaften) in temporalen Hirnregionen gespeichert sind. Um einen Satz oder eine Äußerung zu verstehen, müssen innerhalb eines Strukturbildungsprozesses die verschiedenen Eigenschaften kombiniert werden. Die Vereinigung (Unification, Binding) syntaktischer, semantischer, und phonologischer Informationen wird in den links inferior frontalen Regionen um das Broca Areal erwartet. Eine Kontrollkomponente dient dem Transfer der Sprache zum motorischen Output.

Aus neuroanatomischer Sicht gehen alle bisher vorgestellten Modelle von einem ähnlichen linkshemisphärisch dominanten frontotemporalen Netzwerk bei der Sprachverarbeitung aus, unterscheiden sich aber in den angenommenen zugrunde liegenden linguistischen Mechanismen und Ursachen der Lokalisation der Prozesse. Die Modelle haben ihren Fokus auf der Wort- oder Satzverarbeitung und hier vor allem der Verarbeitung von Bedeutungsstrukturen und syntaktischer Information. Doch auch die Sprachmelodie oder Prosodie trägt wesentlich zum Verständnis gesprochener Sprache bei.

Zur Verarbeitung der Prosodie nimmt das Dual Pathway Model an, dass suprasegmentale, prosodische Information dominant von der rechten Hemisphäre (fronto-temporal) verarbeitet wird, während segmentale Information dominant in der linken Hirnhälfte verarbeitet wird (Friederici / Alter 2004). Für das Sprachverständnis ist natürlich die Verarbeitung sowohl segmentaler als auch suprasegmentaler Information wichtig, und die beiden Hirnhälften kommunizieren miteinander über die Kommissurenfasern des Corpus Callosum (Balken). Das Modell konnte in verschiedenen Studien bestätigt werden. Es besagt, dass die Lateralisierung der Verarbeitung auch vom linguistischen Gehalt der zu verarbeitenden Informationen abhängt. Ähnliche Annahmen werden vom Multi Time Resolution Model gemacht (Poeppel u. a. 2008). Dieses Modell besagt, dass die zeitliche Struktur der akustischen Informationen für die Lateralisierung verantwortlich ist. Angenommen wird, dass langsame akustische Veränderungen (welche z. B. den prosodischen Veränderungen auf Wortoder Satzebene entsprechen) dominant vom rechtshemisphärischen auditiven System verarbeitet werden. Schnellere akustische Variationen, wie sie in oder zwischen einzelnen Konsonanten und Vokalen zu finden sind, werden eher bilateral erwartet. Auch dieses Modell macht also die Vorhersage, dass (langsame) prosodische Informationen rechtsdominant verarbeitet werden, geht aber, anders als das Dual Pathway Modell, nicht davon aus, dass die linguistische Struktur der Information entscheidend ist, sondern dass die Lateralisierung hauptsächlich von der zeitlichen Struktur des akustischen Eingangssignals abhängt.

Zusammenfassend zeigen die Bildgebungsdaten übereinstimmend mit Patientendaten und linguistischen Modellen, dass ein verteiltes neuronales Netzwerk für die Verarbeitung phonologischer, prosodischer, syntaktischer und semantischer Informationen zuständig ist. Dieses Netzwerk umfasst vor allem frontale und temporale Regionen. Sowohl innerhalb der linken Hirnhälfte als auch zwischen beiden Hirnhälften stehen die beteiligten Hirnareale in stetigem Informationsaustausch.

Fragen und Anregungen

- Beschreiben Sie den Aufbau des Gehirns (Hirnlappen, Gyri, Sulci, Lagebezeichnungen).

- Wie leitet eine Nervenzelle Informationen weiter?

- Welche Hirnareale oder Netzwerke sind für die Sprachverarbeitung wichtig?

- Erläutern Sie, wie sich die Verarbeitung der Prosodie aus neuroanatomischer Sicht von der semantischen und syntaktischen Verarbeitung unterscheidet.

Lektüreempfehlungen

- **Michael S. Gazzaniga: The Cognitive Neurosciences,** Cambridge 4. Auflage 2009. *Eine hervorragende Einführung in die Grundlagen der Neurowissenschaft mit besonderem Fokus auf kognitive Funktionen.*

- **Hans-Otto Karnath / Peter Thier: Neuropsychologie,** Heidelberg 2. Auflage 2006. *Deutschsprachige Übersicht über die Grundlagen und Störungen kognitiver Prozesse.*

- **Larry Squire / Darwin Berg / Floyd Bloom / Sascha du Lac / Anirvan Ghosh / Nicholas Spitzer: Fundamental Neuroscience,** San Diego 3. Auflage 2008. *Eine übersichtliche Einführung in die anatomischen und physiologischen Grundlagen.*

- **Jamie Ward: The Student's Guide to Cognitive Neuroscience,** East Sussex 2. Auflage 2010. *Ein kurzer und exzellenter Überblick über die kognitiven Neurowissenschaften.*

14 Experimentalplanung

Tom Fritzsche, Heiner Drenhaus, Isabell Wartenburger

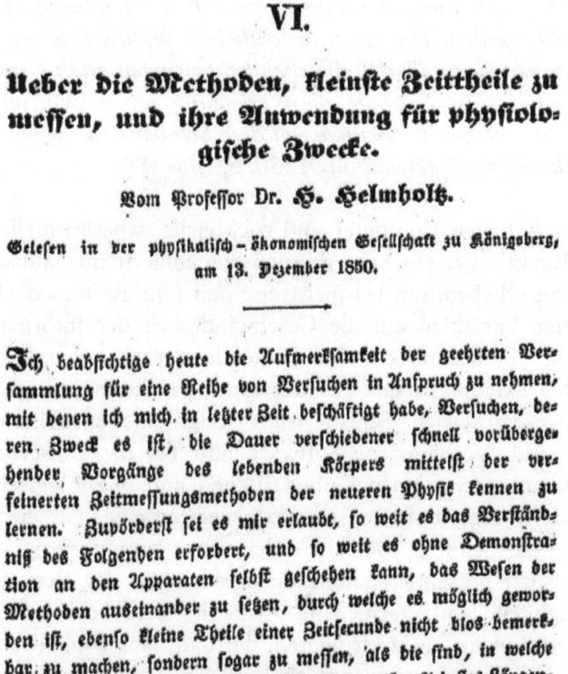

VI.

Ueber die Methoden, kleinste Zeittheile zu messen, und ihre Anwendung für physiologische Zwecke.

Vom Professor Dr. H. Helmholtz.

Gelesen in der physikalisch-ökonomischen Gesellschaft zu Königsberg, am 13. Dezember 1850.

Ich beabsichtige heute die Aufmerksamkeit der geehrten Versammlung für eine Reihe von Versuchen in Anspruch zu nehmen, mit denen ich mich in letzter Zeit beschäftigt habe, Versuchen, deren Zweck es ist, die Dauer verschiedener schnell vorübergehender Vorgänge des lebenden Körpers mittelst der verfeinerten Zeitmessungsmethoden der neueren Physik kennen zu lernen. Zuvörderst sei es mir erlaubt, so weit es das Verständniß des Folgenden erfordert, und so weit es ohne Demonstration an den Apparaten selbst geschehen kann, das Wesen der Methoden auseinander zu setzen, durch welche es möglich geworden ist, ebenso kleine Theile einer Zeitsecunde nicht blos bemerkbar zu machen, sondern sogar zu messen, als die sind, in welche wir nur durch die mächtigsten Mikroskope unser kleinstes Längenmaß, die Linie, zerlegen können.

Abbildung 31: Hermann von Helmholtz: *Ueber die Methoden, kleinste Zeittheile zu messen, und ihre Anwendung für physiologische Zwecke* (1850)

In seinem Artikel „Ueber die Methoden, kleinste Zeittheile zu messen, und ihre Anwendung für physiologische Zwecke" beschreibt Hermann von Helmholtz im Jahr 1850 verschiedene Methoden zur Messung der Reaktionsgeschwindigkeit bzw. der Nervenleitfähigkeit. Er endet mit der Feststellung

> *„… Glücklicher Weise sind die Strecken kurz, welche unsere Sinneswahrnehmungen zu durchlaufen haben, ehe sie zum Gehirn kommen, sonst würden wir mit unserm Selbstbewußtsein weit hinter der Gegenwart und selbst hinter den Schallwahrnehmungen herhinken; glücklicher Weise also sind sie so kurz, daß wir es nicht bemerken und in unserm practischen Interesse nicht dadurch berührt werden. Für einen ordentlichen Wallfisch ist es vielleicht schlimmer; denn aller Wahrscheinlichkeit nach erfährt er vielleicht erst nach einer Secunde die Verletzung seines Schwanzes, und braucht eine zweite Secunde um dem Schwanz zu befehlen, er solle sich wehren." (Helmholtz 1850, S. 188–189)*

Heutzutage helfen Computer und trickreiche experimentelle Designs dabei, Reaktionszeiten von Versuchsteilnehmern im Millisekundenbereich zu erheben, um beispielsweise den Einfluss verschiedener linguistischer Variablen auf die Geschwindigkeit der Informationsverarbeitung zu bestimmen. Im Folgenden wird anhand der ganz konkreten exemplarischen Planung eines psycholinguistischen Experiments gezeigt, welche Schritte beim Design einer empirischen Studie wichtig sind. Verschiedene Software hilft bei der Umsetzung eines Experimentes, etwa bei der phonetischen und phonologischen Analyse und Modifikation von gesprochener Sprache. Für eine Reaktionszeitstudie benötigt man außerdem ein Computerprogramm, um die Items zu präsentieren und die Reaktionen der Versuchsperson aufzuzeichnen. Um verschiedene psycholinguistische Variablen, etwa die Wortfrequenz, zu kontrollieren, wird auf eine lexikalische Datenbank zugegriffen. Das so entwickelte Beispiel versteht sich als Startpunkt für die Planung oder die gezielte Suche nach Lösungsmöglichkeiten für die eigene empirische Arbeit.

14.1 Literaturrecherche und Herleitung der Fragestellung

Im Folgenden wird als Beispielexperiment eine cross-modale Priming-Studie (→ KAPITEL 2.1) vorgestellt, die Aufschluss über den Aufbau des semantischen Systems geben soll. Im Experiment sollen Bilder als Primes für auditiv präsentierte Wörter genutzt werden. Ziel der Studie ist es, den Einfluss der semantischen Kategorie der Primes (visuelle Modalität) auf die semantische Verarbeitung der Zielitems (auditive Modalität) zu charakterisieren. Die Versuchpersonen sehen die Primes für 850 ms. Nach einem festen Inter-Stimulus-Intervall von 1500 ms wird das Zielitem präsentiert. Die Versuchpersonen sollen entscheiden, ob es sich um ein belebtes oder unbelebtes Wort handelt, und eine entsprechende Reaktionstaste drücken. Die Antworten und Reaktionszeiten der Versuchspersonen werden aufgezeichnet.

Beispiel cross-modales Priming

Zur Vorbereitung des Experiments sollte in verschiedenen Literaturdatenbanken recherchiert werden, was es zu diesem Thema schon für Studien gibt. Beispielsweise können die Internet-Datenbanken Pubmed und Web of Science (→ KAPITEL 15.1) genutzt werden, um Artikel zu Themen wie „cross-modal priming" und „semantic system" zu suchen. Zusätzlich kann in den zentralen Bibliothekskatalogen oder direkt bei den Zeitschriften (→ KAPITEL 15.1) nach passenden Artikeln oder Büchern gesucht werden. In der Datenbank Web of Science kann man beispielsweise gezielt ältere einschlägige Studien finden und dann über den Link „Times Cited" suchen, welche neueren Studien sich auf diese älteren Artikel bezogen haben (diese Funktion steht auch bei Pubmed und Google Scholar zur Verfügung). Meist kann anhand der Zusammenfassung der Artikel (Abstracts) die Liste der relevanten Studien weiter eingeschränkt werden. Wenn keine eigenen Vorerfahrungen mit der zu verwendenden Methode vorliegen, empfiehlt es sich, die experimentellen Parameter bisheriger ähnlicher Studien in einer Tabelle festzuhalten. Wichtige Parameter sind beispielsweise:

Literaturrecherche

- Versuchsteilnehmer (Anzahl, Alter, Händigkeit, sprachlicher Hintergrund)
- Material (Anzahl und Art der Stimuli, kontrollierte Parameter wie z. B. Frequenz, Silbenanzahl etc.)
- Darbietungsmodalität (Instruktionen, zeitlicher Ablauf, technische Umsetzung)
- Analyseverfahren

Anhand dieser Angaben kann der Aufbau des eigenen Experiments geplant werden.

14.2 Entwicklung und Zusammenstellung des Materials

Zusammenstellung der Trials

Insgesamt sollen 20 kongruente Trials (ein Trial umfasst in diesem Fall den Prime und das dazugehörende Zielitem) präsentiert werden, in welchen sowohl Prime als auch Zielitem aus jeweils derselben semantischen Kategorie (belebt oder unbelebt) stammen. Weitere 20 Trials sind inkongruente Trials, in denen sich Prime und Zielitem in der Belebtheit unterscheiden. Insgesamt werden also 80 Konzepte gesucht (40 belebte, 40 unbelebte), die jeweils als Bild und gesprochenes Wort vorliegen. Es soll zwei Experimentalsets geben, damit jedes Konzept einmal als Prime (Bild) und einmal als Zielitem (Wort) präsentiert wird. Die Versuchspersonen werden zufällig zu Experimentalset 1 oder 2 zugewiesen. Keiner Versuchsperson soll ein Konzept wiederholt präsentiert werden. Um einen Einfluss der Wortfrequenz zu vermeiden, sollen nur Wörter mit ähnlicher Auftretenshäufigkeit verwendet werden, zudem sollte es keinen signifikanten Unterschied der Wortfrequenzen zwischen den belebten und unbelebten Konzepten geben. Um Verarbeitungsunterschiede aufgrund der Länge der Wörter zu vermeiden, sollen alle Wörter die gleiche Länge haben, in unserem Fall sollen daher alle Wörter zweisilbig sein.

Planung der Materialsuche

Im Allgemeinen ist es einfacher, Wörter mit vergleichbarer Frequenz und Länge zu finden, als eindeutige Abbildungen für die Referenten dieser Wörter. Daher ist es ratsam, zunächst möglichst viele Wörter zu generieren und dann die entsprechenden Bilder zu suchen. Umgekehrt kann man auch mit der Suche der Bilder beginnen und auf Grundlage der Ergebnisse die Frequenzen und Längen der Wörter bestimmen. Bei der Wortsuche muss beachtet werden, dass keine doppeldeutigen Wörter verwendet werden, wie z. B. Sprosse (Leitersprosse, unbelebt oder Nahrungsmittel / Keimling, belebt).

Bilddatenbank

Snodgrass und Vanderwart Bilder

Für die Suche geeigneter Bilder stehen einige frei zugängliche Bilddatenbanken mit standardisierten Abbildungen zur Verfügung. Eine sehr bekannte Sammlung von Bildern sind die Abbildungen von Joan Snodgrass und Mary Vanderwart (Snodgrass / Vanderwart 1980). Eine farbige Version dieser Bilder (Rossion/Pourtois 2004) steht im Internet zur Verfügung (Web-Adresse: http://tarrlab.cnbc.cmu.edu/ stimuli.html) (→ KAPITEL 15.1).

Wird ein eigenes Bilderset zusammengestellt, sollte eine Reihe von Variablen kontrolliert und ggf. in einem Vorexperiment empirisch bestimmt werden. Zu diesen Variablen gehören die folgenden:

- Visuelle Komplexität: ist die visuelle Komplexität der dargestellten Objekte vergleichbar?
- Farbigkeit: sind alle Bilder farbig oder alle schwarz-weiß?
- Bildart: sind alle Bilder entweder Fotografien oder Zeichnungen?
- Größe und Qualität der Abbildung: sind die Bilder in Qualität und Größe vergleichbar?
- Bekanntheit/Familiarität: sind die abgebildeten Objekte gleich bekannt?
- Benennübereinstimmung: sind die Abbildungen in ihrer Benennung eindeutig?

Falls während der Literaturrecherche eine Publikation gefunden wurde, in der gut standardisierte belebte und unbelebte Bilder verwendet wurden, lohnt es sich zu recherchieren, ob dieses Bildmaterial auch für die eigene Studie genutzt werden kann.

Lexikalische Datenbank DLEX

Um die Wortfrequenzen zu bestimmen, kann auf die lexikalische Datenbank DLEX (Web-Adresse: http://dlexdb.de) zurückgegriffen werden (→ KAPITEL 15.2). DLEX zielt darauf ab, eine Vielzahl linguistischer Variablen für Studien im Bereich der experimentellen Psychologie, der Psycholinguistik und der Linguistik zur Verfügung zu stellen (Heister u.a. 2010). DLEX stellt eine Alternative zur älteren, weit verbreiteten deutschsprachigen Version der CELEX Datenbank dar (Web-Adresse: http://celex.mpi.nl). Die Datengrundlage für DLEX bildet das Kernkorpus des Digitalen Wörterbuchs der deutschen Sprache (DWDS, Web-Adresse: www.dwds.de/textbasis/kerncorpus), einem zeitlich und nach Textsorten (Belletristik 26 %, Zeitungsartikel 27 %, Prosa 22 %, Gebrauchstexte 20 % und gesprochene Sprache 5 %) ausgewogenen und umfassenden Korpus des gesamten 20. Jahrhunderts (Geyken 2007). Über die Frequenzen einzelner Wörter hinaus gibt es auch Informationen zur Häufigkeit von Wortkombinationen.

Mit DLEX lässt sich online eine Vielzahl an Wortstatistiken zusammenstellen und exportieren. Es bestehen dabei grundsätzlich zwei unterschiedliche Suchen, um entweder für ein konkretes experimentelles Design Informationen über ein einzelnes Wort abzurufen (Wortsuche) oder für einen bestehenden Text schnell und einfach die Wortstatistiken zu berechnen (Listensuche). Für das hier geplante Experiment wird die Listensuche verwendet.

DLEX unterscheidet drei Suchen auf der Einzelwortebene: Type-, Lemma- und Type-POS-Lemma-Suche. Die Type-POS-Lemma-Suche unterscheidet die Frequenzen für ein Wort je nach syntaktischer Kategorie (z. B. *Mann* als Nomen (NN) und *Mann* als Eigenname (NE) wie bei *Thomas Mann*). Die Frequenz für *Mann* in der Type-Suche summiert die beiden Einzelfrequenzen, während die Frequenz in der Lemma-Suche der Summe der Frequenzen aller Wortformen von *Mann* (*Mannes, Männer*, usw.) entspricht.

Die Suche nach Wörtern für ein zukünftiges Experiment lässt sich für jede in DLEX vorhandene Variable eingrenzen, um zum Beispiel nur in einem bestimmten Wortlängen- oder Frequenzbereich zu suchen. Neben der orthografischen Repräsentation können die Suchbedingungen auch auf die phonologische Repräsentation, die Silbenstruktur und die morphologische Zerlegung eines Wortes gesetzt werden. Beispielsweise können auch Wörter mit bestimmten Präfixen, Infixen oder Suffixen gesucht werden.

Neben der Einzelwortsuche können mit der Listensuche für bereits vorhandene Wortlisten Wortstatistiken ausgegeben werden (wenn beispielsweise schon eine Liste mit zweisilbigen belebten und unbelebten Nomen erstellt wurde, die jetzt auf ihre Frequenz hin geprüft werden sollen) (→ ABBILDUNG 32).

Neben klassischen Angaben zu Frequenzen auf lexikalischer, sublexikalischer (Morphem- und Silbenabfolge) und superlexikalischer (N-Gramme, die die Wahrscheinlichkeit bestimmter Buchstabenreihenfolgen beschreiben) Ebene enthält DLEX spezielle Variablen, deren Einbeziehung sich an aktuellen Forschungsbefunden orientiert. In linguistischen Studien haben sich zum Beispiel Variablen wie orthografische Nachbarschaften oder die Häufigkeit von Wortanfängen als bedeutsam erwiesen und sind daher in die DLEX-Datenbank aufgenommen worden.

Für alle Suchen in DLEX besteht die Option, die Groß-Kleinschreibung zu ignorieren. Die gewünschten Such- und Ausgabevariablen können vom Benutzer selbst zusammengestellt werden, wobei mehrere Normierungsvarianten (logarithmierte oder unlogarithmierte, absolute und normalisierte Normen) zur Verfügung stehen. Die Ergebnisse können online betrachtet und heruntergeladen werden. Suchabfragen

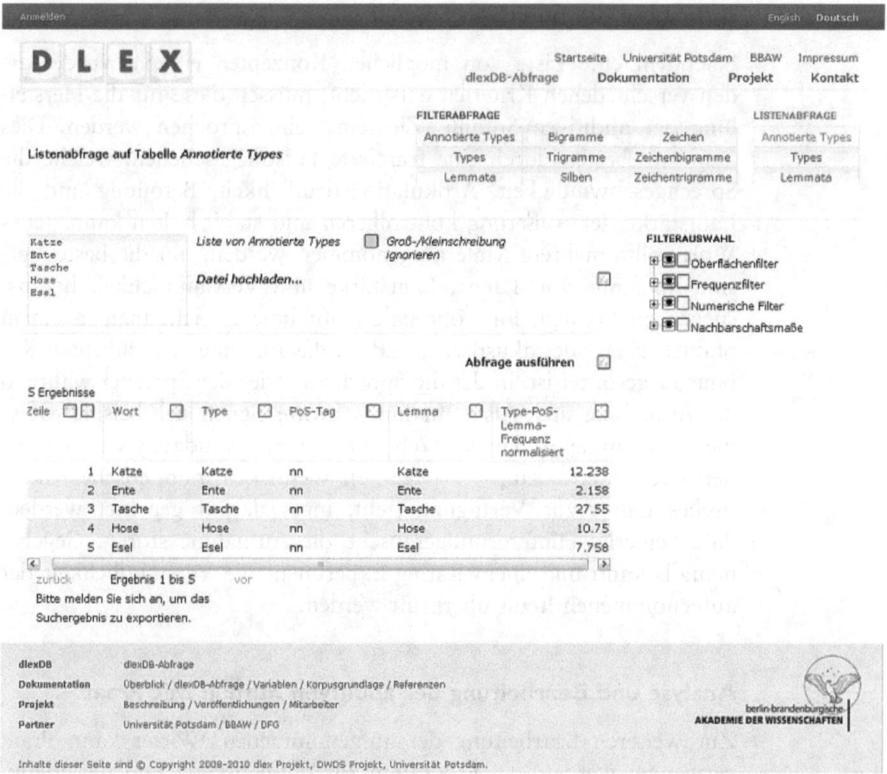

Abbildung 32: DLEX Suchergebnisse für die Listensuche

können als xml-Datei abgespeichert werden, um sie beispielsweise in einer Publikation zu zitieren und so anderen Benutzern zur Verfügung zu stellen. Die Website enthält neben den Suchfunktionen weitere Informations- und Dokumentationsseiten, die Hilfestellungen zu Such- und Ausgabemöglichkeiten bieten. Außerdem finden sich dort die Beschreibung der verschiedenen Variablen und des zugrunde liegenden Korpus sowie ein allgemeiner Überblick über das Projekt. Um die Ergebnisse exportieren zu können, muss man sich bei der Datenbank anmelden. Die Anmeldung und Nutzung ist kostenfrei.

Datenausgabe

Aufnahme der auditiven Stimuli

Nachdem eine Liste von möglichen Konzepten erstellt wurde, die den verschiedenen Kriterien entspricht, müssen diese für die Herstellung der auditiven Stimuli (Zielitems) eingesprochen werden. Dies kann am besten durch eine trainierte Person geschehen, welche die Sprechgeschwindigkeit, Artikulationsdeutlichkeit, Betonung und die Lautstärke der Äußerung kontrollieren und stabil halten kann. Jedes Wort sollte mehrere Male aufgenommen werden, um die beste Version im Sinne von Länge, Lautstärke und Verständlichkeit heraussuchen zu können. Eine optimale Aufnahme erreicht man in einem phonetischen oder akustischen Labor, das mit einer schalldichten Kabine ausgestattet ist, in der die Sprecherin oder der Sprecher während der Aufnahme sitzt. Als Aufnahmesoftware eignen sich beispielsweise die Programme Audacity (Web-Adresse: http://audacity.sourceforge. net) oder Praat (s. u., → KAPITEL 15.3). Wenn kein phonetisches / akustisches Labor zur Verfügung steht, muss darauf geachtet werden, dass keinerlei Hintergrundgeräusche die Aufnahme stören. Gegebenenfalls kann mit einem Rating-Experiment die Verständlichkeit der aufgenommenen Items überprüft werden.

Analyse und Bearbeitung der auditiven Stimuli mit Praat

Zur weiteren Bearbeitung der aufgenommenen Wörter kann Praat verwendet werden, ein Programm zur phonetischen und phonologischen Analyse von gesprochener Sprache und zur Modifikation und Generierung künstlicher Sprache. Es wurde von Paul Boersma und David Weenink (Universität Amsterdam) entwickelt und kann kostenlos von der Praat-Internetseite in der jeweils aktuellsten Version heruntergeladen werden (Web-Adresse: www.fon.hum.uva.nl/praat, → KAPITEL 15.3).

Praat unterstützt die phonologische Analyse von Sprache, in dem es die Möglichkeit bietet, gesprochene Sprache zu segmentieren und zu labeln (d. h. zu beschriften). Phonetische bzw. akustische Variablen, die problemlos von Praat aus einer Äußerung extrahiert werden können, sind u. a. die Intensität bzw. Lautstärke einer Äußerung und die f0-Frequenzwerte (auch Pitch genannt), welche den Tonhöhenverlauf bzw. die Sprachmelodie beschreiben (→ ABBILDUNG 33). Die gesprochenen Wörter oder Sätze können entweder in Praat direkt über ein Mikrofon aufgenommen oder als einfache Sounddateien geöffnet werden.

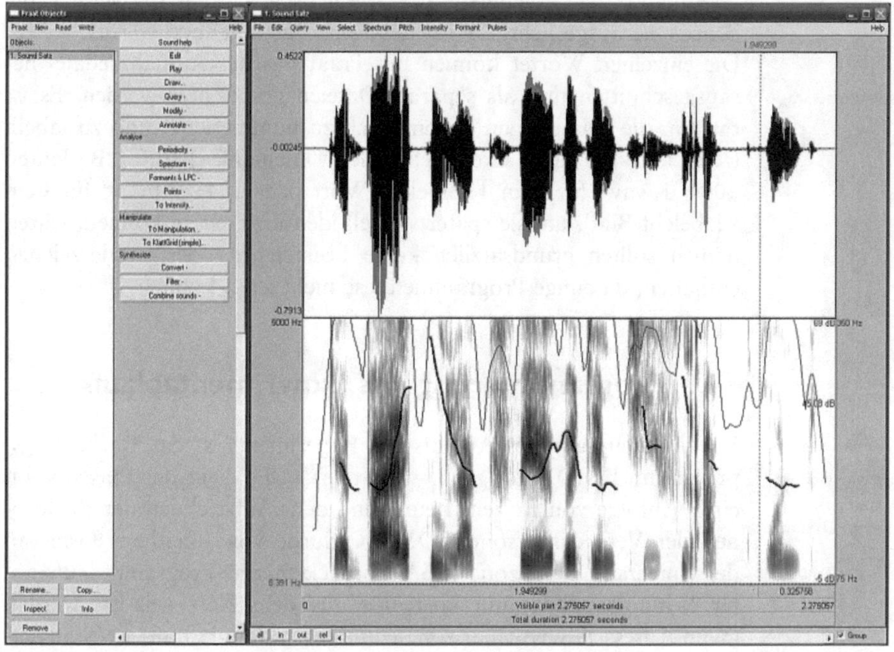

Abbildung 33: Wellenform und Spektrogramm mit Verlauf von Tonhöhe (dicke Linie) und Intensität (dünne Linie) eines Satzes, dargestellt in Praat

Neben der Möglichkeit, auch künstliche Sprache mithilfe phonetischer Variablen zu erzeugen bzw. vorhandene Äußerungen zu verändern, bietet Praat auch die Möglichkeit, einfache Diskriminationsexperimente durchzuführen.

Ein besonderer Vorteil des Systems ist die Bereitstellung von Skripten. Skripte sind Aneinanderreihungen von Befehlen, die das System ausführt. Einfache Befehle können durch Klicks auf Buttons in der Benutzeroberfläche ausgeführt werden. Hat man mehrere Befehle auszuführen oder möchte man die gleichen Befehle mit verschiedenen Dateien (zum Beispiel mit allen aufgenommenen Wörtern) ausführen, bietet es sich an, ein Skript zu schreiben oder bestehende Skripte, die häufig von anderen Forschern bereitgestellt werden, entsprechend der eigenen Wünsche zu ändern. Ein Skript kann dann automatisch bestimmte phonetische Analysen in verschiedenen Dateien ausführen, die man ansonsten per Mausklick für jede einzelne Datei separat vornehmen müsste.

Diskriminationsexperimente

Arbeitserleichterung durch Skripte

Anhand der Ergebnisse der phonetischen Analyse werden die Wörter herausgesucht, die für das Experiment genutzt werden sollen. Die einzelnen Wörter können mit Praat aus der Aufnahmedatei herausgeschnitten und als separate Dateien gespeichert werden. Es ist ratsam, die Dateinamen systematisch zu nummerieren und zu labeln (z. B. mithilfe einer Exeltabelle; der Dateiname kann z. B. lauten „001_1.wav" für Item 1 unbelebt Wort oder „041_2.bmp" für Item 41 belebt Bild), um sie später schnell identifizieren zu können. Dateinamen sollten grundsätzlich keine Leerzeichen oder Sonderzeichen enthalten, da einige Programme diese nicht lesen können.

Datenspeicherung

14.3 Programmierung des Experimentablaufs

Windows-basiertes Experimentalprogramm DMDX

Für die Steuerung des Ablaufs des Experiments ist das Darbietungsprogramm DMDX geeignet (→ KAPITEL15.3). Es dient der Präsentation einer Abfolge von Reizen (Items) und dem Aufzeichnen der Reaktionen der Versuchspersonen. DMDX wurde von Jonathan Foster an der University of Arizona (USA) entwickelt. Das Programm läuft unter Windows und kann kostenlos aus dem Netz geladen werden (Web-Adresse: www.u.arizona.edu/~jforster/dmdx.htm). Voraussetzung ist eine Installation von Microsoft DirectX, das aber in neueren Windowsversionen bereits vorinstalliert sein sollte. Mit dem zu DMDX gehörenden Konfigurationsprogramm TimeDX müssen verschiedene Parameter eingestellt (z. B. „Select Video Mode") und gespeichert werden. Danach ist das eigentliche DMDX Programm bereit, ein Itemfile (Experiment) auszuführen.

Experimentalcode als rtf-Datei

Die Steuerungsdatei für ein Experiment (Itemfile) ist eine einfache rtf-Datei, die z. B. mit dem Programm WordPad erstellt wird (Microsoft Word wird nicht empfohlen, da es mit dem von Word generierten rtf-Format zu Problemen kommen kann). → ABBILDUNG 34 zeigt den Programmcode für das cross-modale Priming-Experiment.

Die verschiedenen Zeilen des Codes bedeuten:

DMDX-Parameter

- <ep> und <eop>: klammern die einzelnen Parameter des Programms ein, wie z. B. Darstellungs- sowie Ein- und Ausgabe-Optionen und die Antwortmöglichkeiten.
- <fd 50>: Frame Duration, gibt an wie lange etwas auf dem Bildschirm gezeigt wird (fd=1 sind – abhängig vom Monitor – 17 ms).
- <t 3000>: Die maximale Antwortzeit in Millisekunden.
- <id "Tastatur">: Die Versuchsperson soll ihre Reaktionen über die Tastatur eingeben.

```
<ep> <azk> <fd 50> <cr> <t 3000> <nfb> <id "Tastatur"> <mr +Leertaste> <mnr +Alt rechts> <mpr
+Alt links> <vm Desktop> <eop>

0 <ln 0> "Willkommen zum Experiment! ",
<ln 3> "Alt-links: belebt und Alt-rechts: nicht belebt",
<ln 5> "Drücke die Leertaste, um das Experiment zu starten.";

+10011  <ln 0> "*"/ <bmp> "Tasse"/ <ms% 1500>/ <wav 2> "001_1"/<ms% 500>/*<ln 5> "belebt
            nicht belebt"c;
-20412  <ln 0> "*"/ <bmp> "Tasse"/ <ms% 1500>/ <wav 2> "041_2"/<ms% 500>/*<ln 5> "belebt
            nicht belebt"c;

0 <ln 0> "Das war's. Danke Schön.", <ln -2>"Bitte die Escapetaste drücken!";
```

```
Subjects incorporated to date: 002
Data file started on machine LINGLAB-007

*********************************************************************
VP01, 04/09/2010 13:32:58 on LINGLAB-007, refresh 16.66ms
  Item    RT
 10011  -1869.46
 20412  -1666.74

*********************************************************************
VP02, 04/09/2010 13:34:54 on LINGLAB-007, refresh 16.66ms
  Item    RT
 10011  -3000.00
```

Abbildung 34: DMDX Code (oben) und Ergebnisdatei (unten)

- <mr +Leertaste>, <mnr +Alt rechts> und <mpr +Alt links>: Kodiert die Tasten für den Experimentstart, eine negative bzw. positive Reaktion.
- <vm Desktop>: Hier wird die Bildschirmauflösung, Anzahl der Farben etc. angegeben. Zur Vereinfachung wurde hier die Auflösung des Desktops ausgewählt.

Hieran schließt sich das eigentliche Experiment an.

- <ln 0> gibt an, dass der Satz „Willkommen zum ..." in der Mitte des Bildschirmes präsentiert wird. Der Begrüßungsbildschirm wird mit einem Semikolon abgeschlossen. <ln 3> bedeutet, dass der nächste Satz drei Zeile tiefer präsentiert wird.
- Die Items ab Zeile 5 (→ ABBILDUNG 34) werden mit einem „+" für ein unbelebtes Zielitem und einem „−" für ein belebtes Zielitem eingeleitet. Die nachfolgende Nummer kodiert Informationen über die experimentellen Bedingungen (z. B. die Itemnummer o. ä.). Danach wird zunächst ein Sternchen in der Mitte des Bildschirmes präsentiert (eingeschlossen in Anführungszeichen und getrennt durch einen Schrägstrich). Hiernach wird eine Bilddatei im

DMDX-Befehle

Bitmapformat (<bmp> "Tasse") aufgerufen und für 850 ms (Frame Duration: 50*17 ms) auf dem Bildschirm gezeigt. Nach einer Pause von 1500 ms (<ms% 1500>) wird eine wav-Datei (<wav 2> "001_1") geladen und abgespielt. Nach einer weiteren Pause von 500 ms (<ms% 500>) erscheint der Antwortbildschirm ("belebt   nicht belebt") auf Zeile 5 (<ln5>). Sobald der Antwortbildschirm erscheint, beginnt die Messung der Reaktionszeit. Insgesamt hat die Versuchsperson 3000 ms Zeit (Kopfzeile: <t 3000>), eine der beiden Antworttasten zu drücken („Alt rechts" oder „Alt links" wie in der Kopfzeile definiert). Das „c" am Ende der Zeile steht für „continuos run" – das Programm läuft weiter, unabhängig davon, ob eine Antwort abgegeben wurde oder nicht.

Speicherung der Ergebnisdatei

Diese rtf-Datei wird nach dem Starten des DMDX Programms geladen und ausgeführt. Dabei ist zu beachten, dass die bmp-Files und die wav-Files in demselben Ordner gespeichert sein müssen wie die rtf-Datei, da die Files sonst nicht gefunden werden. Die Ergebnisdatei, in der die Verhaltensdaten gespeichert werden, ist eine Textdatei mit der Endung *.azk. Sie wird automatisch in denselben Ordner geschrieben, in dem sich auch die Experimentdatei befindet. Es gibt verschiedene Tools und Skripte (z. B. Getdat.awk), mit denen man die Ergebnisdateien beispielsweise in eine Exceltabelle einlesen und übertragen kann. Sie sind auf der Webseite http://web.arizona.edu/~cnl/dmdx.htm zu finden, die auch weitere Links für Hilfestellung und Beispiele anbietet.

14.4 Datenerhebung und Datenanalyse

Schon während der experimentellen Planung sollte man sich mit der Frage beschäftigen, wie viele Versuchspersonen an dem Experiment teilnehmen, wie sie rekrutiert werden, ob und welche Aufwandsentschädigung sie bekommen und wo die Untersuchung stattfinden soll.

Charakterisierung der Versuchspersonen

Ratsam ist es auch, mit einem Fragebogen anonymisiert alle Variablen zu erheben, die auf das Ergebnis der Studie einen Einfluss haben könnten. Auf dem Fragebogen sollte die Versuchspersonennummer vermerkt sein, ein anonymisiertes Kürzel, um die Fragebögen den erhobenen Reaktionsdaten zuordnen zu können.

Typischerweise werden folgende Variablen erhoben:

- Alter
- Geschlecht

- Bildungsstatus
- Händigkeit (Links- oder Rechtshänder)
- ggf. Art des Studiums (nehmen Linguisten am Experiment teil?)
- Sprachhintergrund (welche Sprachen wurden wann gelernt und wie oft werden sie verwendet, → KAPITEL 11)

Wenn es keine bestimmte Fragestellung zum Einfluss dieser Variablen gibt, sollte die Stichprobe hinsichtlich dieser Variablen möglichst homogen sein bzw. sollte das Geschlecht gleich verteilt sein.

Die Datenerhebung muss ungestört in einem ruhigen Raum stattfinden. Die Instruktion sollte kurz und prägnant sein und von den Versuchpersonen gut verstanden werden. Um die Instruktion zwischen den Versuchspersonen konstant zu halten, sollte diese schriftlich vorgegeben oder vorgelesen werden. Eine typische Formulierung bei der Messung von Reaktionszeiten ist, dass die Versuchsperson „so schnell aber auch so genau wie möglich" die Reaktionstasten drücken soll. Es empfiehlt sich das Vorschalten einer kurzen Übungsphase, in der das Verhalten der Versuchsperson ggf. noch korrigiert werden kann, falls sie die Instruktion nicht richtig verstanden hat oder nicht befolgt. In der Übungsphase sollten andere Items als im eigentlichen Experiment genutzt werden. Systematische Effekte der Antworthand sollten vermieden werden: Die linke Hand ist bei Rechtshändern in der Regel etwas langsamer als die rechte. Wenn also immer mit der linken Hand auf „Unbelebt" reagiert werden soll, werden die unbelebten Items immer etwas langsamer als die belebten beantwortet. Die Antworthand sollte also über die Versuchspersonen hinweg randomisiert werden. Alternativ kann auch mit dem Zeigefinger der rechten Hand auf zwei verschiedene Tasten gedrückt werden (der Zeigefinger sollte zwischen den Trials dann mittig zwischen oder unter den beiden Tasten liegen). Es ist wichtig sicherzustellen, dass die Reaktionstaste (Keyboard, Maus) die erwünschte Zeitauflösung hat, die Reaktionszeiten also nicht durch ein zu langsames Auslesen der Tastatur beeinflusst werden; ggf. ist auf spezielle, kommerzielle Reaktionstasten und Schnittstellen zurückzugreifen.

Vor dem Start muss sichergestellt werden, dass das Experimentalprogramm läuft, die Lautstärke richtig eingestellt ist und die Verhaltensdaten wie geplant gespeichert werden. Jegliche Art von Störung während der Untersuchung ist zu vermeiden (Handy, Telefon, Bildschirmschoner, Virenscan-Programme und Updater, Krach im Nebenraum, unverhoffter Besuch etc.). Die Untersuchung von Freunden oder Verwandten ist nicht unproblematisch, da sich diese Personen anders als unbekannte Versuchspersonen verhalten könnten und ggf. unter einem besonderen ‚Erfolgsdruck' stehen, welcher das Ergebnis beeinflussen könnte.

Die erhobenen Daten sollten mithilfe der Versuchspersonennummer eindeutig und anonymisiert gekennzeichnet und doppelt archiviert werden. Es ist ratsam, das Datenformat für die Datenanalyse bereits während der Experimententwicklung zu planen und anhand von Probedaten zu testen. Auch das statistische Analyseverfahren ist unbedingt vor der Datenerhebung festzulegen, um das Experiment optimal an die Bedingungen für die gewählte Analyse anpassen zu können. Für die statistische Analyse können Programme wie SPSS, Statistika oder R (R Project) genutzt werden, die kommerziell oder frei zur Verfügung stehen. Für das hier vorgeschlagene Experiment eignet sich eine Varianzanalyse (ANOVA, Analysis of Variance) mit dem Faktor Zielitem-Kategorie (belebt/unbelebt) und dem Faktor Priming (kongruent/inkongruent). Das Geschlecht der Versuchspersonen oder die Antworthand (rechts/links) könnten als mögliche Kovariate getestet werden.

Mit solchen und ähnlichen Experimenten lassen sich die in der Psycholinguistik gelernten Fakten selbst nachvollziehen, neue Fragestellungen und Hypothesen überprüfen, sowie psycholinguistische Modelle weiterentwickeln. Viele behaviorale Untersuchungsmethoden (→ KAPITEL 2.1) können mit den vorgestellten Programmen realisiert werden und dabei helfen, die zugrunde liegenden Mechanismen der Sprachwahrnehmung, Wort- oder Satzverarbeitung bei gesunden und sprachgestörten Menschen, in der Erst- oder Zweitsprache und im Verlauf der Entwicklung über die Lebensspanne besser zu verstehen.

Fragen und Anregungen

- Planen Sie folgendes Experiment und führen Sie es durch:

- Versuchen Sie, eine Liste von je 40 belebten und unbelebten zweisilbigen Nomen zu erstellen, die einem bestimmten Frequenzbereich entsprechen.

- Finden Sie dazu passende Abbildungen.

- Versuchen Sie, einen Ablauf zur lexikalischen Entscheidung mit diesen Wörtern zu programmieren und werten Sie die Ergebnisse von fünf Versuchsteilnehmern aus.

Lektüreempfehlungen

Hinweise zur Nutzung der hier vorgestellten Programme und Korpora finden sich in Handbüchern, Anleitungen oder Foren auf den jeweiligen Homepages. Die hier angegebenen Empfehlungen beziehen sich auf die Experimentalplanung und Methodenlehre im Allgemeinen.

- David Barlow / Matthew Nock / Michel Hersen: Single Case Experimental Designs. Strategies for Studying Behavior Change, Boston 3. Auflage 2009. *Eine englischsprachige Einführung in das Design von Einzelfallstudien.*

- Jürgen Bortz / Nicola Döring: Forschungsmethoden und Evaluation für Human- und Sozialwissenschaftler, Heidelberg 4. überarbeitete Auflage 2006. *Ein sehr umfassendes, gut verständliches Lehrbuch zu empirischen Forschungsmethoden (inkl. Statistik).*

- Larry B. Christensen: Experimental Methodology, Boston 10. überarbeitete Auflage 2006. *Eine englischsprachige Einführung in die experimentelle Methodenlehre.*

- Henri Julius / Ralf W. Schlosser / Herbert Goetze: Kontrollierte Einzelfallstudien. Eine Alternative für die sonderpädagogische und klinische Forschung, Göttingen 2000. *Eine sehr gute Einführung in die Vorgehensweisen und Designs von Einzelfallstudien, die mithilfe von praktischen Versuchsplänen veranschaulicht werden.*

- Horst J. Kern: Einzelfallforschung. Eine Einführung für Studierende und Praktiker, Weinheim 1997. *In diesem Buch werden zahlreiche Beispiele zu Einzelfallstudien und den entsprechenden Designs gegeben.*

- Rainer Leonhart: Psychologische Methodenlehre / Statistik, München 2008. *Eine kurze Einführung in die experimentelle Methodenlehre und Statistik.*

15 Serviceteil

15.1 Allgemeine bibliografische Hilfsmittel

Handbücher, Übersichtsbücher und Lexika

- Biologische Psychologie, v. Niels Birbaumer und Robert F. Schmidt, Berlin 6. vollständig überarbeitete und ergänzte Auflage 2005. *Handbuch über die biologischen Grundlagen unseres Gehirns.*

- The Cambridge Handbook of Child Language, hg. v. Edith. L. Bavin, Cambridge 2009. *Aktuelle Beiträge zu unterschiedlichsten Fragen der Spracherwerbsforschung.*

- The Cognitive Neurosciences, v. Michael S. Gazzaniga, Cambridge, MA 4. Auflage 2009. *Eine Einführung in die Grundlagen der kognitiven Neurowissenschaft.*

- The Handbook of Adult Language Disorders, hg. v. Argye E. Hillis, New York 2002. *Das Handbuch enthält Überblicksbeiträge zu Modellen, neuroanatomischen Korrelaten und klinischen Aspekten von Sprachstörungen bei Erwachsenen.*

- The Handbook of Cognitive Neuropsychology. What Deficits Reveal About the Human Mind, hg. v. Brenda Rapp, Philadelphia 2000. *Ein Handbuch mit Überblicksbeiträgen zu neuropsychologischen Grundlagen der visuellen Wahrnehmung, Aufmerksamkeit und Bewusstsein, Gedächtnis, Verarbeitung von Wörtern usw.*

- Handbook of Psycholinguistics, hg. v. Matthew Traxler und Morton Ann Gernsbacher, Oxford 2. Auflage 2006. *Überblicksartikel zu unterschiedlichen Bereichen der Psycholinguistik.*

- Neuropsychologie, hg. v. Hans-Otto Karnath und Peter Thier, Berlin 2. aktualisierte und erweiterte Auflage 2006. *Beiträge zu Fragen der Kognitiven Neurowissenschaften.*

- The Online Study of Sentence Comprehension: Eyetracking, ERP, and Beyond, hg. v. Manuel Carreiras und Charles Clifton, Brighton 2004. *Übersichtsbeiträge zur Satzverarbeitung.*

- The Oxford Handbook of Psycholinguistics, hg. v. Gareth Gaskell, Oxford 2007. *Das Handbuch enthält aktuelle Überblicksbeiträge zu verschiedenen Bereichen der Psycholinguistik.*

- **The Psychology of Language: From Data to Theory**, hg. v. Trevor A. Harley, Hove, UK 3. Auflage 2008. *Eine sehr gute, breit gefächerte und aktuelle Einführung in die Psycholinguistik.*

- **The Student's Guide to Cognitive Neuroscience**, v. Jamie Ward, New York 2. Auflage 2010. *Ein kurzer und exzellenter Überblick über die Methoden der kognitiven Neurowissenschaften.*

Zeitschriften

- **Aphasiology**, Taylor & Francis. Web-Adresse: www.tandf.co.uk/journals/pp/02687038.html. *Zeitschriftenartikel zu Sprachstörungen nach Hirnläsion.*

- **Brain and Language**, Elsevier. Web-Adresse: www.elsevier.com/wps/find/journaldescription.cws_home/622799/description. *Diese Zeitschrift legt ihren Fokus auf die neurobiologischen Mechanismen, die menschlicher Sprache zugrundeliegen.*

- **Cognition**, Elsevier. Web-Adresse: www.elsevier.com/wps/find/journaldescription.cws_home/505626/description. *Zeitschriftenartikel zur experimentellen Forschung zu Sprache, Sprachverarbeitung und Kognition.*

- **Cognitive Neuropsychology**, Taylor & Francis. Web-Adresse: www.tandf.co.uk/journals/pp/02643294.html. *Zeitschriftenartikel zu Themen der kognitiven Neuropsychologie.*

- **Developmental Science**, Wiley. Web-Adresse: www.wiley.com//bw/journal.asp?ref=1363-755x. *Fokus dieser Zeitschrift sind Artikel zur Entwicklung kognitiver Funktionen des Menschen.*

- **Frontiers in Human Neuroscience**, Frontiers Research Foundation. Web-Adresse: frontiersin.org/human_neuroscience. *Aktuelle Artikel der kognitiven Neurowissenschaften mit freiem Zugang.*

- **Infancy**, Wiley. Web-Adresse: www.wiley.com/bw/journal.asp?ref=1525-0008. *Zeitschriftenartikel zur frühen kindlichen Entwicklung mit vielen Beiträgen auch zum Spracherwerb und zur Sprachwahrnehmung bei Säuglingen.*

- **Journal of Child Language**, Cambridge University Press. Web-Adresse: journals.cambridge.org/action/displayJournal?jid=JCL. *Zeitschriftenartikel zu Forschung über eine große Bandbreite von Fragestellungen des Erstspracherwerbs.*

- **Journal of Memory and Language**, Elsevier. Web-Adresse: www.elsevier.com/wps/find/journaldescription.cws_home/622888/ description. *Zeitschriftenartikel zu Gedächtnis, Sprachverarbeitung, Sprachproduktion und kognitiven Prozessen.*

- **Journal of Neurolinguistics**, Elsevier. Web-Adresse: www.elsevier. com/wps/find/journaldescription.cws_home/866/description. *Zeitschriftenartikel zum Themenbereich: Interaktion von Sprache und Gehirn.*

- **Nature Reviews Neuroscience**, Nature Publishing Group. Web-Adresse: www.nature.com/nrn/index.html. *Überblicksartikel zu neurowissenschaftlichen Themen.*

- **NeuroImage**, Elsevier. Web-Adresse: www.elsevier.com/wps/find/ journaldescription.cws_home/622925/description. *Zeitschriftenartikel aus dem Bereich der funktionellen Bildgebung.*

- **Neuropsychological Rehabilitation**, Taylor & Francis. Web-Adresse: www.tandf.co.uk/journals/pp/09602011.html. *Zeitschriftenartikel über experimentelle und klinische Forschung bei Rehabilitation und Funktionsrestitution.*

- **Trends in Cognitive Sciences**, Cell Press. Web-Adresse: www.cell. com/trends/cognitive-sciences/home. *Überblicksartikel zu Themen der kognitiven Neurowissenschaften.*

Literaturdatenbanken

- **Pubmed,** National Center for Biotechnology Information (NCBI), USA. Web-Adresse: www.ncbi.nlm.nih.gov/sites/pubmed. *Umfangreiche Literaturdatenbank aus dem Bereich bio-medizinischer und kognitiver Forschung.*

- **ScienceDirect**, Elsevier. Web-Adresse: www.sciencedirect.com *Umfangreiche Suchplattform für Bücher und Zeitschriften verschiedener Verlage und Themen.*

- **Web of Science**, Thomson Reuters. Web-Adresse: apps.isiknowledge.com. *Literaturdatenbank (inklusive Konferenzbeiträgen und Zitationsindex), auf die von vielen Universitäten aus zugegriffen werden kann.*

Bilddatenbank

- **Bildmaterial.** Web-Adresse: http://tarrlab.cnbc.cmu.edu/stimuli. html. *Im Internet gibt es zahlreiche frei zugängliche Bilddatenbanken. Diese eignet sich besonders gut für psycho- und neurolinguistische Fragestellungen, weil ihr umfangreicher Bildbestand nach zahlreichen neuropsychologischen Variablen kontrolliert ist.*

15.2 Korpora

Als Datengrundlage für sprachwissenschaftliche Experimente dienen Korpora, das sind große digitalisierte Text- oder Datensammlungen, aus denen mithilfe informationstechnischer Methoden Statistiken über Wortfrequenzen und je nach Korpus auch andere sprachliche Strukturen gewonnen werden. Der Großteil der linguistischen und psycholinguistischen Forschung verwendet derartige korpusbezogene Statistiken. Ein gutes Korpus sollte daher mindestens drei Kriterien erfüllen:

Kriterien

- Erstens muss es ein gutes, umfangreiches und repräsentatives Korpus sein.
- Zweitens sollte es linguistisch annotiert sein, also mindestens Part-of-Speech-Tags (POS) enthalten.
- Und drittens sollte es über eine einfach zu bedienende und vielseitige Schnittstelle vorzugsweise online durchsuchbar sein.

Folgende Korpora bieten eine wichtige Grundlage für die psycholinguistische Forschung:

- Die **lexikalische Datenbank DLEX** (Web-Adresse: http://dlexdb.de) zielt darauf ab, eine Vielzahl linguistischer Variablen für Studien im Bereich der experimentellen Psychologie, der Psycholinguistik und der Linguistik zur Verfügung zu stellen. Mit DLEX lässt sich online eine Vielzahl an Wortstatistiken zusammenstellen und exportieren. Sie stellt eine Alternative zur älteren, aber weit verbreiteten, deutschsprachigen Version der **CELEX Datenbank** dar (Web-Adresse: http://celex.mpi.nl).

- Andere Korpora sind das **Wortschatzprojekt der Universität Leipzig** (Web-Adresse: http://wortschatz.uni-leipzig.de) und das

- Projekt **COSMAS II (Corpus Search, Management and Analysis System)** des Mannheimer Instituts für Deutsche Sprache. Web-Adresse: www.ids-mannheim.de/cosmas2/.

- **CHILDES** (Child Language Data Exchange System (Web-Adresse:
  http://childes.psy.cmu.edu) ist eine Datenbank von Sprachdaten
  verschiedener Sprachen (derzeit ca. 35 Sprachen) und unterschiedlicher Populationen: Kinder verschiedenen Alters mit unauffälligem
  Spracherwerb, Kinder mit Sprachentwicklungsstörungen, Kinder
  mit allgemeinen Entwicklungsstörungen wie Autismus und Down-
  Syndrom, bilinguale Kinder und einige erwachsene Sprecher mit
  erworbenen Sprachstörungen. Der Großteil der Datenbasis besteht
  aus Transkripten sprachlicher Äußerungen von Kindern und ihren
  Bezugspersonen, die in spontanen Interaktionen entstanden. Zum
  Teil sind auch Audio- und Videodateien verfügbar. Das System
  kann kostenlos von der CHILDES-Internetseite heruntergeladen
  werden. Die Datenbasis wird ergänzt durch das CLAN-Programm
  (Computerized Language ANalysis), das die Möglichkeit bietet,
  in den Korpora zu suchen und bestimmte Analysen durchzuführen.

15.3 Programme

- **Praat.** Web-Adresse: www.fon.hum.uva.nl/praat. *Praat ist ein Programm zur phonetischen und phonologischen Analyse von gesprochener Sprache und zur Modifikation und Generierung künstlicher
  Sprache.*

- **MBROLA.** Web-Adresse: tcts.fpms.ac.be/synthesis/mbrola.html.
  *MBROLA ist ein Programm, mit dem Sprache synthetisiert wer-
  den kann. Es basiert auf Sammlungen von Diphonen, die zu Äußerungen kombiniert werden können.*

- **DMDX.** Web-Adresse: www.u.arizona.edu/~jforster/dmdx.htm.
  *Das Experimentalprogramm DMDX dient der Präsentation einer
  Abfolge von Reizen (Items) und dem Sammeln und Speichern
  von Verhaltensdaten. Es läuft nur unter Microsoft Windows.*
  Kostenpflichtige und auch mächtigere Alternativen sind z. B.
  E-Prime (Web-Adresse: www.pstnet.com) und **Presentation**
  (Web-Adresse: www.neurobs.com).

- **LINGER.** Web-Adresse: tedlab.mit.edu/~dr/Linger. *Linger ist ein
  plattformunabhängiges Experimentalprogramm, welches Reize
  präsentiert und Verhaltensdaten einliest.*

- **PsyScope.** Web-Adresse: psy.ck.sissa.it. *PsyScope dient ebenfalls der Stimuluspräsentation und Antwortaufzeichnung. Es läuft nur auf Apple Macintosh-Rechnern. Es hat eine grafische Benutzeroberfläche und kann auch über Skripte gesteuert werden (ähnlich zum kommerziellen Programm E-Prime).*

- **Audacity.** Web-Adresse: audacity.sourceforge.net. *Audacity ist ein freier, sehr verbreiteter Audioeditor mit guter Dokumentation. Mit ihm lassen sich alle gängigen Audioformate bearbeiten.*

15.4 Wichtige außeruniversitäre Forschungseinrichtungen

- **Max-Planck-Institut für Kognitions- und Neurowissenschaften,** Leipzig, Deutschland. Web-Adresse: www.cbs.mpg.de. *Grundlagenforschung zum Zusammenhang von kognitiven Fähigkeiten und Gehirnprozessen beim Menschen vor allem in den Bereichen Sprache, Musik und Handlung.*

- **Max-Planck-Institut für evolutionäre Anthropologie,** Leipzig, Deutschland. Web-Adresse: www.eva.mpg.de *Vergleichende Forschung zur Geschichte der Menschheit, unter anderem zur evolutionären Entwicklung kognitiver Fähigkeiten und Sprache.*

- **Max-Planck-Institut für Psycholinguistik, Nijmegen,** Niederlande. Web-Adresse: www.mpi.nl. *Grundlagenforschung zu psychologischen, sozialen und biologischen Aspekten von Sprachverarbeitung und Spracherwerb sowie dem Zusammenhang von Sprache und Kognition.*

- **Donders Institute for Brain, Cognition and Behaviour,** Nijmegen, Niederlande. Web-Adresse: www.ru.nl/donders. *Grundlagenforschung zu den Themen Kognition, Bildgebung und Neurowissenschaften.*

- **National Institutes of Health,** USA. Web-Adresse: www.nih.gov. *Das NIH ist die größte Förderungsinstitution in den USA und vereint unter sich verschiedene Forschungsinstitute und -zentren.*

16 Anhang

16.1 Zitierte Literatur

Abramson/Lisker 1970   Arthur S. Abramson/Leigh Lisker: Discriminability along the Voicing Continuum: Crosslanguage Tests, in: Proceedings of the Sixth International Congress of Phonetic Sciences, Prague 1970, S. 569–573.

Abutalebi 2008   Jubin Abutalebi: Neural Aspects of Second Language Representation and Language Control, in: Acta Psychologica 128, 2008, Heft 3, S. 466–478.

Altmann 2006   Gerry Altmann: History of Psycholinguistics, in: Keith Brown (Hg.), Encyclopedia of Language and Linguistics (2nd Edition), Amsterdam 2006.

Altmann/Steedman 1988   Gerry Altmann/Mark Steedman: Interaction with Context during Human Sentence Processing, in: Cognition 30, 1988, S. 191–238.

Amunts u. a. 2007   Katrin Amunts/Axel Schleicher/Karl Zilles: Cytoarchitecture of the Cerebral Cortex – More than Localization, in: Neuroimage 37, 2007, Heft 4, S. 1061–1065.

Badecker u. a. 1995   William Badecker/Michele Miozzo/Raffaella Zanuttini: The Two-Stage Model of Lexical Retrieval: Evidence from a Case of Anomia with Selective Preservation of Grammatical Gender, in: Cognition, 57, 1995, Heft 2, S. 193–216.

Bader 1996   Markus Bader: Sprachverstehen. Syntax und Prosodie beim Lesen, Opladen 1996.

Berger 1929   Hans Berger: Über das Elektroenzephalogramm des Menschen, in: Archiv für Psychiatrie und Nervenkrankheiten 87, 1929, S. 527–570.

Berman 2009   Ruth A. Berman: Beyond the Sentence: Language Development in Narrative Contexts, in E. Bavin (Hg.), Handbook of Child Language, Cambridge 2009, S. 354–375.

Best 1993   Catherine T. Best: Emergence of Language-Specific Constraints in Perception of Non-Native Speech: A Window on Early Phonological Development, in Bénédicte de Boysson-Bardies/Scania de Schonen/Peter W. Jusczyk/Peter MacNeilage/John Morton (Hg.), Developmental Neurocognition. Speech and Face Processing in the First Year of Life, Dordrecht 1993, S. 289–304.

Bock 1986a   J. Kathryn Bock: Language Production: Methods and Methodologies, in: Psychonomic Bulletin and Review 3, 1996, Heft 4, S. 395–421.

Bock 1986b   J. Kathryn Bock: Meaning, Sound, and Syntax: Lexical Priming in Sentence Production, in: Journal of Experimental Psychology: Learning, Memory and Cognition 12, 1986, S. 575–586.

Bock 1986c   J. Kathryn Bock: Syntactic Persistence in Language Production, in: Cognitive Psychology 18, 1986, S. 355–387.

Bock 1987   J. Kathryn Bock: An Effect of the Accessibility of Word Forms on Sentence Structures, in: Journal of Memory and Language 26, 1987, S. 119–137.

Bock/Miller 1991   J. Kathryn Bock/Carol A. Miller: Broken Agreement, in: Cognitive Psychology 23, 1991, S. 45–93.

Bock/Warren 1985   J. Kathryn Bock/Richard K. Warren: Conceptual Accessibility and Syntactic Structure in Sentence Formulation, in: Cognition 21, 1985, S. 47–67.

Brown/McNeill 1966   Roger Brown/David McNeill: The "Tip of the Tongue" Phenomenon, in: Journal of Verbal Learning and Verbal Behavior 5, 1966, S. 325–337.

Caramazza 1986   Alfonso Caramazza: On Drawing Inferences about the Structure of Normal Cognitive Systems from the Analysis of Patterns of Impaired Performance: The Case for Single-Patient Studies, in: Brain and Cognition 5, 1986, S. 41–66.

Caramazza 1997   Alfonso Caramazza: How Many Levels of Processing are there in Lexical Access?, in: Cognitive Neuropsychology 14, 1997, Heft 1, S. 177–208.

Caramazza/McCloskey 1988   Alfonso Caramazza/Michael McCloskey: The Case for Single Patient Studies, in: Cognitive Neuropsychology 5, 1988, Heft 5, S. 517–528.

Cattell 1885   James M. Cattell: The Inertia of the Eye and the Brain, in: Brain 8, 1986, S. 295–312.

Chen u. a. 2005   Evan Chen/Edward Gibson/Florian Wolf: Online Syntactic Storage Costs in Sentence Comprehension, in: Journal of Memory and Language 52, 2005, S. 144–169.

Chomsky 1959   Noam Chomsky: A Review of B. F. Skinner's Verbal Behavior, in: Language 35, 1959, S. 26–58.

Chomsky 1965   Noam Chomsky: Aspects of the Theory of Syntax, Cambridge, MA 1965.

Clifton u. a. 2003   Charles E. Clifton Jr./Matthew J. Traxler/Mohamed Taha Mohamed/Rihana S. Williams/Robin K. Morris/Keith Rayner: The Use of Thematic Role Information in Parsing: Syntactic Processing Autonomy Revisited, in: Journal of Memory and Language 49, 2003, S. 317–334.

Coles/Rugg 1995   Michael G. H. Coles/Michael D. Rugg: Event-Related Brain Potentials: An Introduction, in: Michael D. Rugg/Michael G. H. Coles (Hg.), Electrophysiology of Mind. Event-Related Brain Potentials and Cognition, New York 1995, S. 1–26.

Costa/Caramazza 1999   Albert Costa/Alfonso Caramazza: Is Lexical Selection Language Specific? Further Evidence from Spanish-English Bilinguals, in: Bilingualism: Language and Cognition 2, 1999, S. 231–244.

Coulson u. a. 1998   Seana Coulson/Johnathan W. King/Marta Kutas: Expect the Unexpected: Event-related Brain Response to Morphosyntactic Violations, in: Language and Cognitive Processes 13, 1998, Heft 1, S. 21–58.

Crocker 1995   Matthew W. Crocker: Computational Psycholinguistics. An Interdisciplinary Approach to the Study of Language, Dordrecht 1995.

Curtiss 1977   Susan Curtiss: Genie. A Psycholinguistic Study of a Modern Day Wild Child, New York 1977.

Cutler/Norris 1988   Anne Cutler/Dennis Norris: The Role of Strong Syllables in Segmentation for Lexical Access, in: Journal of Experimental Psychology: Human Perception and Performance 14, 1988, Heft 1, S. 113–121.

Cutler u. a 1986   Anne Cutler/Jacques Mehler/Dennis Norris/Juan Seguí: The Syllable's Differing Role in the Segmentation of French and English, in: Journal of Memory and Language 25, 1986, Heft 4, S. 385–400.

Damasio u. a. 1996   Hanna Damasio/Thomas J. Grabowski/Daniel Tranel/Richard D. Hichwa/Antonio R. Damasio: A Neural Basis for Lexical Retrieval, in: Nature 380, 1996, S. 499–505.

Damian 2003   Markus F. Damian: Articulatory Duration in Single Word Speech Production, in: Journal of Experimental Psychology: Learning, Memory, and Cognition 29, 2003, S. 416–431.

Daneman/Carpenter 1980   Meredyth Daneman/Patricia A. Carpenter: Individual Differences in Working Memory and Reading, in: Journal of Verbal Learning and Verbal Behavior 19, 1980, S. 450–466.

Davis u. a. 2002   Matthew H. Davis/William D. Marslen-Wilson/M. Gareth Gaskell: Leading Up the Lexical Garden Path: Segmentation and Ambiguity in Spoken Word Recognition, in: Journal of Experimental Psychology: Human Perception and Performance 28, 2002, Heft 1, S. 218–244.

De Bleser u. a. 2004   Ria De Bleser/Nicole Stadie/Jürgen Cholewa/Sia Tabatabaie: LeMo – Lexikon. Modellorientierte Einzelfalldiagnostik bei Aphasie, Dyslexie und Dysgraphie, Amsterdam 2004.

Dell/Gordon 2003   Gary S. Dell/Jean K. Gordon: Neighbors in the Lexicon: Friends or Foes?, in: Nils O. Schiller/Antje S. Meyer (Hg.), Phonetics and Phonology in Language Comprehension and Production. Differences and Similarities, Berlin 2003, S. 9–47.

Démonet u. a. 1994   Jean-François Démonet/Cathy J. Price/Richard Wise/Richard S. J. Frackowiak: Differential Activation of Right and Left Posterior Sylvian Regions by Semantic and Phonological Tasks: A Positron Emission Tomography Study, in: Neuroscience Letters 182, 1994, S. 25–28.

Dijkstra/van Heuven 2002   Ton A. F. J. Dijkstra/Walter J. B. van Heuven: The Architecture of the Bilingual Word Recognition System: From Identification to Decision, in: Bilingualism: Language and Cognition 5, 2002, Heft 3, S. 175–197.

Dijkstra u. a. 1998   Ton A. F. J. Dijkstra/Walter J. B. van Heuven/Jonathan Grainger: Simulating Cross-Language Competition with the Bilingual Interactive Activation Model, in: Psychologica Belgica 38, 1998, Heft 3/4, S. 177–196.

Donchin u. a. 1978   Emanuel Donchin/Walter Ritter/W. Cheyne McCallum: Cognitive Psychophysiology: The Endogenous Components of the ERP, in: Enoch Callaway/Patricia Tueting/Stephen H. Koslow (Hg.), Event-Related Brain Potentials in Man, New York 1978, S. 349–411.

Draganski/May 2008   Bogdan Draganski/Arne May: Training-Induced Structural Changes in the Adult Human Brain, in: Behavioral Brain Research 192, 2008, Heft 1, S. 137–142.

Drenhaus u. a. 2007   Heiner Drenhaus/Shravan Vasishth/Kristin Wittich: Locality and Working Memory Capacity: An ERP Study of German, in: Proceedings of the AMLaP Sentence Processing Conference, Turku 2007, S. 85.

Eimas u. a. 1971   Peter D. Eimas/Einar R. Siqueland/Peter W. Jusczyk/James Vigorito: Speech Perception in Infants, in: Science 171, 1971, S. 303–306.

Fernald 1985   Anne Fernald: Four-Month-Old Infants Prefer to Listen to Motherese, in: Infant Behavior and Development 8, 1985, Heft 2, S. 181–195.

Fernald u. a. 1989   Anne Fernald/Traute Taeschner/Judy Dunn/Mechthild Papousek/Bénédicte de Boysson-Bardies/Ikuko Fukui: A Cross-Language Study of Prosodic Modifications in Mothers' and Fathers' Speech to Preverbal Infants, in: Journal of Child Language 16, 1989, S. 477–501.

Ferreira/Clifton 1986   Fernanda Ferreira/Charles E. Clifton Jr.: The Independence of Syntactic Processing, in: Journal of Memory and Language 25, 1986, S. 348–368.

Ferreira/Henderson 1991   Fernanda Ferreira/John M. Henderson: Recovering from Misanalyses of Garden-Path Sentences, in: Journal of Memory and Language 30, 1991, S. 725–745.

Ferreira u. a. 2008   Victor S. Ferreira/J. Kathryn Bock/Michael P. Wilson/Neal J. Cohen: Memory for Syntax despite Amnesia, in: Psychological Science 19, 2008, Heft 9, S. 940–946.

Fischler u. a. 1985   Ira Fischler/Timothy L. Boaz/Donald G. Childers/Nathan W. Perry: Lexical and Propositional Components of Priming during Sentence Comprehension, in: Psychophysiology 22, 1985, Heft 5, S. 572–620.

Fodor 1983   Jerry A. Fodor: The Modularity of Mind, Cambridge, MA 1983.

Ford u. a. 1982   Marilyn Ford/Joan Bresnan/Ronald Kaplan: A Competence-Based Theory of Syntactic Closure, in: Joan Bresnan (Hg.), The Mental Representation of Grammatical Relations, Cambridge, MA 1982, S. 727–96.

Forster 1976   Kenneth I. Forster: Accessing the Mental Lexicon, in: Roger J. Wales/Edward Walker (Hg.), New Approaches to Language Mechanisms, Amsterdam 1976, S. 257–287.

Fowler 1986   Carol A. Fowler: An Event Approach to the Study of Speech Perception from a Direct-Realistic Perspective, in: Journal of Phonetics 14, 1986, S. 3–28.

Frazier 1987   Lyn Frazier: Sentence Processing: A Tutorial Review, in: Max Coltheart (Hg.), Attention and Performance XII. The Psychology of Reading, Hove, UK 1987. S. 559–586.

Frazier / Clifton 1996   Lyn Frazier / Charles E. Clifton Jr.: Construal, Cambridge, MA 1996.

Frazier / Rayner 1982   Lyn Frazier / Keith Rayner: Making and Correcting Errors during Sentence Comprehension: Eye Movements in the Analysis of Structurally Ambiguous Sentences, in: Cognitive Psychology 14, 1982, S. 178–210.

Friederici 1995   Angela D. Friederici: The Time Course of Syntactic Activation during Language Processing: A Model Based on Neurophysiological Data, in: Brain and Language 50, 1995, S. 259–281.

Friederici 1999   Angela D. Friederici: The Neurobiology of Language Comprehension, in: dies., Language Comprehension. A Biological Perspective, Berlin 1999, S. 263–301.

Friederici 2002   Angela D. Friederici: Towards a Neural Basis of Auditory Sentence Processing, in: Trends in Cognitive Sciences 6, 2002, S. 78–84.

Friederici / Alter 2004   Angela D. Friederici / Kai Alter: Lateralization of Auditory Language Functions: A Dynamic Dual Pathway Model, in: Brain and Language 89, 2004, S. 267–276.

Friederici / Wartenburger 2010   Angela D. Friederici / Isabell Wartenburger: Language and Brain, in: Wiley Interdisciplinary Reviews: Cognitive Science 1, 2010, Heft 2, S. 150–159.

Fry u. a. 1962   Dennis B. Fry / Arthur S. Abramson / Peter D. Eimas / Alvin M. Liberman: The Identification and Discrimination of Synthetic Vowels, in: Language and Speech 5, 1962, S. 171–189.

Ganong 1980   William F. Ganong: Phonetic Categorization in Auditory Word Perception, in: Journal of Experimental Psychology: Human Perception and Performance 6, 1980, Heft 1, S. 110–125.

Garrett 1980   Merrill F. Garrett: Levels of Processing in Sentence Production, in: Brian Butterworth (Hg.), Language Production. Volume 1: Speech and talk, London 1980, S. 177–220.

Gaskell / Marlen-Wilson 1997   M. Gareth Gaskell / William D. Marslen-Wilson: Integrating Form and Meaning: A Distributed Model of Speech Perception, in: Language and Cognitive Processes 12, 1997, S. 613–656.

Gerken / McIntosh 1993   LouAnn Gerken / Bonnie J. McIntosh: Interplay of Function Morphemes and Prosody in Early Language, in: Developmental Psychology 29, 1993, Heft 3, S. 448–457.

Geyken 2007   Alexander Geyken: The DWDS Corpus. A Reference Corpus for the German Language of the 20th Century, in Christiane Fellbaum (Hg.), Collocations and Idioms: Linguistic, Lexicographic, and Computational Aspects, London 2007, S. 23–40.

Goldinger 1998   Stephen D. Goldinger: Echoes of Echoes? An Episodic Theory of Lexical Access, in: Psychological Review 105, 1998, Heft 2, S. 251–279.

Golinkoff u. a. 1987   Roberta M. Golinkoff / Kathryn Hirsh-Pasek / Kathleen M. Cauley / Laura Gordon: The Eyes Have It: Lexical and Syntactic Comprehension in a New Paradigm, in: Journal of Child Language 14, 1987, Heft 1, S. 23–45.

Gopnik / Choi 1990   Alison Gopnik / Soonja Choi: Do Linguistic Differences Lead to Cognitive Differences? A Cross-Linguistic Study of Semantic and Cognitive Development, in: First Language 10, 1990, S. 199–215.

Gorrell 1995   Paul Gorrell: Syntax and Parsing, Cambridge 1995.

Gould / Marler 1987   James L. Gould / Peter Marler: Learning by Instinct, in: Scientific American 256, 1987, Heft 1, S. 74–85.

Grant u. a. 2002   Julia Grant / Virginia Valian / Annette Karmiloff-Smith: A Study of Relative Clauses in Williams Syndrome, in: Journal of Child Language 29, 2002, S. 403–416.

Green 1986   David W. Green: Control, Activation and Resource: A Framework and a Model for the Control of Speech in Bilinguals, in: Brain and Language 27, 1986, S. 210–223.

Hagoort 2005   Peter Hagoort: On Broca, Brain, and Binding: A New Framework, in: Trends in Cognitive Sciences 9, 2005, S. 416–423.

Hakuta u. a. 2003   Kenji Hakuta / Ellen Bialystok / Edward Wiley: Critical Evidence: A Test of the Critical-Period Hypothesis for Second-Language Acquisition, in: Psychological Science 14, 2003, S. 31–38.

Halldorson / Singer 2002   Michael Halldorson / Murray Singer: Inference Processes: Integrating Relevant Knowledge and Text Information, in: Discourse Processes 34, 2002, S. 145–161.

Hauser u. a. 2001   Marc D. Hauser / Elissa L. Newport / Richard N. Aslin: Segmentation of the Speech Stream in a Non-Human Primate: Statistical Learning in Cotton-Top Tamarins, in: Cognition 78, 2001, S. B41–B52.

Heister u. a. 2010   Julian Heister / Kay-Michael Würzner / Johannes Bubenzer / Edmund Pohl / Thomas Hanneforth / Alexander Geyken / Reinhold Kliegl: dlexDB – eine lexikalische Datenbank für die psychologische und linguistische Forschung, in: Psychologische Rundschau 61, 2010, Heft 10.

Helmholtz 1850   Hermann von Helmholtz: Ueber die Methoden, kleinste Zeittheile zu messen, und ihre Anwendung für physiologische Zwecke, in: Königsberger Naturwissenschaftliche Unterhaltungen 2, 1850, S. 169–189.

Hickok / Poeppel 2007   Gregory Hickok / David Poeppel: The Cortical Organization of Speech Processing, in: Nature Reviews Neuroscience 8, 2007, S. 393–402.

Hirsh-Pasek u. a. 2000   Kathryn Hirsh-Pasek / Roberta M. Golinkoff / George Hollich: An Emergentist Coalition Model for Word Learning: Mapping Words to Objects is a Product of the Interaction of Multiple Cues, in: Roberta M. Golinkoff / Kathryn Hirsh-Pasek / Lois Bloom / Linda B. Smith / Amanda L. Woodward / Nameera Akhtar / Michael Tomasello / George Hollich (Hg.), Becoming a Word Learner. A Debate on Lexical Acquisition, New York 2000, S. 136–164.

Höhle 2009   Barbara Höhle: Bootstrapping Mechanisms in First Language Acquisition, in: Linguistics 47, 2009, Heft 2, S. 359–382.

Höhle u. a. 2009   Barbara Höhle / Ranka Bijeljac-Babic / Birgit Herold / Jürgen Weissenborn / Thierry Nazzi: Language Specific Prosodic Preferences during the First Half Year of Life: Evidence from German and French Infants, in: Infant Behavior and Development 32, 2009, Heft 3, S. 262–274.

Horowitz 1975   Frances D. Horowitz: Infant Attention and Discrimination: Methodological and Substantive Issues, in: Monographs of the Society for Research in Child Development 39, 1975, Heft 5/6, S. 1–15.

Huber u. a. 1983   Walter Huber / Klaus Poeck / Dorothea Weniger / Klaus Willmes: Der Aachener Aphasie Test (mit Anleitung), Göttingen 1983.

IZPH 2005   Interdisziplinäres Zentrum für Public Health der Universität Erlangen–Nürnberg (IZPH): Schlaganfall in Deutschland. Anhaltszahlen zum Schlaganfall aus dem bevölkerungs-basierten Erlanger Schlaganfall Register im Rahmen der Gesundheitsberichterstattung des Bundes. Web-Adresse: http://www.kompetenznetz-schlaganfall.de/fileadmin/download/hintergrundinfos/02-06-2005_KNS_Anhaltszahlen-Schlaganfall2.pdf [Zugriff vom 01.06. 2005].

Jäger / Snider 2007   T. Florian Jäger / Neal Snider: Implicit Learning and Syntactic Persistence: Surprisal and Cumulativity, in: Rochester Working Papers in the Language Sciences 3, 2007, Heft 1, S. 26–44.

Jusczyk / Bertoncini 1988   Peter W. Jusczyk / Josiane Bertoncini: Viewing the Development of Speech Perception as an Innately Guided Learning Process, in: Language and Speech 31, 1988, Heft 3, S. 217–238.

Jusczyk u. a. 1999   Peter W. Jusczyk / Derek M. Houston / Mary Newsome: The Beginnings of Word Segmentation in English-Learning Infants, in: Cognitive Psychology 39, 1999, Heft 3/4, S. 159–207.

Just / Carpenter 1992   Marcel A. Just / Patricia A. Carpenter: A Capacity Theory of Comprehension: Individual Differences in Working Memory, in: Psychological Review 99, 1992, S. 122–149.

Kay u. a. 1992   Janice Kay/Ruth Lesser/Lesley Milroy: Psycholinguistic Assessments of Language Processing in Aphasia (PALPA), Hove, UK 1992.

King/Just 1991   Jonathan King/Marcel A. Just: Individual Differences in Syntactic Processing: The Role of Working Memory, in: Journal of Memory and Language 30, 1991, Heft 5, S. 580–602.

Kotz 2009   Sonja A. Kotz: A Critical Review of ERP and fMRI Evidence on L2 Syntactic Processing, in: Brain and Language 109, 2009, S. 68–74.

Kroll/De Groot 1997   Judy F. Kroll/Annette M. B. De Groot: Lexical and Concetual Memory in the Bilingual: Mapping Form to Meaning in Two Languages, in: Annette M. B. De Groot/Judy F. Kroll (Hg.), Tutorials in Bilingualism. Psycholinguistic Perspectives, Mahwah, NJ 1997, S. 169–199.

Kroll/De Groot 2005   Judy F. Kroll/Annette M. B. De Groot: Handbook of Bilingualism. Psycholinguistic Approaches, Oxford 2005.

Kroll/Stewart 1994   Judy F. Kroll/Erika Stewart: Category Interference in Translation and Picture Naming: Evidence for Asymmetric Connections Between Bilingual Memory Representations, in: Journal of Memory and Language 33, 1994, Heft 2, S. 149–174.

Kroll/Tokowicz 2005   Judy F. Kroll/Natasha Tokowicz: Models of Bilingual Representation and Processing: Looking Back and to the Future, in: Judy F. Kroll/Annette M. B. De Groot (Hg.), Handbook of Bilingualism. Psycholinguistic Approaches, Oxford 2005, S. 531–553.

Kuhl 1991   Patricia K. Kuhl: Human Adults and Infants Show a "Perceptual Magnet Effect" for the Prototypes of Speech Categories, Monkeys Do Not, in: Perception and Psychophysics 50, 1991, S. 93–107.

Kuhl/Miller 1975   Patricia K. Kuhl/James D. Miller: Speech Perception by the Chinchilla: Identification Functions for Synthetic VOT Stimuli, in: Journal of the Acoustical Society of America 63, 1975, S. 905–917.

Kutas/Federmeier 2000   Marta Kutas/Kara D. Federmeier: Electrophysiology Reveals Semantic Memory Use in Language Comprehension, in: Trends in Cognitive Sciences 4, 2000, S. 463–470.

Kutas/Hillyard 1980a   Marta Kutas/Steven A. Hillyard: Reading Senseless Sentences: Brain Potentials Reflect Semantic Incongruity, in: Science 207, 1980, S. 203–205.

Kutas/Hillyard 1980b   Marta Kutas/Steven A. Hillyard: Event-Related Potentials to Semantically Inappropriate and Surprisingly Large Words, in: Biological Psychology 11, 1980, S. 99–116.

Kutas/Hillyard 1984   Marta Kutas/Steven A. Hillyard: Brain Potentials during Reading Reflect Word Expectancy and Semantic Association, in: Nature 307, 1984, S. 161–163.

La Heij u. a. 1998   Wido La Heij/Pim Mak/Jörg Sander/Elsabé Willeboordse: The Gender-Congruency Effect in Picture-Word Tasks, in: Psychological Research 61, 1998, Heft 3, S. 209–219.

Lahiri/Marslen-Wilson 1991   Aditi Lahiri/William D. Marslen-Wilson: The Mental Representation of Lexical Form: A Phonological Approach to the Recognition Lexicon, in: Cognition 38, 1991, Heft 3, S. 245–294.

Landau u. a. 1988   Barbara Landau/Linda B. Smith/Susan S. Jones: The Importance of Shape in Early Lexical Learning, in: Cognitive Development 3, 1988, Heft 3, S. 299–321.

Lenneberg 1967   Eric H. Lenneberg: Biological Foundations of Language, New York 1967.

Lenroot/Giedd 2006   Rhoshel K. Lenroot/Jay N. Giedd: Brain Development in Children and Adolescents: Insights from Anatomical Magnetic Resonance Imaging, in: Neuroscience and Biobehavioral Reviews 30, 2006, Heft 6, S. 718–729.

Leuninger 1993   Helen Leuninger: Reden ist Schweigen und Silber ist Gold. Gesammelte Versprecher, Zürich 1993.

Levelt u. a. 1999   Willem J. M. Levelt/Ardi P. A. Roelofs/Antje S. Meyer: A Theory of Lexical Access in Speech Production, in: Behavioral and Brain Sciences 22, 1999, Heft 1, S. 1–75.

Liberman/Mattingly 1985   Alvin M. Liberman/Ignatius G. Mattingly: The Motor Theory of Speech Perception Revised, in: Cognition 21, 1985, S. 1–36.

Liberman u. a. 1961   Alvin M. Liberman/Katherine S. Harris/Jo Ann Kinney/H. Lane: The Discrimination of Relative Onset-Time of Components of Certain Speech and Non-Speech Patterns, in: Journal of Experimental Psychology 61, 1961, Heft 5, S. 379–388.

Lidz u. a. 2003   Jeffrey Lidz/Sandra Waxman/Jennifer Freedman: What Infants Know About Syntax but Couldn't have Learned: Experimental Evidence for Syntactic Structure at 18 Months, in: Cognition 89, 2003, S. B65–B73.

Loebell/Bock 2003   Helga Loebell/J. Kathryn Bock: Structural Priming across Languages, in: Linguistics 41, 2003, Heft 5, S. 791–824.

Logan u. a. 1991   John S. Logan/Scott E. Lively/David D. Pisoni: Training Japanese Listeners to Identify English /r/ and /l/: A First Report, in: Journal of the Acoustical Society of America 89, 1991, S. 874–886.

Mampe u. a. 2009   Birgit Mampe/Angela D. Friederici/Anne Christophe/Kathleen Wermke: Newborns' Cry Melody is Shaped by Their Native Language, in: Current Biology 19, 2009, Heft 23, S. 1994–1997.

Markman 1994   Ellen M. Markman: Constraints on Word Meaning in Early Language Acquisition, in: Lingua 92, 1994, S. 199–227.

Marslen-Wilson 1973   William D. Marslen-Wilson: Linguistic Structure and Speech Shadowing at Very Short Latencies, in: Nature 244, 1973, S. 522–523.

Marslen-Wilson 1975   William D. Marslen-Wilson: Sentence Perception as an Interactive Parallel Process, in: Science 189, 1975, S. 226–228.

Marslen-Wilson/Welch 1978   William D. Marslen-Wilson/Alan Welsh: Processing Interactions and Lexical Access during Word Recognition in Continuous Speech, in: Cognitive Psychology 10, 1978, Heft 1, S. 29–63.

Massaro/Jesse 2007   Dominic W. Massaro/Alexandra Jesse: Audiovisual Speech Perception and Word Recognition, in: M. Gareth Gaskell (Hg.), The Oxford Handbook of Psycholinguistics, Oxford 2007, S. 19–35.

Mathey u. a. 2004   Stéphanie Mathey/Christelle Robert/Daniel Zagar: Neighbourhood Distribution Interacts with Orthographic Priming in the Lexical Decision Task, in: Language and Cognitive Processes 19, 2004, S. 533–560.

McClelland/Elman 1986   James L. McClelland/Jeffrey L. Elman: The TRACE Model of Speech Perception, in: Cognitive Psychology 18, 1986, Heft 1, S. 1–86.

McClelland/Rumelhart 1981   James L. McClelland/David E. Rumelhart: An Interactive Activation Model of Context Effects in Letter Perception: Part 1 An Account of Basic Findings, in: Psychological Review 88, 1981, Heft 5, S. 375–407.

McGurk/MacDonald 1976   Harry McGurk/John MacDonald: Hearing Lips and Seeing Voices, in: Nature 264, 1976, S. 746–748.

McLaughlin u. a. 2004   Judith McLaughlin/Lee Osterhout/Albert Kim: Neural Correlates of Second-Language Word Learning: Minimal Instruction Produces Rapid Change, in: Nature Neuroscience 7, 2004, Heft 7, S. 703–704.

McQueen u. a. 1994   James M. McQueen/Dennis Norris/Anne Cutler: Competition in Spoken Word Recognition: Spotting Words in Other Words, in: Journal of Experimental Psychology: Learning, Memory and Cognition 20, 1994, Heft 3, S. 621–638.

Mecklinger u. a. 1995   Axel Mecklinger/Herbert Schriefers/Karsten Steinhauer/Angela D. Friederici: Processing Relative Clauses Varying on Syntactic and Semantic Dimensions: An Analysis with Event-related potentials, in: Memory and Cognition 23, 1995, Heft 4, S. 477–494.

Mehler u. a. 1981   Jacques Mehler/Jean Yves Dommergues/Uli Frauenfelder/Juan Seguí: The Syllable's Role in Speech Segmentation, in: Journal of Verbal Learning and Verbal Behavior 20, 1981, Heft 3, S. 298–305.

Meyer/Schvaneveldt 1971   David E. Meyer/Roger W. Schvaneveldt: Facilitation in Recognizing Pairs of Words: Evidence of a Dependence between Retrieval Operations, in: Journal of Experimental Psychology 90, 1971, S. 227–234.

Meyer u. a. 2003   Antje S. Meyer/Ardi P. A. Roelofs/Willem J. M. Levelt: Word Length Effects on Object Naming: The Role of a Response Criterion, in: Journal of Memory and Language 48, 2003, S. 131–147.

Miller 1962   George A. Miller: Decision Units in the Perception of Speech, in: IRE Transactions on Information Theory 8, 1962, Heft 2, S. 81–83.

Miller 1997   Joanne L. Miller: Internal Structure of Phonetic Categories, in: Language and Cognitive Processes 12, 1997, S. 865–869.

Mitchell u. a. 1995   Don C. Mitchell/Fernando Cuetos/Martin M. B. Corley/Marc Brysbaert: Exposure-Based Models of Human Parsing: Evidence for the Use of Coarse-Grained (Nonlexical) Statistical Records, in: Journal of Psycholinguistic Research 24, 1995, S. 469–488.

Motley u. a. 1981   Michael T. Motley/Bernard J. Baars/Carl T. Camden: Toward Verifying the Assumptions of Laboratory-Induced Slips of the Tongue: The Output-Error and Editing Issues, in: Human Cognition Research 8, 1981, Heft 1, S. 3–15.

Nespor u. a. 1996   Marina Nespor/Maria Teresa Guasti/Anne Christophe: Selecting Word Order: The Rhythmic Activation Principle, in: Ursula Kleinhenz (Hg.), Interfaces in Phonology, Berlin 1996, S. 1–26.

Newport/Aslin 2004   Elissa L. Newport/Richard N. Aslin: Learning at a Distance: I. Statistical Learning of Non-Adjacent Dependencies, in: Cognitive Psychology 48, 2004, S. 127–162.

Newport u. a. 2004   Elissa L. Newport/Marc D. Hauser/Geertrui Spaepen/Richard N. Aslin: Learning at a Distance: II. Statistical Learning of Non-Adjacent Dependencies in a Non-Human Primate, in: Cognitive Psychology 49, 2004, S. 85–117.

Nieuwland/van Berkum 2006   Mante S. Nieuwland/Jos J. A. van Berkum: When Peanuts Fall in Love: N400 Evidence for the Power of Discourse, in: Journal of Cognitive Neuroscience 18, 2006, Heft 7, S. 1098–1111.

Norris 1994   Dennis Norris: Shortlist: A Connectionist Model of Continuous Speech Recognition, in: Cognition 52, 1994, Heft 3, S. 189–234.

Norris/McQueen 2008   Dennis Norris/James M. McQueen: Shortlist B: A Bayesian Model of Continuous Speech Recognition, in: Psychological Review 115, 2008, Heft 2, S. 357–395.

Oldfield/Wingfield 1965   Richard C. Oldfield/Art Wingfield: Response Latencies in Naming Objects, in: The Quarterly Journal of Experimental Psychology 17, 1965, Heft 4, S. 273–281.

Osterhout/Holcomb 1992   Lee Osterhout/Phillip J. Holcomb: Event-Related Brain Potentials Elicited by Syntactic Anomaly, in: Journal of Memory and Language 31, 1992, Heft 6, S. 785–806.

Osterhout/Holcomb 1993   Lee Osterhout/Phillip J. Holcomb: Event-Related Brain Potentials and Syntactic Anomaly: Evidence of Anomaly Detection during Perception of Continuous Speech, in: Language and Cognitive Processes 8, 1993, S. 413–437.

Osterhout u. a. 2004   Lee Osterhout/Judith McLaughlin/Albert Kim/Ralf Greenwald/Kayo Inoue: Sentences in the Brain: Event-Related Potentials as Real-Time Reflections of Sentence Comprehension and Language Learning, in: Manuel Carreiras/Charles E. Clifton Jr. (Hg.), The Online Study of Sentence Comprehension. Eyetracking, ERP, and Beyond, Brighton 2004, S. 271–308.

Paradis 2004   Michel Paradis: A Neurolinguistic Theory of Bilingualism, Amsterdam 2004.

Pecher/Raaijmakers 2004   Diane Pecher/Jeroen G. W. Raaijmakers: Priming for New Associations in Animacy Decision: Evidence for Context-Dependency, in: Quarterly Journal of Experimental Psychology 57A, 2004, S. 1211–1231.

Pinker 1984   Steven Pinker: Language Learnability and Language Development, Cambridge, MA 1984.

Pisoni 1977   David B. Pisoni: Identification and Discrimination of the Relative Onset Time of Two Component Tones: Implications for Voicing Perception in Stops, in: Journal of the Acoustical Society of America 61, 1977, S. 1352–1361.

Pisoni/Tash 1974   David B. Pisoni/Jeffrey Tash: Reaction Times to Comparisons with and across Phonetic Categories, in: Perception and Psychophysics 15, 1974, S. 285–290.

Poeppel u. a. 2008   David Poeppel/William J. Idsardi/Virginie van Wassenhove: Speech Perception at the Interface of Neurobiology and Linguistics, in: Philosophical Transactions of the Royal Society London B: Biological Sciences 363, 2008, S. 1071–1086.

Preissl 2005   Hubert Preissl (Hg.), Magnetoencephalography (International Review of Neurobiology 68), San Diego 2005.

Price 2000   Cathy J. Price: The Anatomy of Language: Contibutions from Functional Neuroimaging, in: Journal of Anatomy 197, 2000, S. 335–359.

Pujol u. a. 2006   Jesus Pujol/Carles Soriano-Mas/Héctor Oritz/Núria Sebastián-Gallés/Josep M. Losilla/Joan Deus: Myelination of Language-Related Areas in the Developing Brain, in: Neurology 66, 2006, Heft 3, S. 339–343.

Ramachandran 2005   Vilayanur S. Ramachandran: Plasticity and Functional Recovery in Neurology, in: Clinical Medicine 5, 2005, Heft 4, S. 368–373.

Ramus u. a. 2000   Franck Ramus/Marc D. Hauser/Cory T. Miller/Dylan Morris/Jacques Mehler: Language Discrimination by Human Newborns and by Cotton-Top Tamarin Monkeys, in: Science 288, 2000, S. 349–351.

Rapp 2000   Brenda Rapp (Hg.): Handbook of Cognitive Neuropsychology. What Deficits Reveal about the Human Mind, Philadelphia 2000.

Rapp/Goldrick 2000   Brenda Rapp/Matthew Goldrick: Discreteness and Interactivity in Spoken Word Production, in: Psychological Review 107, 2000, Heft 3, S. 460–499.

Reicher 1969   Gerald M. Reicher: Perceptual Recognition as a Function of Meaningfulness of Stimulus Material, in: Journal of Experimental Psychology 81, 1969, Heft 2, S. 275–280.

Rizzolatti/Craighero 2004   Giacomo Rizzolatti/Laila Craighero: The Mirror-Neuron System, in: Annual Review of Neuroscience 27, 2004, S. 169–92.

Rossion/Pourtois 2004   Bruno Rossion/Gilles Pourtois: Revisiting Snodgrass and Vanderwart's Object Set: The Role of Surface Detail in Basic-Level Object Recognition, in: Perception 33, 2004, S. 217–236.

Saffran 1982   Eleanor M. Saffran: Neuropsychological Approaches to the Study of Language, in: British Journal of Psychology 73, 1982, Heft 3, S. 317–337.

Saffran u. a. 1996   Jenny R. Saffran/Richard N. Aslin/Elissa L. Newport: Statistical Learning by 8-Month-Old Infants, in: Science 274, 1996, S. 1926–1928.

Saffran u. a. 1999   Jenny R. Saffran/Elizabeth K. Johnson/Richard N. Aslin/Elissa L. Newport: Statistical Learning of Tone Sequences by Human Infants and Adults, in: Cognition 70, 1999, S. 27–52.

Schiller 2004   Nils O. Schiller: The Onset Effect in Word Naming, in: Journal of Memory and Language 50, 2004, S. 477–490.

Schiller u. a. 1996   Nils O. Schiller/Antje S. Meyer/R. Harald Baayen/Willem J. M. Levelt: A Comparison of Lexeme and Speech Syllables in Dutch, in: Journal of Quantitative Linguistics 3, 1996, Heft 1, S. 8–28.

Schriefers 1993   Herbert Schriefers: Syntactic Processes in the Production of Noun Phrases, in: Journal of Experimental Psychology: Learning, Memory, and Cognition 19, 1993, Heft 4, S. 841–850.

Schriefers u. a. 1990   Herbert Schriefers/Antje S. Meyer/Willem J. M. Levelt: Exploring the Time Course of Lexical Access in Language Production: Picture-Word Interference Studies, in: Journal of Memory and Language 29, 1990, Heft 1, S. 86–102.

Schriefers u. a. 2002   Herbert Schriefers/Jörg D. Jescheniak/Ansgar Hantsch: Determiner Selection in Noun Phrase Production, in: Journal of Experimental Psychology: Learning, Memory, and Cognition 28, 2002, Heft 5, S. 941–950.

Schütze/Gibson 1999   Carson T. Schütze/Edward Gibson: Argumenthood and English Prepositional Phrase Attachment, in: Journal of Memory and Language 40, 1999, S. 409–431.

Shallice 1988   Tim Shallice: From Neuropsychology to Mental Structure, Cambridge 1988.

Sharbrough u. a. 1991   Frank Sharbrough/Gian-Emilio Chartrian/Roland P. Lesser/Hans Lüders/Marc Nuwer/Terrence W. Picton: American Electroencephalographic Society Guidelines for Standard Electrode Position Nomenclature, in: Journal of Clinical Neurophysiology 8, 1991, S. 200–202.

Shattuck-Hufnagel 1979   Stefanie Shattuck-Hufnagel: Speech Errors as Evidence for a Serial-Ordering Mechanism in Sentence Production, in: William E. Cooper/Edward C. T. Walker (Hg.), Sentence Processing. Psycholinguistic Studies Presented to Merrill Garrett, Hillsdale, NJ 1979, S. 295–342.

Siqueland/De Lucia 1969   Einar R. Siqueland/Clement A. De Lucia: Visual Reinforcement of Non-nutritive Sucking in Human Infants, in: Science 165, 1969, S. 1144–1146.

Skinner 1957   Burrhus F. Skinner: Verbal Behavior, Acton, MA 1957.

Snodgrass/Vanderwart 1980   Joan G. Snodgrass/Mary Vanderwart: A Standardized Set of 260 Pictures: Norms for Name Agreement, Image Agreement, Familiarity, and Visual Complexity, in: Journal of Experimental Psychology: Learning, Memory, and Cognition 6, 1980, S. 174–215.

Snow/Ferguson 1977   Catherine E. Snow/Charles A. Ferguson (Hg.): Talking to Children. Language Input and Acquisition, Cambridge 1977.

St. George u. a. 1994   Marie St. George/Suzanne Mannes/James E. Hoffinan: Global Semantic Expectancy and Language Comprehension, in: Journal of Cognitive Neuroscience 6, 1994, Heft 1, S. 70–83.

Stadie/Schröder 2009   Nicole Stadie/Astrid Schröder: Kognitiv orientierte Sprachtherapie. Methoden, Material und Evaluation bei Aphasie, Dyslexie und Dysgraphie, München 2009.

Stadie 2010   Nicole Stadie: LeMo – Lexikon Modellorientiert. Einzelfalldiagnostik bei Aphasie, Dyslexie und Dysgraphie, in: Gerhard Blanken/Wolfram Ziegler (Hg.), Klinische Linguistik und Phonetik. Ein Lehrbuch für die Diagnose und Behandlung von erworbenen Sprach- und Sprechstörungen im Erwachsenenalter, Aachen 2010.

Stager/Werker 1997   Christine L. Stager/Janet F. Werker: Infants Listen for More Phonetic Detail in Speech Perception than in Word Learning Tasks, in: Nature 388, 1997, Heft 6640, S. 381–382.

Stevens/Blumstein 1981   Kenneth N. Stevens/Sheila E. Blumstein: The Search for Invariant Acoustic Correlates of Phonetic Features, in: Peter D. Eimas/Joanne L. Miller (Hg.), Perspectives on the Study of Speech, Hillsdale, NJ 1981, S. 1038–1055.

Sturt u. a. 1999   Patrick Sturt/Martin J. Pickering/Matthew W. Crocker: Structural Change and Reanalysis Difficulty in Language Comprehension, in: Journal of Memory and Language 40, 1999, S. 136–150.

Suomi u. a. 1997 Kari Suomi / James M. McQueen / Anne Cutler: Vowel Harmony and Speech Segmentation in Finnish, in: Journal of Memory and Language 36, 1997, S. 422–444.

Swingley / Aslin 2002 Daniel Swingley / Richard N. Aslin: Lexical Neighborhoods and the Word-Form Representations of 14-Month-Olds, in: Psychological Science 13, 2002, S. 480–484.

Swinney 1979 David A. Swinney: Lexical Access During Sentence Comprehension (Re)Consideration of Context Effects, in: Journal of Verbal Learning and Verbal Behavior, Heft 18, 1979, S. 645–659.

Szagun 2006 Gisela Szagun: Sprachentwicklung beim Kind, Weinheim 2006.

Tabossi 1988 Patrizia Tabossi: Accessing Lexical Ambiguity in Different Types of Sentential Contexts, in: Journal of Memory and Language, Heft 27, Nummer 3,1988, S. 324–340.

Tomasello 2003 Michael Tomasello: Constructing a Language. A Usage-Based Theory of Language Acquisition, Cambridge 2003.

Trueswell u. a. 1994 John C. Trueswell / Michael K. Tanenhaus / Susan M. Garnsey: Semantic Influences on Parsing: Use of Thematic Role Information in Syntactic Ambiguity Resolution, in: Journal of Memory and Language 33, 1994, S. 285–318.

Ullman 2001a Michael T. Ullman: The Neural Basis of Lexicon and Grammar in First and Second Language: The Declarative / Procedural Model, in: Bilingualism: Language and Cognition 4, 2001, S. 105–122.

Ullman 2001b Micheal T. Ullman: A Neurocognitive Perspective on Language: The Declarative / Procedural Model, in: Nature Reviews Neuroscience 2, 2001, S. 717–726.

Vigliocco / Franck 1999 Gabriella Vigliocco / Julie Franck: When Sex and Syntax Go Hand in Hand: Gender Agreement in Language Production, in: Journal of Memory and Language 40, 1999, Heft 4, S. 455–478.

Vitevitch / Luce 1998 Michael S. Vitevitch / Paul A. Luce: When Words Compete: Levels of Processing in Perception of Spoken Words, in: Psychological Science 9, 1998, S. 325–329.

Warren 1970 Richard M. Warren: Perceptual Restoration of Missing Speech Sounds, in: Science 167, 1970, S. 392–393.

Waxman / Booth 2001 Sandra R. Waxman / Amy E. Booth: Seeing Pink Elephants: Fourteen-Month-Olds' Interpretations of Novel Nouns and Adjectives, in: Cognitive Psychology 43, 2001, Heft 3, S. 217–242.

Weissenborn 1992 Jürgen Weissenborn: Null Subjects in Early Grammars: Implications for Parameter-Setting Theories, in: Jürgen Weissenborn / Helen Goodluck / Thomas Roeper (Hg.), Theoretical Issues in Language Acquisition, Hillsdale, NJ 1992, S. 269–299.

Werker / Tees 1984 Janet F. Werker / Richard C. Tees: Cross-Linguistic Speech Perception: Evidence for Perceptual Reorganization during the First Year of Life, in: Infant Behavior and Development 7, 1984, S. 49–63.

Whalen u. a. 1991 Douglas H. Whalen / Andrea G. Levitt / Qi Wang: Intonational Differences between the Reduplicative Babbling of French- and English-Learning Infants, in: Journal of Child Language 18, 1991, S. 501–516.

Zwitserlood 1989 Pienie Zwitserlood: The Locus of the Effects of Sentential-Semantic Context in Spoken-Word Processing, in: Cognition 32, 1989, Heft 1, S. 25–64.

16.2 Abbildungsverzeichnis

Abbildung 29: Brodmann Areale (Cytoarchitectonics of Human Brain According to Brodmann, 1909), aus: Korbinian Brodmann: Vergleichende Lokalisationslehre der Großhirnrinde in ihren Prinzipien dargestellt aufgrund des Zellenbaues, Johann Ambrosius Barth Verlag, Leipzig, 1909.

Abbildung 30: Das Modell der kortikalen Organisation der Sprachverarbeitung. Adapted by permission from Macmillan Publishers Ltd: Nature Reviews Neuroscience 8. Gregory Hickok/David Poeppel: The Cortical Organization of Speech Processing, 2007, Nature Publishing Group.

Abbildung 31: Hermann von Helmholtz: *Ueber die Methoden, kleinste Zeittheile zu messen, und ihre Anwendung für physiologische Zwecke* (1850) Koenigsberger naturwissenschaftliche Unterhaltungen 2: 169–189. „The virtual laboratory, Max Planck Institute for the History of Science, Berlin".

Abbildung 32: DLEX Suchergebnisse für die Listensuche.

Abbildung 33: Wellenform und Spektrogramm mit Verlauf von Tonhöhe und Intensität eines Satzes, dargestellt in Praat.

Abbildung 34: DMDX Code und Ergebnisdatei.

Der Verlag hat sich um die Einholung der Abbildungsrechte bemüht. Da in einigen Fällen die Inhaber der Rechte nicht zu ermitteln waren, werden rechtmäßige Ansprüche nach Geltendmachung ausgeglichen.

16.3 **Sachregister**

16.4 Glossar

AAT Aachener Aphasie Test Ein Diagnostikinstrument zur Einteilung von aphasischen Störungen in Syndrome. → KAPITEL 11.2

Agrammatismus Kardinalsymptom bei → Broca Aphasie, gekennzeichnet durch Äußerungen im sogenannten Telegrammstil, d. h. mit Vereinfachung der Satzstruktur, z. B. durch das Weglassen von Artikeln und Flexionsendungen. → KAPITEL 11.1

Alter beim Spracherwerb Begriff aus der Mehrsprachigkeitsforschung; bezeichnet das Alter, in dem man zum ersten Mal mit der jeweiligen Sprache in Kontakt kommt bzw. in dem das Erlernen der Sprache beginnt. → KAPITEL 12.1

Ambiguität Mehrdeutigkeit einer Äußerung, die meist auf verschiedenen Möglichkeiten beruht, der Äußerung eine syntaktische Struktur zuzuweisen. Ambiguitäten spielen eine zentrale Rolle in der psycholinguistischen Forschung, da sie Hinweise zur Arbeitsweise des → Parsers geben. Ambiguitäten können lokal oder global sein. → KAPITEL 7.2

Aphasie Erworbene Sprachstörung, die hauptsächlich im Erwachsenenalter als Folge von Schädigungen im Gehirn auftritt. → KAPITEL 11.1

Aphasiesyndrome Verschiedene Typen von aphasischen Störungen nach einem Klassifikationsschema, das auf assoziierten Symptomen beruht. Vor allem im klinischen Bereich durch den → AAT weit verbreitet → KAPITEL 11.2

Babbeln Auch Lallen genannt. Lautäußerungen meist in Form von Silben bei Kindern im Alter von ca. 6 bis 12 Monaten. → KAPITEL 9.1

Balanced / Dominant Multilinguals Als Balanced Multilinguals werden Mehrsprachige bezeichnet, die in den Sprachen das gleiche Leistungsniveau zeigen. Dominant Multilinguals zeigen in der dominanten Sprache ein höheres Leistungsniveau als in der / den anderen. → KAPITEL 12.1

Bayes-Theorem Theorem aus der Wahrscheinlichkeitstheorie zur Berechnung sogenannter bedingter Wahrscheinlichkeiten. Einige (neuere) kognitive Modelle der Wahrnehmung beruhen auf diesem Theorem. → KAPITEL 5.4

Bilinguale Aphasie Erworbene zentrale Sprachstörung bei einem mehrsprachigen Menschen. → KAPITEL 12.4

Bottom-up Bezeichnet, z. B. in Modellen des Worterkennens, die Richtung vom Signal hin zum Wort (‚von unten nach oben', dagegen: → Top-down). → KAPITEL 1.2, 5.4

Broca Aphasie Ein → Aphasiesyndrom mit den Hauptsymptomen eines nicht-flüssigen Redeflusses sowie vereinfachten, telegrammstilhaften Äußerungen (→ Agrammatismus); wird häufig mit einer Läsion im Broca Areal assoziiert. → KAPITEL 11.2

CHILDES (Child Language Data Exchange System) Frei zugängliche Datenbank mit annotierten Äußerungen von Kindern und ihren Bezugspersonen und z. T. auch mit den dazugehörigen Audio- bzw. Videodateien. Sie dient als Datenbasis für zahlreiche Studien zur Sprachentwicklung. → KAPITEL 9.1, 15.2

Cognate Wörter Bezeichnet Wörter zweier Sprachen, die gleichen etymologischen Ursprungs sind und eine ähnliche phonologische Form haben. → KAPITEL 12.2

Corpus Callosum (oder Balken) Nervenfaserbündel welches die rechte und linke Hemisphäre verbindet. → KAPITEL 13.1

Cross-linguistisches Priming Untersucht den Einfluss eines Primes (→ Priming) aus Sprache A auf die Verarbeitung des folgenden Zielitems aus Sprache B. → KAPITEL 12.3

Diskriminationspunkt Die Stelle innerhalb der Lautform eines Wortes, ab der sich dieses Wort von allen anderen Wörtern im mentalen Lexikon unterscheidet. → KAPITEL 5.2

Distinktives Merkmal Begriff aus der Phonologie. Phoneme sind Bündel von Merkmalen, wie Artikulationsort, Artikulationsart und Stimmbeteiligung. Distinktive Merkmale sind solche Merkmale, die, wenn sie eine unterschiedliche Ausprägung haben, einen Laut von einem anderen unterscheidbar machen. → KAPITEL 5.1

Domäne Anwendungsbereich der Funktion eines Moduls. Diskutiert wird, ob Module domänenspezifisch (z. B. für Sprache) oder domänenübergreifend sind. → KAPITEL 1.2

Dominant Multilinguals → Balanced Multilinguals

EKP Akronym für ereigniskorrelierte Potenziale, eine Untersuchungstechnik, die das EEG-Signal (Elektroenzephalografie) zeitlich an einen präsentierten Reiz koppelt. Dadurch lassen sich bei genügend Wiederholungen elektrophysiologische Reaktionen auf diese Reize messen (auch ERP, Event Related Potential). → KAPITEL 8.1

ERP → EKP

f0-Frequenz Fundamentalfrequenz (auch Grundfrequenz oder Pitch genannt), die empfundene Tonhöhe von sprachlichen Äußerungen. Ein wichtiger phonologischer Parameter, der z. B. die Wahrnehmung der Wortbetonung beeinflusst. → KAPITEL 14.2

Fast-Mapping Fähigkeit zum schnellen Aufbauen einer Form-Bedeutungs-Repräsentation, die z. T. als Erklärung für den → Vokabelspurt herangezogen wird. → KAPITEL 9.3

Feedback In einem komplexen Verarbeitungssystem bedeutet Feedback, dass die Prozesse auf einer später gelegenen Verarbeitungsebene Einfluss auf die Prozesse einer früheren Verarbeitungsebene haben. Notwendige Voraussetzung für Feedback ist eine → kaskadierende Aktivationsweiterleitung. Eine mögliche deutsche Übersetzung ist Rückkoppelung. → KAPITEL 4.3

Formant Frequenzbereich der konzentrierten akustischen Energie im Sprachsignal. Formanten und Formantenübergänge stellen eine wichtige Informationsquelle für die Lautkategorisierung dar. → KAPITEL 3.1

Frequenzeffekt Beobachtung, dass Sprecher häufige Wörter schneller verarbeiten als seltene. → KAPITEL 2.1, 4.1

Funktionale Enkodierung Sprachproduktionsprozess, bei dem den zu benennenden Konzepten grammatische Funktionen zugewiesen werden (→ positionale Enkodierung). → KAPITEL 6.1

Hemisphären sind die beiden Hirnhälften, verbunden über den Balken (→ Corpus Callosum). → KAPITEL 13.1

Holzwegsatz Satz mit einer lokalen → Ambiguität (englisch: Garden-Path Sentence), die durch den → Parser so interpretiert wird, dass am → Disambiguierungspunkt eine Reanalyse notwendig wird. Dies schlägt sich in Experimenten in starken Effekten (z. B. langen Lesezeiten oder spezifischen → EKP-Komponenten) nieder. → KAPITEL 7

Inkrementell Eigenschaft des → Parsers, eingegangenes Sprachmaterial (also einzelne Wörter) unmittelbar in die aktuell aufgebaute Struktur zu integrieren, statt bis zum Ende eines Satzes zu warten. → KAPITEL 6.2, 7

Interaktiv Verarbeitungssystem, bei dem die Verarbeitungsebenen gleichzeitig aktiv sein können und einander gegenseitig beeinflussen. → KAPITEL 1.2

Inter-Stimulus-Interval Zeitlicher Abstand zwischen zwei präsentierten Stimuli, oft als ISI abgekürzt. Im Unterschied zur → SOA handelt es sich häufig um Stimuli aus verschiedenen → Trials. → KAPITEL 14.1

Item Dargebotenes Element in einem Experiment, z. B. ein geschriebenes bzw. gesprochenes Wort oder ein Bild. → KAPITEL 2.1, 14.2

Kaskadierend Von kaskadierender Aktivation spricht man bei einem Verarbeitungssystem, in dem die (Teil-)Ergebnisse des Verarbeitungsprozesses auf einer Ebene an die folgende Verarbeitungsebene weitergegeben werden, bevor die Verarbeitung auf der ursprünglichen Ebene vollständig abgeschlossen ist (dagegen: → seriell). → KAPITEL 4.3

Kategoriale Wahrnehmung Eigenschaft des Wahrnehmungssystems: derselbe akustische Unterschied zwischen zwei Lauten wird besser wahrgenommen, wenn die Laute unterschiedlichen phonologischen Kategorien angehören als wenn sie einer phonologischen Kategorie angehören. → KAPITEL 3.2

Kindgerichtete Sprache (KGS) Register, in dem mit Kleinkindern gesprochen wird (auch Infant-Directed-Speech oder Motherese). Die KGS weist im Vergleich zur Erwachsenengerichteten Sprache spezifische Merkmale auf, unter anderem: stärkere prosodische Markierungen, kürzere Äußerungen und viele Wiederholungen. → KAPITEL 10.3

Klassische Dissoziation Leistungsmuster einer Person in zwei unterschiedlichen Aufgaben. Dabei entspricht die Leistung in Aufgabe 1 der Norm (z. B. gutes mündliches Bildbenennen), in Aufgabe 2 jedoch liegt sie im beeinträchtigten Bereich (z. B. schlechtes schriftliches Bildbenennen). → KAPITEL 11.3

Kongruenz Von Kongruenz (auch Konkordanz, Agreement) spricht man dann, wenn zwei oder mehrere Elemente im Satz hinsichtlich ihrer morphosyntaktischen Kategorien, z. B. Kasus, Numerus, Genus oder Person, übereinstimmen. → KAPITEL 6.4

Konstruktivismus Ansatz in der Spracherwerbstheorie, der davon ausgeht, dass mit allgemeinen Lern- und Generalisierungsmechanismen das sprachliche Wissen aus dem Input konstruiert werden kann; dagegen: → Nativismus. → KAPITEL 10.3

Kortex Hirnrinde oder -mantel, wenige Millimeter dicke äußere Schicht grauer Substanz des Gehirns. → KAPITEL 13.1

Kritische Periode Bezeichnet einen Zeitraum, in dem bestimmte Fähigkeiten besonders gut erworben werden können (aus der Biologie). → KAPITEL 12.1

Lemma Repräsentation eines Wortes, in der nur lexikalisch-syntaktische Eigenschaften kodiert sind, bzw. in älteren Modellen die gemeinsame Repräsentation semantischer und lexikalisch-syntaktischer Eigenschaften. In jedem Fall enthält das Lemma keine Information zur Phonologie eines Wortes. → KAPITEL 4.3

LeMo (Lexikon Modellorientiert) Ein modellorientiertes Diagnostikinstrument zur Ermittlung individueller Störungs- und Leistungsprofile bei → Aphasie, Dyslexie und Dysgraphie. → KAPITEL 11.3

Logogenmodell Modell der Einzelwortverarbeitung, das auf den britischen Psycholinguisten John Morton zurückgeht. Es unterteilt die Fähigkeit z. B. des Lesens oder des Bildbenennens in verschiedene Routen und Komponenten. → KAPITEL 11.3

Magnetresonanz-Tomographie Auch Kernspintomographie. Methode zur bildlichen Darstellung von Hirnstruktur (strukturelles MRT) oder Hirnfunktion (funktionelles MRT). → KAPITEL 2.2

Mentales Lexikon Teil unseres Gedächtnisses, in dem die Wörter, die wir kennen, gespeichert sind. → KAPITEL 4.1

Modul Baustein des kognitiven Systems zur Lösung einer spezifischen Aufgabe. Die Modularität des kognitiven Systems ist eine Annahme, die nicht von allen Forschern gemacht wird, und wird ausführlich von Jerry A. Fodor (Fodor 1983) beschrieben. → KAPITEL 1.2

Motortheorie der Sprachwahrnehmung Von Alvin Liberman popularisierte Theorie (Liberman / Mattingly 1985), nach der für die Wahrnehmung und Identifizierung von Lauten die Artikulationsgesten genutzt werden, mit denen diese Laute produziert werden. → KAPITEL 3.4

Nativismus Ansatz in der Spracherwerbstheorie, der von angeborenem, sprachspezifischem Strukturwissen ausgeht dagegen: → Konstruktivismus. → KAPITEL 10.2

Negative Evidenz → Positive Evidenz

Netzwerkmodell Modell, in dem Wörter bzw. Eigenschaften von Wörtern als untereinander verbundene Knoten repräsentiert sind. Entlang der Verbindungen fließt Aktivierungsenergie. → KAPITEL 1.2, 4.1

Nicht-Linearität des Sprachsignals Eigenschaft des akustischen Sprachsignals Informationen nicht nacheinander zu kodieren. → KAPITEL 3.1

Nichtwort Buchstaben oder Lautfolge, die ein mögliches Wort in einer Sprache darstellt (also die phonologischen Gesetzmäßigkeiten sowie die phonotaktischen und graphematischen Beschränkungen respektiert), aber in der Sprache nicht existiert (z. B. *Stonde*). Wird auch als Neologismus oder Pseudowort bezeichnet. → KAPITEL 2.1, 5.2

Paragrammatismus Auftreten von Satzverschränkungen und Satzteilverdoppelungen in flüssiger Redeweise, tritt vor allem bei → Wernicke Aphasie auf. → KAPITEL 11.1

Paraphasie Fehlerhafte Realisation eines Wortes, bei dem der Bezug zum Zielwort aber erkennbar ist. Je nach Art der Fehlleistung unterscheidet man semantische und phonologische Paraphasien. → KAPITEL 11.1

Parser Menschliches Sprachverarbeitungssystem, das dem ankommenden Sprachsignal eine syntaktische Struktur zuweist. → KAPITEL 7.1

Phonotaktische Regel Auch Phonotaktik genannt, beschreibt, welche Kombinationen von Phonemen in einer Sprache zulässig sind. → KAPITEL 5.2

Positionale Enkodierung Sprachproduktionsprozess, bei dem die lineare Abfolge der Wörter und der lautlichen Segmente (Phoneme) festgelegt wird (→ Funktionale Enkodierung). → KAPITEL 6.1

Positive Evidenz Belege für sprachliche Formen und Strukturen, die dem Kind beim Erweb der Muttersprache helfen. Positive Evidenz sind die im Input enthaltenen Äußerungen, wohingegen negative Evidenz Informationen über Äußerungen darstellt, die die Sprache nicht erlaubt und die somit (normalerweise) nicht im Input vertreten sind. → KAPITEL 10.1

Prälexikalisch In der Verarbeitungsreihenfolge zeitlich vor dem Zugriff auf das → mentale Lexikon gelegen. → KAPITEL 5.1, 5.2

Priming Experimentelles Paradigma oder Effekt, bei dem ein zeitlich früher präsentierter Reiz (Prime) einen Einfluss auf den folgenden (Zielitem) ausübt. Priming (auch Voraktivierung) ist auf verschiedenen sprachlichen Ebenen möglich: z. B. auf der phonologischen, der semantischen oder der syntaktischen. → KAPITEL 2.1

Redefluss In der → Aphasieforschung operationalisierter Parameter zur Bestimmung der Sprechgeschwindigkeit. Wird durch die gesprochenen Wörtern pro Minute bestimmt: bis 50 = nicht-flüssig, ab 90 = flüssig. → KAPITEL 11.2

Resilbifizierung → Silbifizierung

Seriell Von serieller Verarbeitung spricht man bei einem Verarbeitungssystem, in dem die Verarbeitung auf einer Ebene vollständig abgeschlossen sein muss, bevor die nächste Verarbeitungsebene ihre Arbeit aufnehmen kann (dagegen: → kaskadierend). → KAPITEL 4.3

Silbifizierung Unter Silbifizierung versteht man die Unterteilung eines geplanten Wortes in Silben, und zwar vor der Artikulation. In Modellen, die davon ausgehen, dass die Silbenstruktur eines Wortes im → mentalen Lexikon gespeichert ist und dann eventuell kontextabhängig geändert werden muss, spricht man auch von Resilbifizierung. → KAPITEL 4.4

SOA Akronym für Stimulus Onset Asynchrony, das die zeitliche Differenz von zwei während eines Trials präsentierten Items angibt (meist in Millisekunden), z. B. für ein Bild und ein geschriebenes Wort im Bild-Wort-Interferenz Paradigma; vgl. → Inter-Stimulus-Interval. → KAPITEL 2.1

Sublexikalisch   Eine sprachliche Einheit, die kleiner ist als ein Wort, also z. B. eine Silbe, ein Phonem, ein distinktives Merkmal. → KAPITEL 14.2

Subtraktivitätsannahme   → Transparenzannahme

Top-down   Bezeichnet, z. B. in Modellen des Worterkennens, die Richtung vom Wort oder noch höheren Ebenen (Kontextwissen; Weltwissen) zum Signal (‚von oben nach unten‘, dagegen: → Bottom-up). → KAPITEL 1.2

TOT   Akronym für das englische Tip of the Tongue, das den Zustand bezeichnet, in dem einer Person ein Wort ‚auf der Zunge liegt‘, sie die Wortform aber nicht abrufen kann. → KAPITEL 4.1

Transparenzannahme   auch Subtraktivitätsannahme. Sie besagt, dass das sprachliche Wissen und dessen Anordnung im Gehirn bei allen erwachsenen Menschen vergleichbar ist und dass bei Menschen mit Hirnschädigungen Teile davon ausfallen. Deshalb können Studien mit → aphasischen Menschen Aufschluss über die ungestörte Sprachverarbeitung (und -lokalisation) geben. → KAPITEL 11.3

Trial   Präsentationseinheit in einem Experiment, für die eine Reaktion aufgezeichnet wird. Ein Trial kann aus einem oder mehreren → Items bestehen, z. B. aus einem geschriebenen Wort beim Lexikalischen Entscheiden oder aus einem Bildpaar (Prime und Zielitem) bei einem → Priming-Paradigma. Im Experiment werden typischerweise viele Trials nacheinander präsentiert. → KAPITEL 14.2

Vokabelspurt   Schneller Wortschatzerwerb bei Kindern, der im Alter von ca. 18 Monaten einsetzt. → KAPITEL 9.3

VOT   Akronym für Voice Onset Time. Sie ist ein Maß für den Einsatz der Stimme relativ zum Geräusch der Sprengung bei Verschlusslauten und bestimmt, ob z. B. der bilabiale Verschlusslaut als stimmhaft (/b/) oder als stimmlos (/p/) wahrgenommen wird. → KAPITEL 3.2

Wernicke Aphasie   Ein → Aphasiesyndrom mit flüssiger, oft überschießender Sprachproduktion, vielen → Paraphasien sowie erheblichen Sprachverständnisproblemen und → Paragrammatismus, wird häufig mit einer Läsion im Wernicke Areal assoziiert. → KAPITEL 11.2

Wortfindungsstörung   Symptom, das bei → Aphasie auftreten kann und zur Klassifkation in Syndrome herangezogen wird. → KAPITEL 11.1

Wortform   Repräsentation eines Wortes im → mentalen Lexikon, in der die formalen Eigenschaften des Wortes kodiert sind, also phonologische Segmente und metrische Information. → KAPITEL 4.3

Wortsegmentierung   Fähigkeit zur Erkennung von Wörtern im kontinuierlichen Lautstrom trotz fehlender eindeutiger akustischer Hinweisreize zu den Wortgrenzen. → KAPITEL 5.2, 9.2

Wortüberlegenheitseffekt   Ursprünglich die Beobachtung, dass (kurze) Wörter schneller benannt werden können als einzelne Buchstaben. Der Begriff wird auch für die Beobachtung verwendet, dass ein Wort schneller als ein → Nichtwort verarbeitet wird. → KAPITEL 5.3